本书出版得到

国家社会科学基金资助

中国社会科学院出版基金资助

中国田野考古报告集

考 古 学 专 刊

丁种第六十七号

汉长安城武库

中国社会科学院考古研究所　编著

文物出版社

北京·2005

内 容 简 介

　　本书是中国社会科学院考古研究所汉长安城工作队 1975～1980 年在武库进行发掘的田野考古报告专辑。

　　本书全面系统地报道了武库 1～7 号遗址发掘的全部资料，以及武库遗址、围墙及门的勘探试掘资料，并详细报道了遗址出土的大量文物，特别是其中一批铁兵器及铜兵器，是研究汉代兵器史的重要资料。同时，本书对武库遗址的位置、布局形制进行了研究。

　　汉长安城武库是目前唯一进行发掘的武库遗址，填补了考古领域的空白。汉长安城武库遗址的考古资料，对研究汉代军事史、兵器史具有重要的意义，对文物、考古、历史工作者具有重要参考价值。

MONOGRAPHS OF CHINESE ARCHAEOLOGY
SERIES D   NO. 67

ARMORY IN CHANG'AN CITY OF THE HAN PERIOD

(*WITH AN ENGLISH ABSTRACT*)

Compiled   by

The Institute of Archaeology

Chinese Academy of Social Sciences

The Cultural Relics Publishing House

Beijing·2005

专家推荐意见

 《汉长安城武库》发掘报告是对西汉首都长安城内的武库遗址进行全面发掘后，写成的田野考古报告集。武库是长安城内的重要机构之一，通过发掘究明了武库的范围、形制、布局和结构，同时还发现了不少铜制和铁制的多种兵器。

 长安城武库是西汉朝廷的兵器库，是目前唯一经过科学发掘的汉代武库遗址。该遗址的考古发掘材料是研究汉代兵器及其保存、管理情况的第一手资料。作者对这批珍贵资料进行了认真的整理和研究，该《报告》的发表，对研究汉代的政治、军事制度以及汉代兵器的种类和制作水平等，都将具有重要的意义，应该给予出版补贴，使其早日发表。特此推荐。

——中国社会科学院考古研究所研究员　卢兆荫

 汉长安城武库为汉代中央政府的武器库，是目前唯一正式发掘的武库遗址。《汉长安城武库》发掘报告，资料丰富翔实，对武库的位置、形制、布局、结构、构筑技术和方法，兵器及各种遗物等，均进行了认真的研究，文字表述清楚。这部报告弥补了该领域在资料和研究方面的缺环，填补了空白。它对研究西汉中央政府兵器管理制度，武库的具体情况，保存兵器的种类和制作水平，兵器的保存方法和保存状况，提供了第一手的可靠资料。同时对研究与此相关的各种手工制造业的情况，也有较重要的参考价值。

 鉴于上述情况，特推荐该报告申请出版基金，使其早日面世，以飨读者。

——中国社会科学院考古研究所研究员　孟凡人

学术委员会评审意见

　　1975～1980年，中国社会科学院考古研究所对西汉长安城武库遗址进行了大规模发掘，这是迄今为止唯一进行了考古发掘的武库遗址。

　　《汉长安城武库》发掘报告全面、系统地报道了汉长安城武库1～7号建筑遗址的发掘资料，以及对武库遗址围墙、门道的勘探与试掘资料。报告编写者对汉长安城武库的布局形制以及出土的各种兵器等作了深入的探讨。

　　汉长安城武库是西汉朝廷的兵器库，该遗址的发掘资料是研究西汉兵器及其保存、管理情况的重要资料，弥足珍贵。《汉长安城武库》发掘报告的发表，对研究汉代的政治、军事制度，以及汉代兵器的种类、制作工艺和兵器管理等，均有重要价值。

　　本书的著作权不存在任何争议。

中国社会科学院考古研究所学术委员会主任　刘庆柱

目　　录

插 表 目 录

插 图 目 录

图版目录

前　言

西汉是继秦之后又一个统一的多民族的中央集权封建王朝，它正处于我国封建社会的兴盛时期，社会经济和文化在这一时期都发展到相当高的水平。西汉的首都长安，在西汉二百多年的历史中一直既是全国政治、经济、文化的中心，也是当时世界上著名的国际都会，在中国古代历史上占有重要的地位。

汉长安故城位于陕西省西安市的西北郊，行政上分属未央区的六村堡镇和未央宫、汉城两个街道办事处。它南邻陇海铁路，北依渭河南岸的草滩农场，东面为西安至三原的公路，滜河从它的西侧由南向北流过，注入渭河（图一）。

武库是储藏兵器的仓库。长安城内的武库是西汉中央政府直接控制的精良兵器仓库，它作为一处军事重地，对保障京师乃至全国的安全、稳定起着重要的作用。史载武库建于汉高祖七年（公元前 200 年），位于长安城南部的未央宫和长乐宫之间。经过考古调查，基本确定了武库遗址位于今未央宫街道办事处大刘寨村东面的高地上，与文献记载的位置相符（图二；图版一）。

武库遗址在平整土地时遭到相当严重的破坏，为了抢救珍贵的历史资料，也为了进一步了解西汉时期的军事制度及相关的兵器制度等情况，中国社会科学院考古研究所汉长安城工作队从 1975 年秋季到 1980 年春季对其进行了考古勘探和发掘。主要工作包括：

1975 年 10 月中旬开始对武库遗址进行调查，发现一处建筑遗址，编为第一号建筑遗址。10 月 20 日～11 月底对该建筑遗址进行了钻探。

1976 年 3 月 15 日～5 月 10 日对武库遗址进行了全面钻探，发现武库范围内共有 7 处建筑遗址（编号为一～七号）。在遗址中部有一道南北向内隔墙，将遗址分为东西两大部分，其中隔墙以东有 4 处建筑遗址（一～四号），隔墙以西有 3 处建筑遗址（五～七号）。

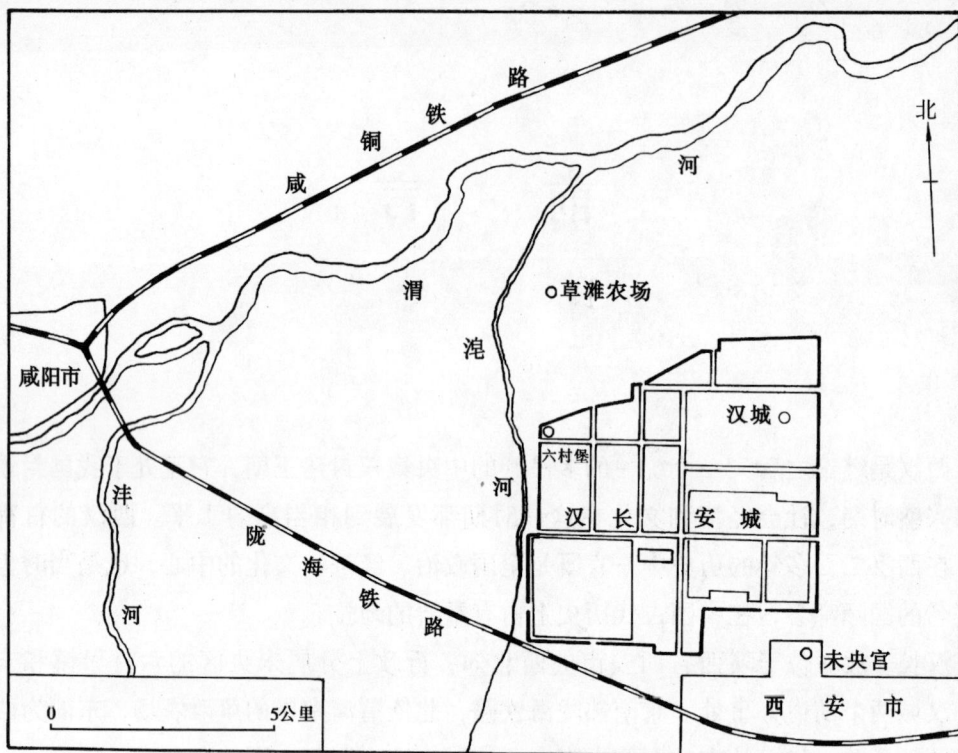

图一 汉长安城位置图

1976年6月15日~7月底对武库南围墙进行钻探。同年11月29日~1977年1月25日对武库东、西、北三面围墙进行了钻探。

1975年11月4日~12月底第一次发掘武库第一号建筑遗址，1976年5月13日~6月底继续发掘，前后工作3个多月，发掘面积共计5117平方米。

1976年7月4日~8月底第一次发掘武库第七号建筑遗址，1977年4月13日~10月底继续发掘，两次发掘共8个多月，发掘面积共计10621平方米。

1976年6月5日~6月15日发掘武库第四号建筑遗址的一个门。1979年2月27日~4月30日全面发掘武库第四号建筑遗址，1980年5月25日~6月25日继续发掘。发掘工作前后历时3个多月，发掘面积共计4708平方米。

1978年5月13日~7月13日发掘武库第六号建筑遗址，历时2个月，发掘面积共计2134平方米。

1978年9月28日~12月底发掘武库第五号建筑遗址，历时3个月，发掘面积共计2379平方米。

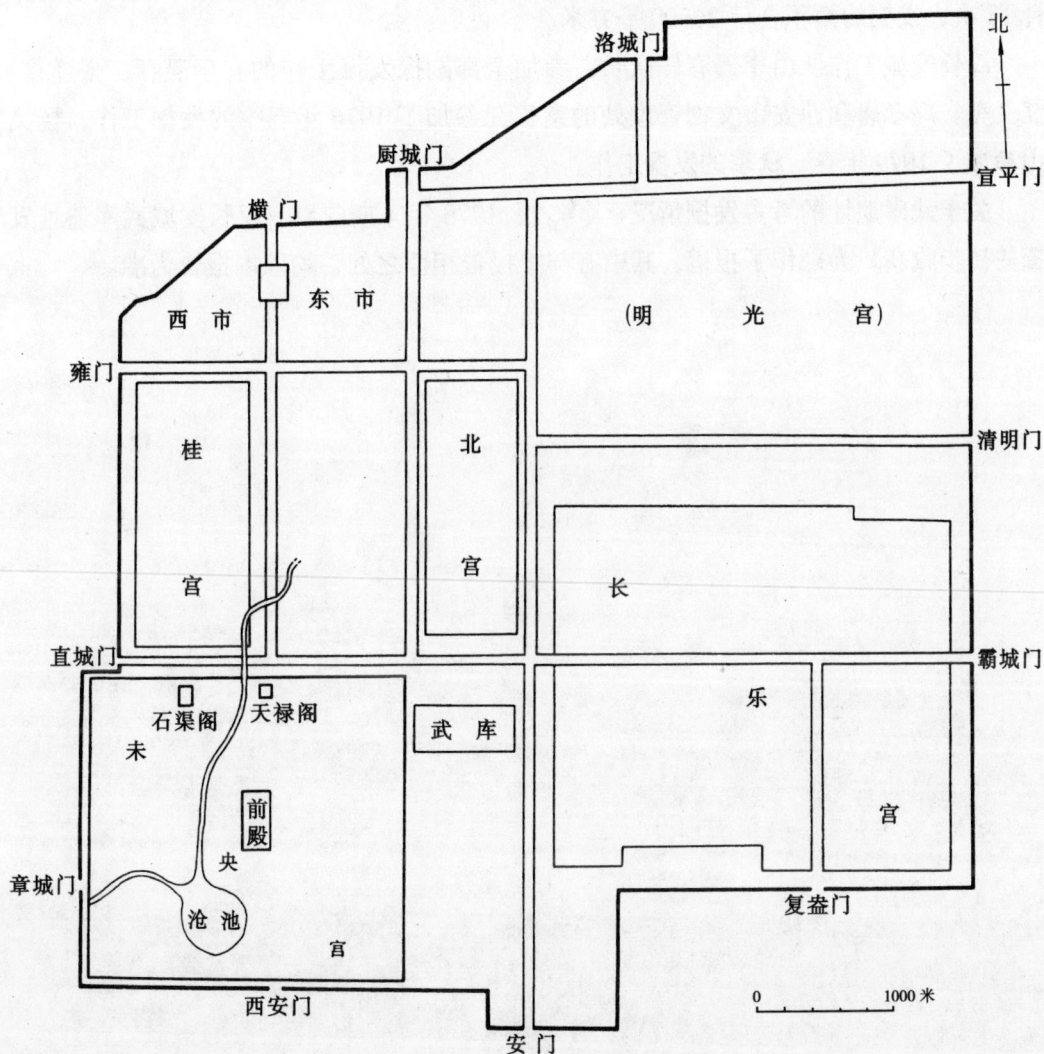

图二 武库位置图

1979 年 10 月 17 日～11 月 18 日发掘武库第三号建筑遗址，历时 1 个月，发掘面积共计 624 平方米。

1979 年 10 月 17 日～12 月 11 日发掘武库第二号建筑遗址，历时近 2 个月，发掘面积共计 667 平方米。

1979 年秋季对武库围墙东南角（1979 年 11 月 2～9 日）、南围墙东门道（1979 年 11 月 3～23 日）、内隔墙（1979 年 10 月 10 日～11 月 30 日）、排水道（1978 年底～1979 年初）等进行发掘，发掘面积共计 350 平方米。

　　综上所述，武库遗址从 1975～1980 年，六年内先后进行规模大小不等的发掘共计 12 次，发掘的面积合计 26600 平方米。

　　汉长安城工作队由李遇春任队长，参加全部勘探发掘工作的有李遇春、张连喜、汪义亮。冯孝唐和西安市文物管理处的袁长江参加了 1976 年春季的发掘工作，杨灵山参加了 1979 年春、秋季的发掘工作。

　　关于武库遗址的考古发掘情况，《考古》1978 年 4 期曾以《汉长安城武库遗址发掘的初步收获》为题作了报道，其中有与本报告相悖之处，均以本报告为准。

第一章 遗址的勘探与试掘

第一节 围墙与门道的勘探与试掘

一 围墙与门道的勘探

武库遗址的围墙，据钻探试掘工作得知，都是版筑而成的夯土墙。由于破坏严重，它们都淹埋在地面以下，有的深达1.5米，地面上已看不到任何痕迹。现将四面围墙的保存情况叙述于后：

东墙保存最好，中间无断缺，全长322、墙宽2.9、现存厚0.5米。一般地表下0.6~1米见夯土，墙基建于黄生土上。在东墙北端以南166米处有一门道，南北宽8米，门道外有路土。该门道在平整土地中被破坏。

南墙保存较好，现存长636、墙宽2.9、现存厚0.5米。墙西头有74米长的一段被大刘寨村压着，全长为710米。在南墙东端以西126米处有一门道，东西宽5.8米。

北墙破坏较严重，现存东部240米长的一段，其余部分已被破坏。地表下0.6~1米见夯土，墙宽3.6、现存厚1~2米。参照南墙，复原北墙全长应为710米。

西墙破坏严重，除地势较高地点发现残长约30米的夯土墙外，其余绝大部分已被破坏。墙宽2.9米，地表下1米见夯土，现存厚0.5米。参照东墙，复原西墙全长应为322米。

二 围墙东南角的试掘

在钻探到的围墙东南角位置开南北长11、东西宽7米的探沟，编号T3（图三，后文所述试掘、发掘探方的位置、分布情况均见此图）。试掘面积77平方米。

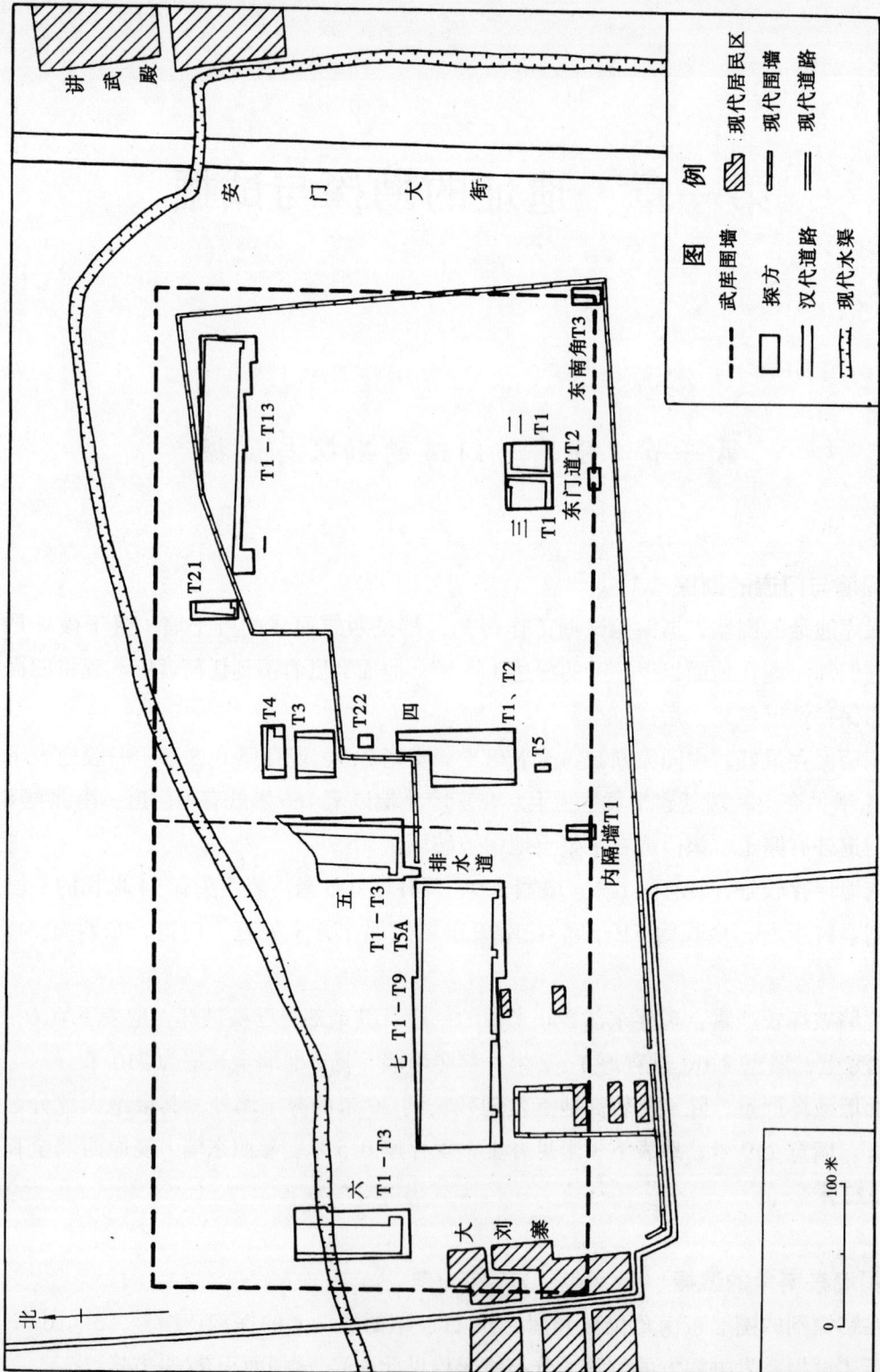

图三 武库遗址探方分布总图

地层堆积可分 4 层，以 T3 北壁为例：第 1 层，耕土层，黄色，土质较松，厚 0.1~0.25 米。第 2 层，扰土层，土质紧密，距地表 0.25~1 米，厚 0.4~0.9 米，出土遗物有唐代筒瓦和板瓦。第 3 层，汉代文化层，系建筑废弃后的堆积，灰色土，距地表 0.6~2 米，厚 0.1~1.25 米，出土遗物有汉代板瓦、筒瓦等。第 4 层，夯土，距地表 0.7~2 米，厚 1.3 米，黄色，土质坚硬，夯层厚 0.05~0.06 米。该夯土为东围墙的基础部分。第 4 层之下为黄生土（图四）。

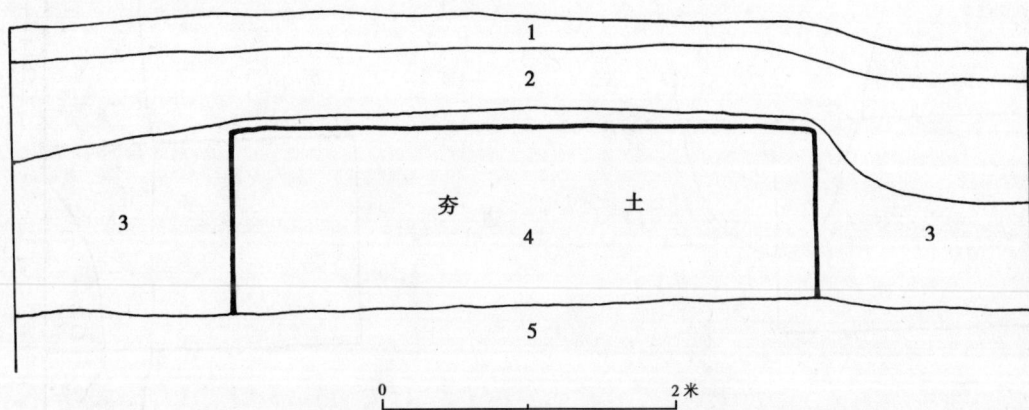

图四　武库围墙东南角 T3 北壁剖面图
1. 耕土层　2. 扰土层　3. 汉代文化层　4. 夯土　5. 生土

试掘表明，东围墙与南围墙相交成直角，其中东墙方向为北偏东 3 度。墙体已不存，现存夯土为墙的基础，东墙墙基东西宽 4、南北揭露长 10.1、现存厚 1.3 米；南墙墙基南北宽 4、东西揭露长 4.95、现存厚 1.3 米。墙基直接建在生土之上。

从墙基附近堆积中出土汉代板瓦、筒瓦的情况推测，墙的上部可能建有瓦顶。

三　南围墙东门道的试掘

在钻探到的南围墙东门道位置开东西长 14、南北宽 7.5 米的探沟，编号 T2。试掘面积 98 平方米。

门道内的地层堆积可分 3 层：第 1 层，耕土层，厚 0.15~0.25 米。第 2 层，扰土层，距地表 0.25~0.8 米，厚 0.6 米，内含唐代板瓦、筒瓦。第 3 层，汉代文化层，系建筑废弃后的堆积，距地表 0.8~1.1 米，厚 0.3 米，内有汉代板瓦、筒瓦。第 3 层下面为门道路土，厚 0.2~0.3 米。路土下为厚约 1 米的夯土，夯土下为黄生土。

　　南围墙东门道东距围墙东南角126米，北对第二、三号建筑遗址，相距34米。门道东西宽5.8米。门道两侧的夯土墙南北宽2.9、现存高0.15～0.2米，局部已被破坏。钻探知墙的基础部分宽3.6米，夯土厚1～1.5米。墙基比墙体宽出0.7米（南北两边各宽出0.3～0.4米），墙体位于墙基中部，墙基、墙体纵剖面呈"凸"字形。门道内未见门槛槽及柱础石（图五；图版二）。

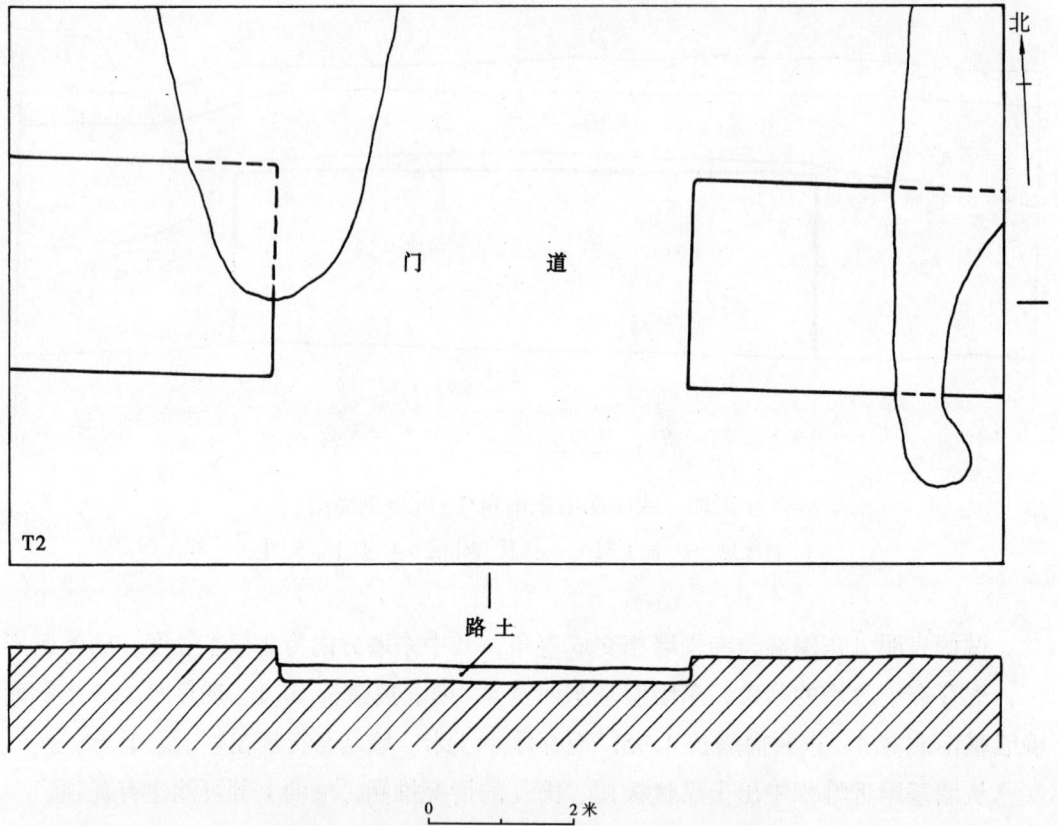

图五　武库南围墙东门道平、剖面图

　　门道内出土遗物有板瓦、筒瓦、弹丸、磨石、铁镞及王莽时期的钱币，如大泉五十等。

第二节　内隔墙的勘探与试掘

　　钻探得知武库南围墙东端以西380米处有一道南北向内隔墙，北部被破坏，现存南北长 240 米。其南北两端应与南北围墙相连，复原南北长 315.5 米。

发掘武库第五号建筑遗址时，在遗址以东 8.8 米处清理了一段内隔墙。该段墙南北长 97、东西宽 1.7、现存高 0.6～1.2 米，未发现门的遗迹。墙的方向为北偏东 3 度。据解剖发掘，墙基部分向东西各伸出 1 米多，墙基宽于墙体，其纵剖面呈 "凸" 字形。墙体夯土结构紧密，夯层厚 0.05 米。隔墙两侧底部略高于汉代地面，呈缓坡状。隔墙两侧出土有汉代板瓦、筒瓦、素面半瓦当等遗物，说明墙的上部可能建有瓦顶。

另外，还在内隔墙与南围墙交汇的地方开探沟 1 条，编号 T1，试掘面积 96 平方米。地层堆积分 3 层，即耕土层、扰土层和汉代文化层，遗迹位于汉代文化层下。试掘表明，内隔墙与南围墙相交成直角，内隔墙的方向为北偏东 3 度，南围墙的方向为南偏东 87 度。内隔墙基础部分东西宽 4 米，夯土厚约 3.6 米，夯土下为黄生土。南围墙基础部分南北宽 5.2 米，夯土厚约 3.8 米，夯土下为黄生土。

第三节 建筑遗址的勘探

武库围墙内共钻探出 7 座建筑遗址，编号第一至第七号。其中第一至第四号建筑遗址在内隔墙以东，第一号遗址在北部偏东，第二、三号遗址在南部偏东，第四号遗址在西部偏南。内隔墙以西分布着第五至第七号建筑遗址，第五号遗址在东部偏北，第六号遗址在西部偏北，第七号遗址在南部。

第四节 排水道的试掘

发掘武库第五号建筑遗址时，在遗址西南 4.5 米处发现排水道（见图二五）。开探沟 1 条，南北长 15.8、东西宽 5 米，试掘面积 79 平方米。试掘过程中略有扩方。

排水道共有两条，开口在汉代文化层，编号为甲、乙水道（图六；图版三、四）。

1. 甲水道

由明道和暗道组成，已发掘部分南北长 15.8 米。

（1）明道 位于暗道的南面，发掘部分南北长 9.3 米（南端伸向探沟外）。水道断面呈口大底小的梯形，口东西宽 3.3、底东西宽 0.7、深约 0.85 米。用方砖砌成，底部有 4 排砖，西壁有 3 排砖，东壁有 2 排砖。较为重要的是水流由明道将要进暗道，在距暗道口约 0.7 米处砌有一长方形沉淀池，南北长 1.8、口东西宽 0.75、底东西宽 0.5、深 0.35 米。明道所用方砖边长 35、厚 4.5 厘米，一面有乳丁纹或几何纹，一面为素面，素面朝上。

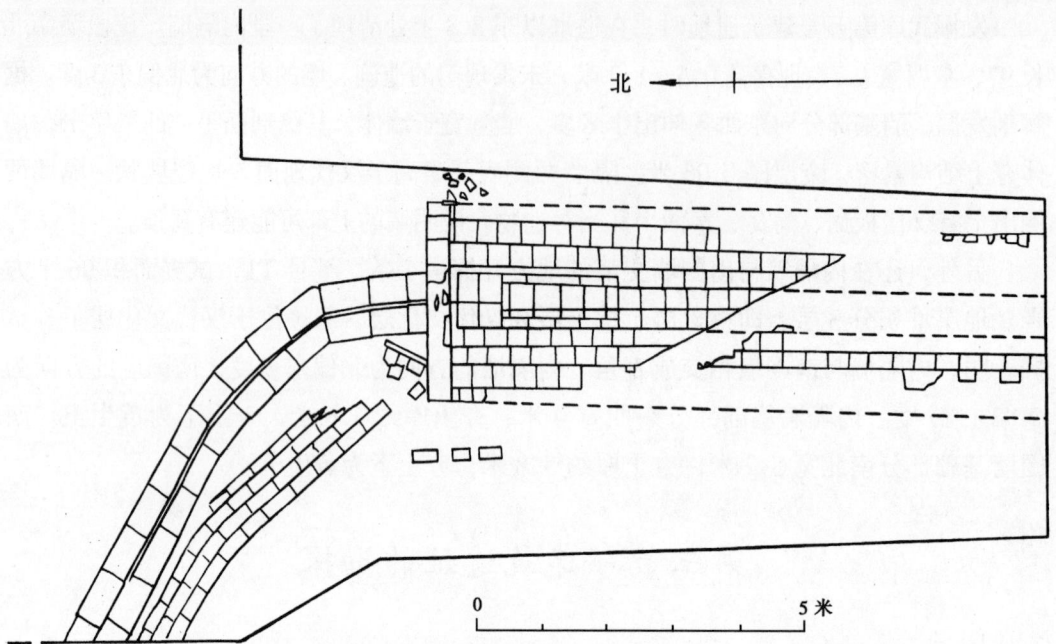

图六 武库遗址排水道平面图

（2）暗道 由两排五棱形陶管并列组成，两排共有陶管25节。暗道全长约8、宽0.84米（即两个陶管的宽度）。每节陶管的长度不大一致，为0.6~0.75米，陶管外宽0.42、外高0.44、壁厚0.06米。暗道先是向北，然后折向西北方向，因为地势南高北低，故水应由南向北、再折向西北流去。

2. 乙水道

叠压于厚0.35米的路土之下。用圆形陶管并列组成4条水道，发掘部分共有10节，全长4.5米（西北端伸向探沟外）。陶管每节长约0.59米，一头大，一头小，大头口径0.22、小头口径0.20、壁厚0.01~0.05米。表面饰粗绳纹，内面饰布纹。陶管大头向东南、小头向西北套接，地势也是东南高西北低，故水应由东南向西北流。

试掘表明，在修造甲水道的暗道时破坏了乙水道的东南部分，据此可知乙水道要早于甲水道。两条排水道都是西汉时修建的，乙水道可能修建于西汉初年，而甲水道可能是西汉中期重修的。

据钻探得知，该排水道向南及西北方向延伸，它们应是武库西院排水设施的一部分。

钻探、试掘工作基本究明了武库遗址的范围和平面布局。遗址设有围墙，呈东西长方形，长710、宽322米，方向为北偏东3度。围墙夯筑，基础宽于墙体，试掘墙基宽3.6~5.2米，钻探（南墙试掘）墙体宽2.9（东、西、南三面墙）~3.6米（北墙）。在遗址中部略偏西处筑有一道南北向夯土隔墙，将武库分成东院和西院两个区，隔墙基础宽4、墙体宽1.7米。围墙和内隔墙的上部可能建有瓦顶。在东围墙和南围墙的东段上各钻探到一个门道，但南围墙西段以及西、北围墙上门道的情况不明。从钻探、试掘的排水道遗迹看，遗址内当分布有科学、合理的排水网络。围墙内共分布建筑遗址7座。

第二章　第七号建筑遗址的发掘

　　钻探发现的 7 座建筑遗址都遭到不同程度的破坏，其中保存较好、发掘工作做得最全面的是第七号遗址。其他六个遗址保存较差，虽然只做了部分发掘，但配合钻探工作，遗址的形制、布局基本能够复原（图七，下文述及各建筑遗址间的位置关系均见此图）。

　　第七号建筑遗址位于武库西院南部，东距内隔墙 40 米，西距西围墙 50 米，北距北围墙 194 米，南距南围墙 75 米。东北与第五号建筑遗址相邻，西北与第六号建筑遗址相邻。

　　发掘共布大小不等的探方 10 个（图八）。

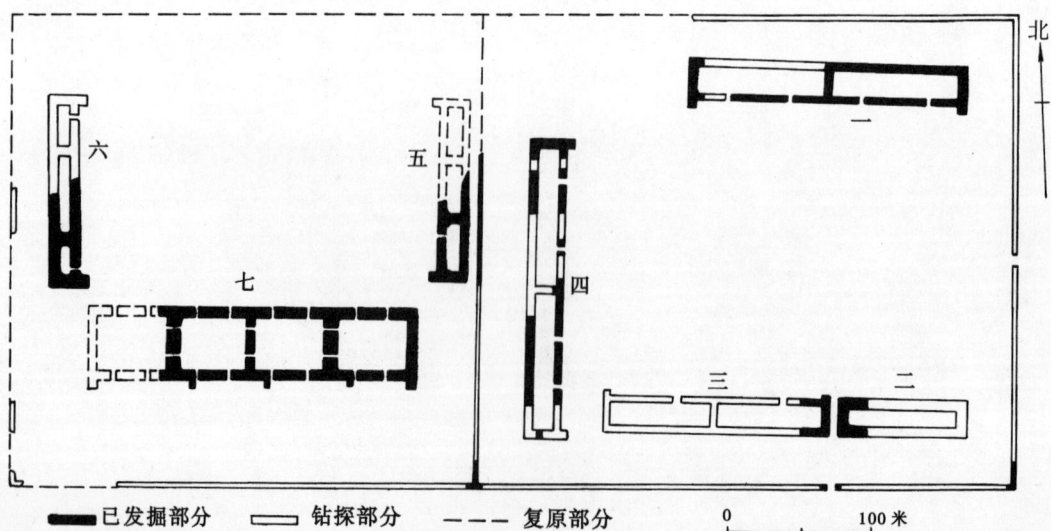

图七　武库遗址平面复原、分布图

北

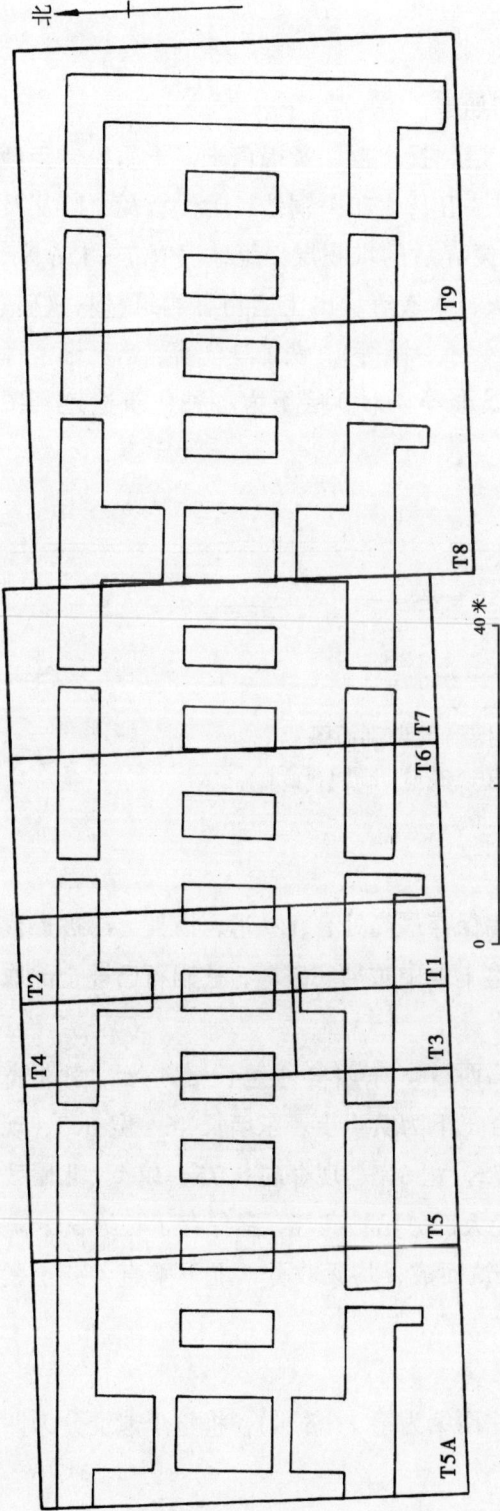

图八　第七号建筑遗址探方分布图

40米

0

北

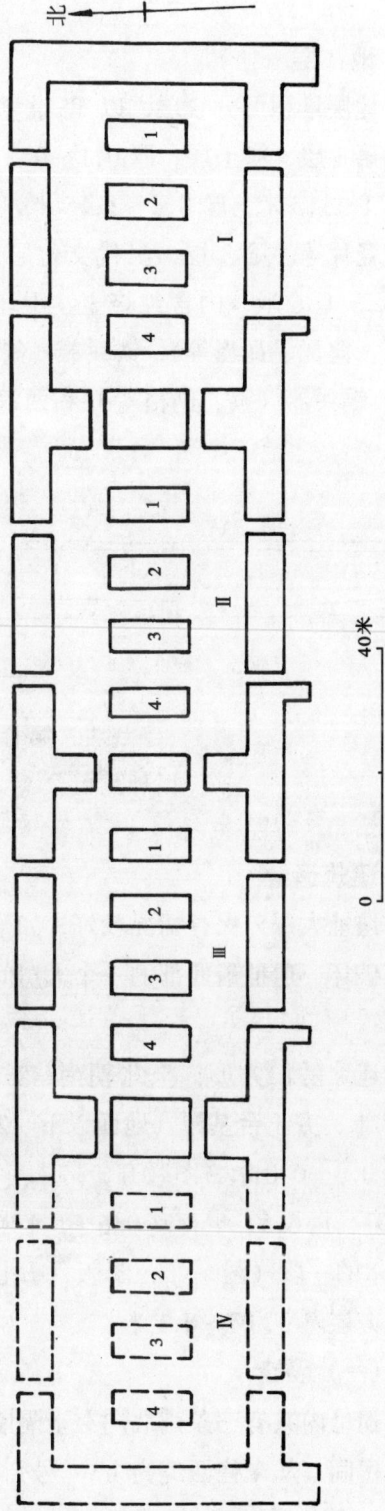

图一〇　第七号建筑遗址平面图（Ⅰ～Ⅳ为房间编号，1～4为墙垛编号）

40米

0

一　地　层

地层堆积可分 3 层，以 T5 北壁为例说明如下：

第 1 层，耕土层，厚 0.1～0.2 米。第 2 层，扰土层，黄褐色土，土质松，距地表 0.1～1.3 米，厚 0.6～1.15 米，内含北周"五行大布"铜钱、唐代板瓦、筒瓦及近代瓷片等。第 3 层，汉代文化层，系建筑废弃后的堆积层，距地表 0.7～1.6 米，厚 0.2～0.6 米，内含红烧土、土坯块、木灰、木炭等，出土遗物有建筑材料（砖、板瓦、筒瓦、瓦当等）、铁兵器（剑、刀、戟、矛、镞等）、铁工具（锛、凿、锸、锤等）、铜兵器（镞、剑格等）和西汉时期的钱币等。第 3 层下为各种建筑遗迹（图九）。

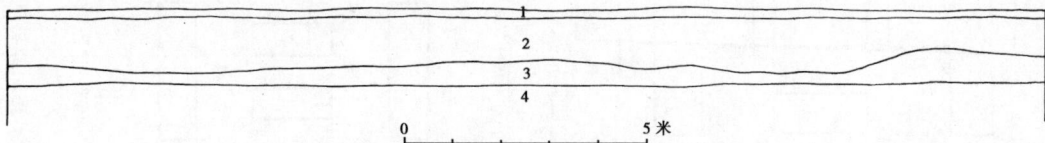

图九　第七号建筑遗址 T5 北壁剖面图
1. 耕土层　2. 扰土层　3. 汉代文化层　4. 汉代地面

二　建筑遗迹

遗址大部分保存情况较好，如第 3 号隔墙保存最高处有 4.9 米，惜其上部被近代陶窑破坏，遗址最西部的一个大房间也在平整土地中被彻底破坏，柱础石已被全部取走。

遗址呈长方形，坐北朝南，方向为南偏西 3°。东西复原总长 234 米，南北宽45.7 米，夯土台基厚（地面以下）2.8 米，夯土下为黄生土。东墙长 46、宽 6.5、现存高 0.3～0.8 米（图版五，1）。南墙残长 175、宽 6.5、现存高 0.75～1 米。北墙残长 197、宽 6.5、现存高 0.6～1.4 米。西墙绝大部分已被破坏，只保存了长约 30、宽6.5 米的一段（图一〇；图版六、七）。墙夯筑而成，均无收分，上下垂直，夯土紧密，夯层厚 0.07～0.1 米。

（一）隔墙

遗址内共有三条南北向夯土隔墙（从东往西编为第 1～3 号），将整个遗址分为四个大房间（从东往西编为 1～4 号）。

1. 第 1 号隔墙

　　1号房与2号房之间的第1号隔墙东距东墙48米，西距第2号隔墙48.7米。其南北长32.7、东西宽9.5、现存高1.6米。墙体夯筑，夯层清晰，每层厚0.08～0.1米（图版五，2）。墙外用土坯垒砌，土坯外施一层厚0.05米的草泥墙皮，表面光平。

　　隔墙东壁共有17个壁柱洞，其中南部有5个，间距1.4～1.5米；中部有7个，间距1.1～1.2米；北部有5个，间距1.3～1.5米。除北部一个柱洞下部础石无存外，其余都有柱础石。隔墙西壁也有17个壁柱洞，其中南部有5个，间距1.3～1.5米；中部有7个，间距1.5～2米；北部有5个，间距1.3～1.5米。柱洞下部均保存有础石。隔墙东西两侧的壁柱础石与1号房、2号房的柱础石在同一水平面上（图版五，3）。壁柱洞现存高1.1～1.35米，平面呈长方形，长0.3～0.5、宽0.3、地面下深0.2米。柱础石平面呈长方形，长、宽尺寸见表一，厚0.2米。

　　隔墙西壁以东墙内还存有4个柱洞，均有础石，础石高出房内地面0.35～0.55米。其中北部1个，北距北墙4.4米；中部3个，南北间距为4.5米。柱洞大体呈方形，为0.45×0.5米。柱础石呈长方形，长、宽尺寸见表一，厚0.3米。南部原应有一个，总计应为5个柱洞。这些柱洞（础石）与墙垛上发现的柱洞（础石）以及2号房内东西向分布双础石行的位置相互对应。

　　隔墙的南北各有一门道，作为1号房与2号房的通道。

　　北门道北距遗址北墙7.5米。东西长9.5、南北宽2.1、现存高1.8米（图版八，1）。门道两壁为夯土墙外垒砌多层土坯，土坯外施草泥墙皮。北壁保存14层土坯，高1.45米，南壁保存15层土坯，高1.55米。接近地面部分墙皮保存较好，厚0.03～0.05米。门道北壁有10个壁柱洞，都有础石，柱洞东西间距为0.39～0.73米。南壁也有10个壁柱洞，现存高1.7米，都有础石，柱洞东西间距为0.39～0.7米。柱洞呈长方形，长0.25～0.35、宽0.24～0.32、地面下深0.15米。柱洞内有木灰。柱础石呈长方形，长0.3、宽0.25、厚0.2米。门道东端有一条木门槛槽，南北长2.1、宽0.25、深0.1米。

　　门道内堆积有红烧土、夯土块、木灰、瓦片、砖块等。地面比房内地面低0.3～0.45米，用厚0.03米的草泥抹成，表面光平。发掘时见一批散乱的铁镞堆在地面上。

　　南门道北距北门道13.7、南距遗址南墙7.6米。东西长9.5、南北宽2.1、现存高1.7米（图版八，2）。门道两壁为夯土墙外用多层土坯垒砌，土坯外施一层草泥墙皮，厚0.03～0.05米，接近地面部分保存较好。北壁保存14层土坯，高1.45米。南壁保存15层土坯，高1.55米。门道北壁有10个壁柱洞，都有础石，柱洞东西间

表一　　　　　　　第七号建筑遗址第 1 号隔墙壁柱础石登记表　　　　单位：米

位　　置	编　　号	础石长、宽
东壁（由南向北）	1	0.65×0.50
	2	0.75×0.40
	3	0.50×0.45
	4	0.50×0.50
	5	0.60×0.40
	6	0.80×0.50
	7	0.90×0.70
	8	0.70×0.50
	9	0.70×0.55
	10	0.95×0.60
	11	0.70×0.60
	12	0.80×0.60
	13	0.75×0.45
	14	0.60×0.35
	15	0.65×0.55
	16	0.55×0.55
	17	无础石
西壁（由南向北）	1	0.40×0.40
	2	0.45×0.35
	3	0.40×0.40
	4	0.40×0.40
	5	0.40×0.30
	6	0.30×0.25
	7	0.50×0.35
	8	0.45×0.40
	9	0.60×0.50
	10	0.50×0.40
	11	0.55×0.50
	12	0.50×0.40
	13	0.40×0.30
	14	0.35×0.35
	15	0.50×0.30
	16	0.50×0.40
	17	0.50×0.40
西壁中部墙内（由南向北）	1	0.35×0.25
	2	0.50×0.40
	3	0.50×0.50
西壁北部墙内	1	0.50×0.50

距为 0.8～1 米。南壁也有 10 个壁柱洞，现存高 1.8～2 米，存有 2 个础石，柱洞东西间距为 0.44～0.75 米。壁柱洞呈长方形，长 0.25～0.50、宽 0.2～0.35、地面下深 0.15 米。有的柱洞内有木灰。柱础石呈长方形，长 0.3、宽 0.25、厚 0.2 米。门道东端有一条木门槛槽，东西宽 0.25、深 0.1 米，槽内有木灰。

门道内堆积有红烧土、夯土块、土坯、木灰、砖块、瓦片等。地面抹草泥，厚 0.03 米，表面光平，比房内地面低 0.4 米。地面上发现大量铁镞。

2. 第 2 号隔墙

2 号房与 3 号房之间的第 2 号隔墙，东距第 1 号隔墙 48.7 米，西距第 3 号隔墙 48 米。隔墙南北长 32.5、东西宽 5.2、现存高 1.2～1.7 米。隔墙夯筑而成，夯层清晰，每层厚 0.08～0.1 米。夯墙外用多层土坯垒砌，土坯外施草泥墙皮，厚 0.05 米（图版八，3）。

隔墙东壁共有 17 个壁柱洞，其中南部 5 个，南北间距为 1～1.4 米，中部 7 个（包括南、北转角柱洞各 1 个），南北间距为 1.5～1.9 米，北部 5 个，南北间距为 1～1.7 米，17 个壁柱洞均有础石。西壁也有 17 个壁柱洞，其中南部 5 个，南北间距为 1.2～1.5 米，中部 7 个（包括南、北转角柱洞各 1 个），南北间距为 1.5～1.8 米，北部 5 个，南北间距为 1.1～1.2 米，础石只缺北部一个。壁柱洞呈长方形，长 0.65、宽 0.42、地面下深 0.15 米。础石呈长方形，长、宽尺寸见表二，厚 0.25 米。

隔墙西壁以东墙内还有 5 个柱洞，其础石高出房内地面。其中南部 1 个，高出地面 0.35 米，柱洞边长 0.45 米，现存高 1.15 米，有础石。中部 3 个，南北间距为 4.5 米，高出地面 0.5 米，南数第 1 个柱洞边长 0.5 米，现存高 1.25 米，础石无存；南数第 2 个柱洞规格为 0.7×0.8 米，现存高 0.95 米，有础石；南数第 3 个柱洞规格为 0.35×0.45 米，现存高 1.04 米，有础石。北部 1 个，柱洞规格为 0.5×0.7 米，高 0.8 米，础石无存。础石长、宽尺寸见表二，厚约 0.3 米。这些柱洞（础石）与第 3 号隔墙东壁同一性质的柱洞（础石）以及 3 号房内东西向分布双础石行的位置相互对应。

隔墙的南北各有一门道，作为 2 号房与 3 号房的通道。

北门道北距遗址北墙 7 米。东西长 5.1、南北宽 2、现存高 1.2～1.7 米。门道两壁为夯土墙外用多层土坯垒砌，土坯外施草泥皮，厚 0.05 米。门道北壁有 8 个壁柱洞，东西间距为 0.35～0.7 米，现存高 1.3～1.35 米，都有础石。门道南壁也有 8 个壁柱洞，东西间距为 0.4～0.7 米，现存高 1.35 米，都有础石。壁柱洞呈长方形，长 0.5、宽 0.3、地面下深 0.15 米。柱洞内有木灰。础石均利用原石，未作加工，呈长方形，长 0.5、宽 0.25、厚 0.2 米（图版九，1）。

表二　　　　　　　第七号建筑遗址第 2 号隔墙壁柱础石登记表　　　　单位：米

位　　　置	编　　　号	础石长、宽
东壁（由南向北）	1	0.40×0.30
	2	0.35×0.30
	3	0.45×0.35
	4	0.40×0.40
	5	0.30×0.25
	6	0.60×0.40
	7	0.40×0.40
	8	0.40×0.40
	9	0.50×0.40
	10	0.50×0.50
	11	0.55×0.55
	12	0.45×0.30
	13	0.80×0.50
	14	0.50×0.40
	15	0.45×0.40
	16	0.50×0.40
	17	0.70×0.60
西壁（由南向北）	1	0.40×0.30
	2	0.50×0.40
	3	0.40×0.40
	4	0.50×0.40
	5	0.60×0.40
	6	0.45×0.40
	7	0.40×0.40
	8	0.45×0.40
	9	0.30×0.25
	10	0.45×0.40
	11	0.60×0.50
	12	0.50×0.50
	13	0.60×0.55
	14	0.40×0.35
	15	0.35×0.35
	16	无础石
	17	0.70×0.40
西壁南部墙内	1	0.70×0.50
西壁中部墙内（由南向北）	1	无础石
	2	0.30×0.30
	3	0.40×0.30
西壁北部墙内	1	无础石

门道内堆积有红烧土、土坯、木灰、砖块、瓦片等。地面抹草泥，厚 0.03 米，和房内地面做法相同。

南门道距遗址南墙 7.1 米。门道南北两壁为夯土墙外用土坯垒砌，土坯外施一层草泥墙皮，厚 0.05 米。门道北壁有 6 个壁柱洞，现存高 1.3～1.5 米，东西间距为 0.8～1 米，都有础石。南壁也有 6 个壁柱洞，东西间距 0.8～1 米，都有础石。壁柱洞呈长方形，长 0.35、宽 0.3、地面下深 0.15 米。柱础石呈长方形，长 0.45、宽 0.25、厚 0.2 米。

门道内堆积有大量红烧土、土坯、夯土块、木灰、砖块、瓦片等。地面抹草泥，厚 0.03 米，表面光平。

3. 第 3 号隔墙

3 号房与 4 号房之间的第 3 号隔墙，东距第 2 号隔墙 48.5 米。南北长 32.8、东西宽 9.5、现存高 4.9 米（图一一；图版九，2）。隔墙为夯土墙外垒砌多层土坯，现存高 0.15～1 米，土坯外施一层草泥皮，厚 0.05 米，表面光平。建筑隔墙时需要夹圆木，发掘时清理出圆木朽后留下的圆洞，直径 0.1～0.2 米。

隔墙东壁共有 17 个壁柱洞，其中南部 5 个，南北间距为 1～1.1 米，3 个存有础石。中部 7 个（包括南、北转角柱洞各 1 个），南北间距为 1.2～1.6 米，都有础石。北部 5 个，现存高 1～1.5 米，南北间距为 0.7～1 米，都有础石。隔墙西壁多被破坏，在它的北部保存有 2 个壁柱洞，现存高 4.9 米，南北间距为 0.7 米。础石共存有 5 个。隔墙西壁和东壁的柱洞、础石情况应基本相同。壁柱洞呈长方形，长 0.45～0.87、宽 0.38～0.6、地面下深 0.15 米。柱础石呈长方形，长、宽尺寸见表三，厚 0.25 米。

隔墙东壁以西墙内另有 5 个柱洞，其础石高出房内地面。其中北部 1 个，现存高 1.72 米，有础石；中部 3 个，现存高 1.6 米，南北间距为 3.8～4.6 米，最北边的一个柱洞规格为 0.5×0.6 米，都有础石；南部 1 个，柱洞规格为 0.25×0.3 米，现存高 1.44 米，有础石。础石规格见表三。这些柱洞（础石）与第 2 号隔墙西壁同一性质的柱洞（础石）以及 3 号房内东西向分布双础石行的位置相互对应。

在第 1 号隔墙西壁、第 2 号隔墙西壁、第 3 号隔墙东壁墙内发现的若干个柱洞（础石），与墙垛上残存的柱洞（础石）及房内地面双础石的位置相对应，我们推测可能与某种建筑结构有关。

隔墙的南北各有一门道，是 3 号房与 4 号房的通道。

北门道北距遗址北墙 7.1 米。东西长 9.2、南北宽 2、现存最高 4.9 米。门道两壁为夯土墙外垒砌土坯，土坯外施草泥墙皮，厚 0.05 米，壁面光平。北壁有 10 个壁

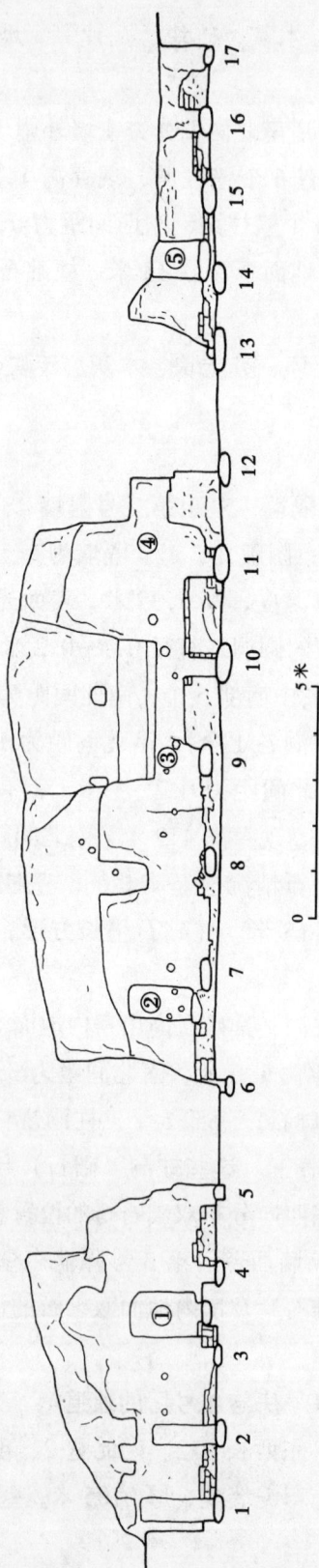

图一一 第七号建筑遗址第 3 号隔墙东壁立面图(1～17 为壁柱洞,①～⑤为墙内柱洞)

表三　　　　　　第七号建筑遗址第 3 号隔墙壁柱础石登记表　　　单位：米

位　　置	编　　号	础石长、宽
东壁（由南向北）	1	无础石
	2	无础石
	3	0.90×0.60
	4	0.70×0.65
	5	0.50×0.40
	6	0.80×0.60
	7	0.70×0.40
	8	0.50×0.40
	9	0.60×0.50
	10	0.50×0.40
	11	0.70×0.40
	12	0.80×0.40
	13	0.80×0.30
	14	0.60×0.40
	15	0.60×0.40
	16	0.60×0.50
	17	0.40×0.40
东壁南部墙内	1	0.60×0.50
东壁中部墙内（由南向北）	1	0.90×0.70
	2	0.70×0.50
	3	0.80×0.50
东壁北部墙内	1	0.60×0.40
西壁（由南向北）	1~12 号已不存	
	13	0.40×0.35
	14	0.50×0.45
	15	0.50×0.50
	16	0.45×0.40
	17	0.50×0.40

柱洞，东西间距为 0.5~0.7 米，均有础石。南壁也应有 10 个壁柱洞，只发掘了东边的 7 个，柱洞东西间距为 0.5~0.7 米，现存高 1.9 米，均有础石。西边的 3 个壁柱洞因压在水渠之下未作发掘。柱洞呈长方形，长 0.45~0.75、宽 0.3~0.4、地面下深 0.15 米。柱础石为长方形，长 0.4、宽 0.3、厚 0.3 米。

门道内堆积有大量红烧土、土坯、木灰、砖块、瓦片等。地面抹草泥，厚 0.05 米，表面光平，比房内地面低 0.4 米。

南门道南距遗址南墙 7.1 米。东西长 9.5、南北宽 2、现存最高 4.4 米。门道两壁为夯土墙外垒砌土坯，土坯外施草泥墙皮，厚 0.05 米。北壁有 10 个壁柱洞，东西间距为 0.5~0.7 米，其中 7 个有础石。南壁也应有 10 个壁柱洞，只发掘了东部的 7 个，柱洞东西间距为 0.5~0.7 米。西边的 3 个壁柱洞因压在水渠之下未作发掘。柱洞呈长方形，长 0.4、宽 0.3、地面下深 0.15 米。柱础石为长方形，长 0.3~0.35、宽 0.25~0.3、厚 0.3 米。

门道内堆积有红烧土、土坯、木灰、砖块、瓦片等。地面抹草泥，厚 0.05 米，表面光平，比房内地面低 0.4 米。

（二）房间

1~3 号房均建于一个夯土台基之上，台基夯土厚 2.8 米，下为黄生土。

1. 1 号房

位于第七号建筑遗址最东面。房内东西长 48、南北宽 32.7 米（图一二；图版九，3）。房内地面是在夯土基础上抹一层草泥，厚 0.03~0.05 米，表面光平。

（1）门道　南、北墙上各开二门道（编为 1~4 号），四门道两两南北相对。

南墙西门道（编为 2 号门道）西距第 1 号隔墙 11.7 米，保存较完整。门道南北长 6.5、东西宽 2.1 米（图版一〇，1）。门道两壁为夯土墙外垒砌土坯，土坯外施草泥墙皮，厚 0.05 米，壁面光平。东壁有 7 个壁柱洞，现存高 0.85~1.3 米，南北间距为 0.6~0.8 米，均有础石。西壁也有 7 个壁柱洞，现存高 0.85~1.3 米，南北间距为 0.6~0.8 米，保存有 4 个础石。壁柱洞为长方形，长 0.4、宽 0.3、地面下深 0.15 米。柱础石呈长方形，长 0.3、宽 0.2、厚 0.3 米。东壁北部的 2 个柱洞，在地面以上 0.2 米处存有包封柱洞的整齐的草泥墙皮，这样的保存状况在武库建筑遗址中很少见。

在门道东、西壁南数第 2 个壁柱洞之间有木门槛槽的遗迹，东西长 2.1、南北宽 0.15、深 0.06 米。槽南壁立贴 3 块 0.19×0.36 米的砖。槽内有木灰。槽东西两端有门墩坑，东西 0.32、南北 0.27、深 0.2 米。

门道内堆积有红烧土、夯土块、墙皮、木灰、砖块、瓦片等。地面抹草泥，厚

北

A -

- B

B

0　　　5米

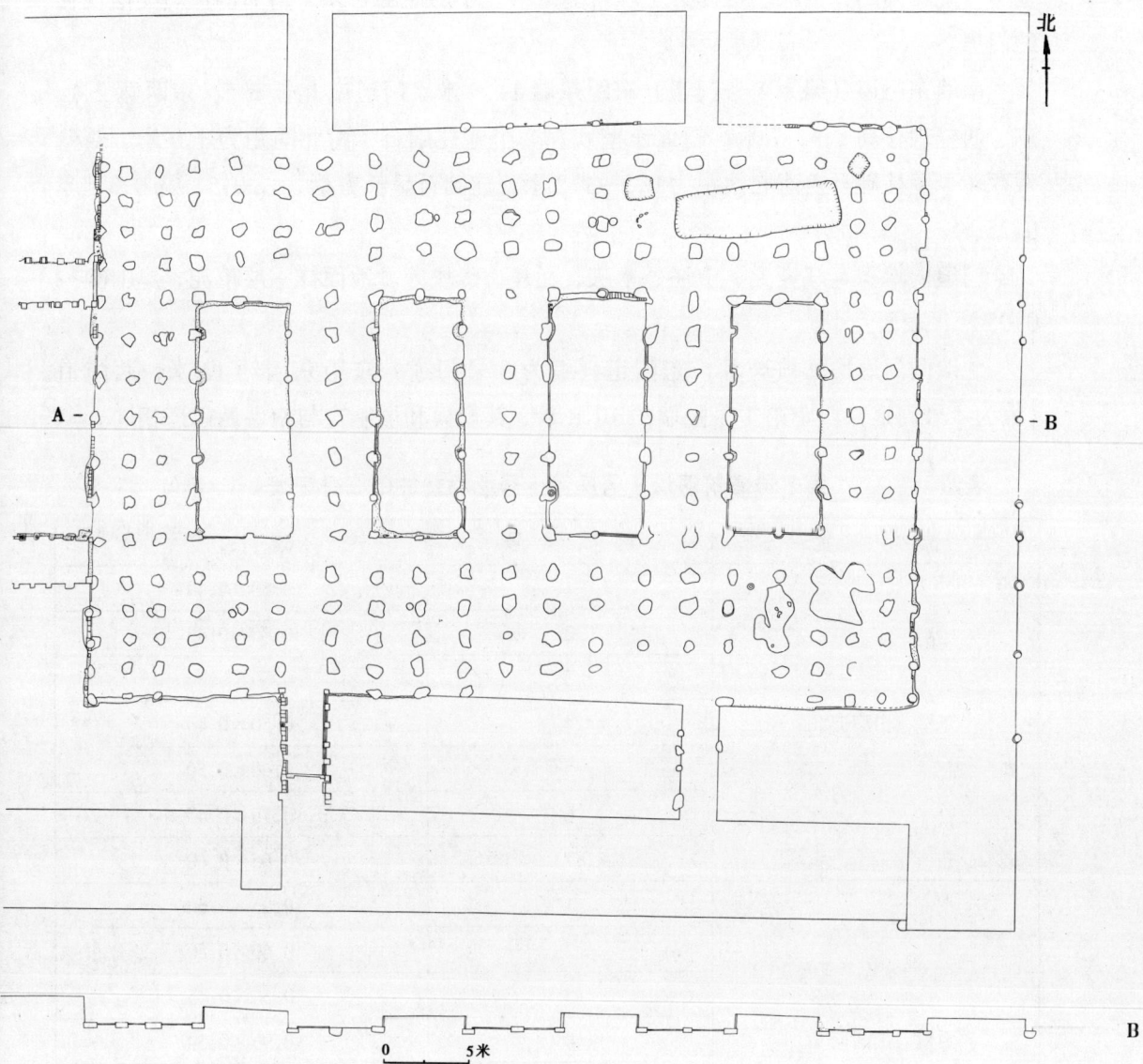

图一二　第七号建筑遗址 1 号房平、剖面图

0.03～0.05 米，表面光平。

门道西南外有一夯土垛，南北长 4.4、东西宽 2.4、现存高 0.6 米，壁面有草泥墙皮。它位于南墙外廊道内，北与南墙相连接。另外，2 号房、3 号房南墙西门道外也有与此相同的夯土垛。推测夯土垛可能是一座小房屋的台基，房屋的性质类似现在的门房。

南墙东门道（编为 1 号门道）东距东墙 11.3 米。门道南北长 6.5，东西宽 2.1，东、西壁现存高 1～1.7 米。门道东壁残存 2 个壁柱础石，南北间距为 1.9 米。西壁残存 4 个壁柱础石，南北间距为 0.5～1.2 米。柱础石呈长方形，长 0.5、宽 0.3、厚 0.25 米。

门道内堆积有红烧土、土坯、木灰、瓦片、砖块等。地面抹一层草泥，厚 0.04～0.05 米，表面光平。

北墙两门道均已被破坏，东门道（编为 3 号门道）东距东墙约 12 米，西门道（编为 4 号门道）西距第 1 号隔墙约 10.8 米。其规模和形制应与南墙西门道相同。

表四　　　　　　第七号建筑遗址 1 号房第 1 号墙垛壁柱础石登记表　　　　单位：米

位　　　置	编　　　号	础石长、宽
东壁（由南向北）	1	0.50×0.40
	2	0.80×0.45
	3	0.50×0.50
	4	0.50×0.40
	5	0.60×0.50
	6	0.70×0.40
	7	0.85×0.60
西壁（由南向北）	1	0.95×0.60
	2	0.60×0.50
	3	0.50×0.45
	4	0.96×0.50
	5	无础石
	6	无础石
	7	0.60×0.50
南壁（正中）		0.50×0.40
北壁（正中）		0.95×0.65

（2）墙垛 1号房内共有4条南北向夯土墙垛，由东往西顺次编为第1～4号墙垛。墙垛夯筑，均为南北长方形，四壁都有壁柱洞。墙垛的做法是在夯土墙外垒砌土坯，再在土坯外施厚0.03～0.05米的草泥墙皮，墙皮是先用粗草泥打底，然后用一层薄细泥抹面，表面光平。

第1号墙垛，东距东墙12米。南北长13.5、东西宽5.3、现存高0.5～0.8米。墙垛东壁有7个壁柱洞（包括南、北各1个转角柱洞），南北间距为1.4～1.8米，均有础石。西壁也有7个壁柱洞（包括南、北各1个转角柱洞），南北间距为1.2～1.4米，存有5个础石。南壁正中有1个壁柱洞，与转角柱洞间距为2.2～2.3米，有础石。北壁正中有1个壁柱洞，与转角柱洞间距为1.5～1.7米，有础石。柱洞下部有木灰。础石长、宽尺寸见表四，厚0.3米（图版一〇，2、3）。

第2号墙垛，东距第1号墙垛5米，西距第3号墙垛5米。南北长13.8、东西宽5.3、现存高0.6～0.7米。墙垛东壁有7个壁柱洞（包括南、北各1个转角柱洞），南北间距为1.4～1.6米，均有础石。西壁也有7个壁柱洞（包括南、北各1个转角柱洞），南北间距为1～1.8米，均有础石。南壁正中有1个壁柱洞，与转角柱洞间距为2～2.2米，有础石。北壁正中有1个壁柱洞，与转角柱洞间距为1.8～2米，有础石。柱础石长、宽尺寸见表五，厚0.3米。

表五 第七号建筑遗址1号房第2号墙垛壁柱础石登记表 单位：米

位　　　置	编　　　号	础石长、宽
东壁（由南向北）	1	0.98×0.90
	2	0.50×0.50
	3	0.96×0.65
	4	0.70×0.60
	5	0.90×0.70
	6	0.97×0.60
	7	0.90×0.85
西壁（由南向北）	1	0.98×0.70
	2	1.10×0.90
	3	0.85×0.65
	4	0.50×0.50
	5	1.20×0.50
	6	1.10×0.60
	7	0.80×0.70
南壁（正中）		0.40×0.40
北壁（正中）		0.50×0.40

第 3 号墙垛，东距第 2 号墙垛 5 米，西距第 4 号墙垛 5 米。南北长 13.8、东西宽 5.3、现存高 0.5～0.8 米。墙垛东壁有 7 个壁柱洞（包括南、北各 1 个转角柱洞），南北间距为 1.4～2 米，均有础石。西壁也有 7 个壁柱洞（包括南、北各 1 个转角柱洞），南北间距为 1.8～2.1 米，均有础石。南壁正中有 1 个壁柱洞，与转角柱洞间距为 1.8～2.1 米，有础石。北壁正中有 1 个壁柱洞，与转角柱洞间距为 1.9～2 米，有础石。壁柱洞呈长方形，长 0.5、宽 0.4、地面下深 0.15 米。柱础石为长方形，柱础石长、宽尺寸见表六，厚 0.2 米。

表六　　　　　第七号建筑遗址 1 号房第 3 号墙垛壁柱础石登记表　　　　单位：米

位　　　置	编　　　号	础石长、宽
东壁（由南向北）	1	0.90×0.65
	2	0.50×0.50
	3	0.50×0.45
	4	0.50×0.45
	5	0.60×0.50
	6	0.60×0.50
	7	0.50×0.40
西壁（由南向北）	1	0.50×0.40
	2	0.40×0.40
	3	0.90×0.65
	4	0.70×0.70
	5	0.45×0.45
	6	0.80×0.70
	7	0.90×0.60
南壁（正中）		0.50×0.40
北壁（正中）		0.60×0.50

第 4 号墙垛在第 1 号隔墙以东 6 米处，东距第 3 号墙垛 5 米。南北长 13.7、东西宽 5.4、现存高 0.5～1 米。墙垛东壁有 7 个壁柱洞（包括南、北各 1 个转角柱洞），南北间距为 1.5～1.8 米，保存有 4 个础石。西壁也有 7 个壁柱洞（包括南、北各 1 个转角柱洞），南北间距为 1.4～1.8 米，均有础石。南壁正中有 1 个壁柱洞，与转角柱洞间距为 2～2.5 米，础石无存。北壁正中有 1 个壁柱洞，与转角柱洞间距为 1.5～2.5 米，有础石。壁柱洞呈长方形，长 0.6、宽 0.5、地面下深 0.15 米。柱础石为长

表七　　　　　　第七号建筑遗址 1 号房第 4 号墙垛壁柱础石登记表　　　单位：米

位　　置	编　　号	础石长、宽
东壁（由南向北）	1	无础石
	2	0.45×0.40
	3	无础石
	4	0.50×0.45
	5	0.45×0.40
	6	0.45×0.40
	7	无础石
西壁（由南向北）	1	0.90×0.50
	2	0.90×0.70
	3	0.60×0.40
	4	0.65×0.45
	5	0.80×0.70
	6	0.90×0.70
	7	0.80×0.75
南壁（正中）		无础石
北壁（正中）		0.80×0.50

方形，柱础石长、宽尺寸见表七，厚 0.2 米。

（3）础石　1 号房内的柱础石（包括壁柱础石）共有东西 21 列，南北 17 排，其中一部分为双石或 3 石，有的础石已被破坏无存。现存情况为：由北往南第 1 排有 8 个柱础石，东西间距为 1～2 米。第 2 排有 20 个柱础石，东西间距为 1.5～1.8 米。第 3 排有 16 个柱础石，东西间距为 1.4～2 米。第 4 排有 16 个柱础石（其中 2 个为双石，1 个为三石），东西间距为 1.5～2 米。第 5 排有 19 个柱础石，东西间距为 1.5～2.1 米。第 6 排有 20 个柱础石，东西间距为 1.3～2 米。第 7 排有 15 个柱础石，东西间距为 1.1～2.2 米（其中 1 个为双石，1 个为 3 石）。第 8 排有 16 个柱础石，东西间距 1.3～1.9 米。第 9 排有 17 个柱础石，东西间距为 1.2～2 米。第 10 排有 16 个柱础石，东西间距为 1.3～2 米。第 11 排有 17 个柱础石，东西间距为 1.2～2 米。第 12 排有 18 个柱础石，东西间距为 1.3～1.8 米。第 13 排有 19 个柱础石，东西间距为 1.2～1.8 米。第 14 排有 17 个柱础石（其中 3 个为双石），东西间距为 1.2～1.8 米。第 15 排有 19 个柱础石，东西间距为 1.2～2 米。第 16 排有 17 个柱础石，东西间距为 1.4～1.7 米。第 17 排有 14 个柱础石，东西间距为 1.3～1.9 米。

2. 2 号房

位于 1 号房的西面，3 号房的东面。房内东西长 48.7、南北宽 32.7 米（图一三；图版一一）。房内地面是在夯土基础上抹一层草泥，厚 0.03～0.05 米，表面光平。

（1）门道 南、北墙上各开二门道（编为 1～4 号），四门道两两南北相对。

北墙东门道（编为 3 号门道），东距第 1 号隔墙 11.8 米，保存较完整。门道南北长 6.5、东西宽 2.1、现存高 1.4 米（图一四；图版一二）。门道两壁为夯土墙外垒砌土坯，土坯外施草泥墙皮，厚 0.02～0.05 米，壁面光平。门道东壁有 7 个壁柱洞，现存高 0.85～1 米，南北间距为 0.6～0.8 米，存有 6 个础石。特别是南数第 3 个壁柱洞的东壁下部立贴有 1 块 0.34×0.34 米的几何纹方砖，砖厚 0.05 米，这种作法较为少见，应是起加固的作用。西壁也有 7 个壁柱洞，南北间距为 0.6～0.7 米，存有 6 个础石。壁柱洞为长方形，长 0.38、宽 0.32、地面下深 0.15 米。柱础石有长方形、圆形两种，其中长方形的长 0.38、宽 0.33、厚 0.3 米。在门道南数第 4 个壁柱洞之间有木门槛槽的遗迹，东西长 2.1、南北宽 0.15、深 0.1 米。槽内残留有少量木炭。

门道内堆积有红烧土、夯土块、土坯、木灰、砖块、瓦片等。地面抹草泥，厚 0.03 米，较为平整。

北墙西门道（编为 4 号门道），在第 2 号隔墙以东 11.5 米处。门道南北长 6.5、东西宽 2.26、现存高 0.57～0.84 米（图版一三，1）。门道两壁为夯土墙外垒砌土坯，土坯外施草泥墙皮，厚 0.03 米，壁面光平。门道东壁有 7 个壁柱洞，现存高 0.57～0.84 米，南北间距为 0.6～0.8 米，存有 5 个础石。门道西壁也有 7 个壁柱洞。壁柱洞为长方形，长 0.4、宽 0.3、地面下深 0.15 米。柱础石为长方形，长 0.3、宽 0.25、厚 0.3 米。柱洞下部残留有木灰。木门槛槽已被破坏。

门道内堆积有红烧土、土坯、木灰、砖块、瓦片等，出土铁、铜镞 20 件，散乱分布在地面上。

南墙东门道（编为 1 号门道），东距第 1 号隔墙 11.8 米，门道一部分已被破坏。门道南北长 6.5、东西宽 2.1、现存高 0.57～1 米。门道两壁为夯土墙外垒砌土坯，每块土坯厚 0.25～0.3 米，土坯外施草泥墙皮，厚 0.03 米，壁面光平。门道东壁应有 7 个壁柱洞，现存 4 个，高 0.6～0.73 米，南北间距为 0.6～0.7 米，存有 3 个础石。西壁也应有 7 个壁柱洞，现存 5 个，高 0.6～0.68 米，南北间距为 0.6～0.8 米，存有 1 个础石。西壁南数第 2 个壁柱洞下有 1 块长方形砖贴墙立着，砖长 0.23、宽 0.17 米；第 4 个壁柱洞底有 1 块砖东西向靠墙立着，砖长 0.25、宽 0.19 米。这两块

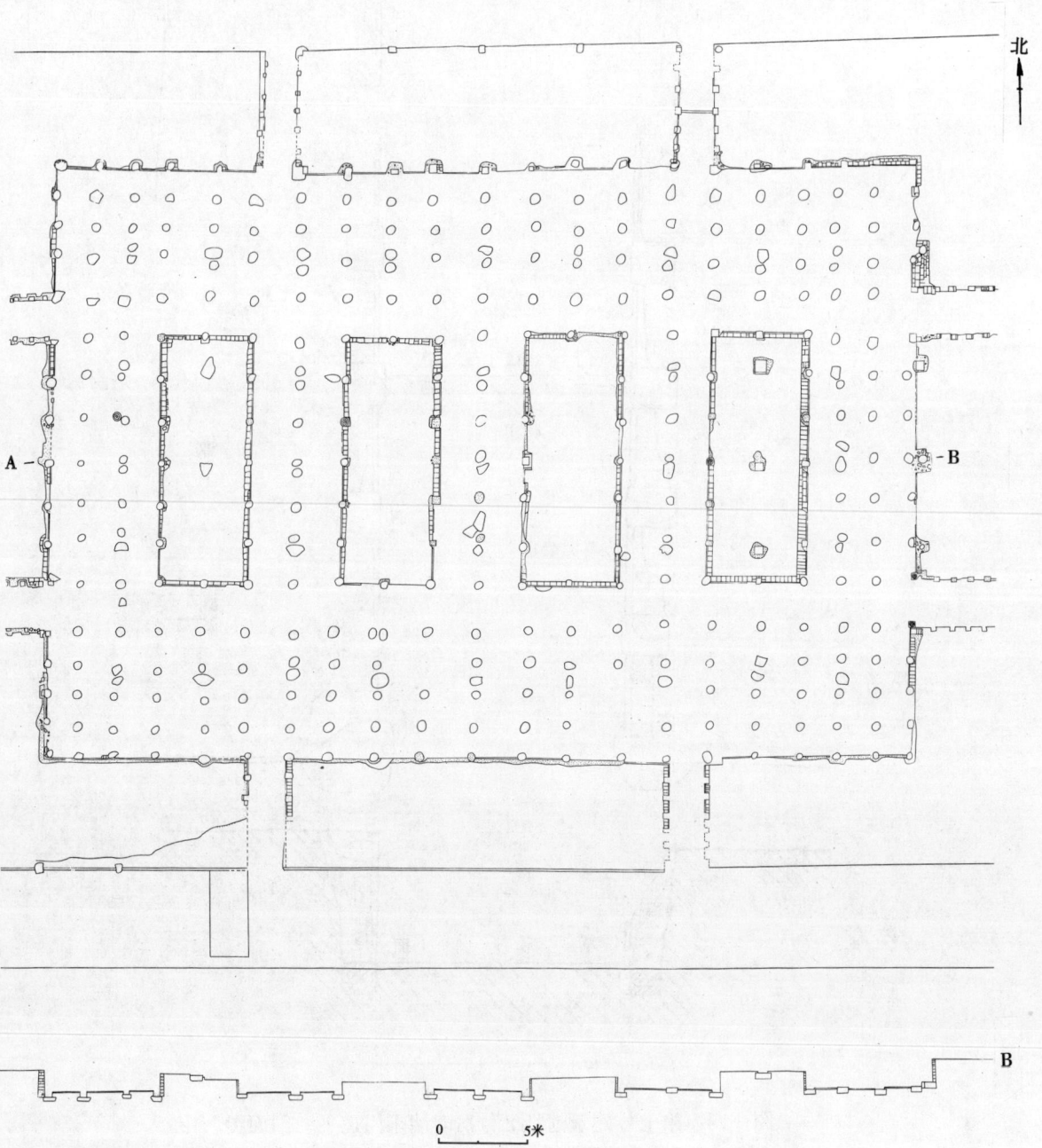

北

A —

— B

A

B

0   5米

图一三　第七号建筑遗址 2 号房平、剖面图

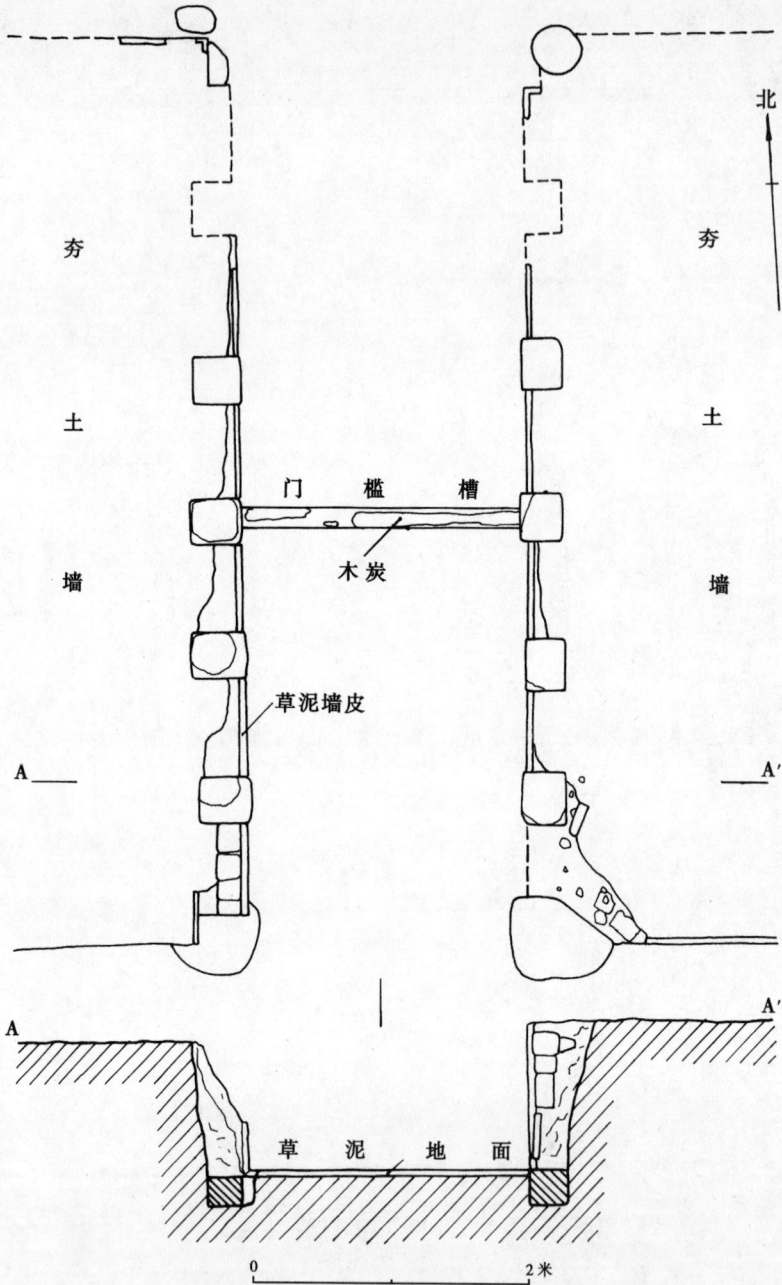

图一四　第七号建筑遗址 2 号房北墙东门道平、剖面图

砖应是起加固立柱的作用。壁柱洞为长方形，长 0.32～0.37、宽 0.23、地面下深 0.1 米。柱础石为长方形，长 0.3、宽 0.25、厚 0.25 米。

门道内堆积有红烧土、土坯、木灰、砖块、瓦片等。地面抹草泥，厚 0.04 米，较为平整。

南墙西门道（编为2号门道），西距第2号隔墙11.5米。门道南北长6.5、东西宽2.06米，两壁现存高0.75～1米，部分已被破坏。门道两壁为夯土墙外垒砌土坯，土坯外施草泥墙皮，厚0.03米，壁面光平。门道东壁应有7个壁柱洞，现存3个，南北间距为0.6～0.7米，均有础石。西壁也应有7个壁柱洞，现存3个，高0.72～0.76米，南北间距为0.7～0.8米，存有2个础石。壁柱洞为长方形，长0.35、宽0.25、地面下深0.1米。柱础石为长方形，长0.3、宽0.2、厚0.2米。

门道内堆积有红烧土、土坯、木灰、砖块、瓦片等。地面抹草泥，厚0.03米，表面光平。

据钻探得知南墙西门道西南有一夯土垛，南北长4.4、东西宽2.4米，上部已被破坏。它与1号房南墙西门道外的夯土垛形制、性质相同。

（2）墙垛　2号房内共有4条南北向夯土墙垛，由东往西顺次编为第1～4号墙垛。墙垛夯筑，均为南北长方形，四壁都有壁柱洞。有的墙垛上面还保存有柱础石。墙垛的做法与1号房内夯土垛相同。

第1号墙垛，东距第1号隔墙6.1米，西距第2号墙垛4.8米。平面呈长方形，南北长13.9、东西宽5.6、现存高0.8～1米（图一五；图版一三，2、3，一四）。东

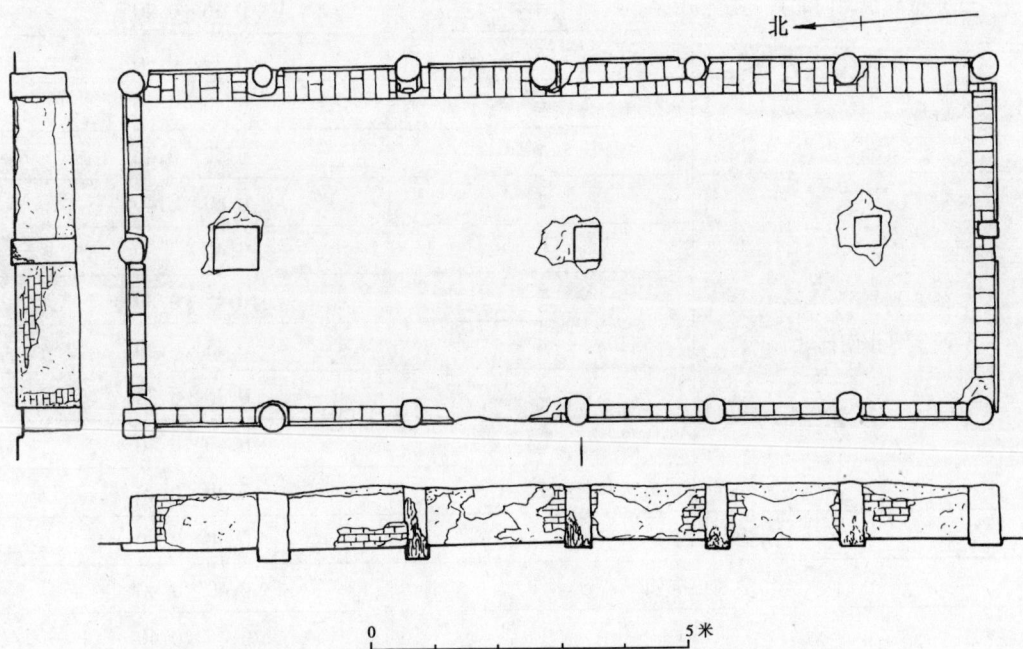

图一五　第七号建筑遗址2号房第1号墙垛平、立面图

壁有 7 个壁柱洞（包括南、北各 1 个转角柱洞），南北间距为 1.8～2.1 米，均有础石。西壁也有 7 个壁柱洞（包括南、北各 1 个转角柱洞），南北间距为 1.6～2.2 米，均有础石。南壁正中有 1 个壁柱洞，与转角柱洞间距为 2.2～2.4 米，有础石。北壁正中有 1 个壁柱洞，与转角柱洞间距为 2.1～2.2 米，有础石。

在第 1 号墙垛上面沿中线南北分布有 3 个柱洞（自南向北编为 1、2、3 号），下有础石，与南、北壁正中的壁柱洞在一条直线上。1 号柱洞南距南壁正中壁柱洞 1.8 米，平面呈正方形，边长 0.4 米，深 0.2 米。洞内有烧土、木灰等。2 号柱洞南距 1 号柱洞 4.7 米，平面呈长方形，东西长 0.7、南北宽 0.4 米。洞内有木灰。础石厚 0.25 米。3 号柱洞南距 2 号柱洞 4.2 米，北距北壁正中壁柱洞 1.1 米。平面呈长方形，长 0.7、宽 0.65、深 0.11 米。洞内有烧土、木灰、瓦片等。础石厚 0.25 米。础石长、宽尺寸见表八。

表八　　　第七号建筑遗址 2 号房第 1 号墙垛壁柱础石登记表　　　单位：米

位　　　置	编　　　号	础石长、宽
东壁（由南向北）	1	0.50×0.40
	2	0.40×0.30
	3	0.30×0.30
	4	0.50×0.40
	5	0.40×0.40
	6	0.50×0.40
	7	0.50×0.40
西壁（由南向北）	1	0.60×0.40
	2	0.40×0.30
	3	0.45×0.30
	4	0.45×0.40
	5	0.35×0.30
	6	0.40×0.40
	7	0.40×0.40
南壁（正中）		0.30×0.30
北壁（正中）		0.40×0.40
墙垛上面（由南向北）	1	0.45×0.40
	2	0.50×0.50
	3	0.70×0.60

第 2 号墙垛在第 1 号墙垛西面，东距第 1 号墙垛 4.8 米，西距第 3 号墙垛 4.7~5 米。平面呈长方形，南北长 13.8、东西宽 5.5、现存高 0.6~0.9 米。东壁有 7 个壁柱洞（包括南、北各 1 个转角柱洞），现存高 0.78~0.84 米，南北间距为 1.5~2.4 米，均有础石。西壁也有 7 个壁柱洞（包括南、北各 1 个转角柱洞），南北间距为 1.4~2.2 米，均有础石。南壁正中有 1 个壁柱洞，与转角柱洞间距为 2.2~2.5 米，有础石。北壁正中有 1 个壁柱洞，现存高 0.72 米，与转角柱洞间距为 2~2.5 米，有础石。此外，在南壁柱础石西边地面上有 1 个础石，在东壁南数第 2 个壁柱础石东南边有 1 个柱础石。此二石可能是房屋毁坏后散落至此的柱础石。柱洞均呈长方形，长 0.45、宽 0.34、地面下深 0.1 米。柱础石呈长方形，长、宽尺寸见表九，厚 0.3 米。

第 3 号墙垛在第 2 号墙垛西面，东距第 2 号墙垛 5 米，西距第 4 号墙垛 5 米。墙垛东壁南部被破坏。南北长 13.5、东西宽 5.5、现存高 0.5~0.8 米。东壁有 7 个壁柱洞（包括南、北各 1 个转角柱洞），现存高 0.4~0.58 米，南北间距为 1.6~1.8 米，均有础石。西壁也有 7 个壁柱洞（包括南、北各 1 个转角柱洞），南北间距为

表九　　　　　第七号建筑遗址 2 号房第 2 号墙垛壁柱础石登记表　　　单位：米

位　　置	编　　　号	础石长、宽
东壁（由南向北）	1	0.30×0.30
	2	0.40×0.40
	3	0.40×0.35
	4	0.35×0.30
	5	0.40×0.30
	6	0.30×0.30
	7	0.40×0.30
西壁（由南向北）	1	0.40×0.40
	2	0.40×0.40
	3	0.45×0.40
	4	0.45×0.40
	5	0.50×0.40
	6	0.50×0.40
	7	0.40×0.35
南壁（正中）		0.30×0.30
北壁（正中）		0.40×0.40

1.7~2 米，均有础石。南壁正中有 1 个壁柱洞，与转角柱洞间距为 1.8~2 米，有础石。北壁正中有 1 个壁柱洞，现存高 0.4~0.58 米，与转角柱洞间距为 2~2.2 米，有础石。柱洞均呈长方形，长 0.4、宽 0.3、地面下深 0.15 米。柱础石呈长方形，长、宽尺寸见表一〇，厚 0.25 米。

表一〇　　　　第七号建筑遗址 2 号房第 3 号墙垛壁柱础石登记表　　　单位：米

位　　　置	编　　　号	础石长、宽
东壁（由南向北）	1	0.50×0.50
	2	0.35×0.25
	3	0.45×0.40
	4	0.50×0.40
	5	0.60×0.50
	6	0.45×0.40
	7	0.50×0.40
西壁（由南向北）	1	0.50×0.45
	2	0.45×0.40
	3	0.45×0.35
	4	0.40×0.40
	5	0.50×0.45
	6	0.40×0.40
	7	0.40×0.40
南壁（正中）		0.40×0.30
北壁（正中）		0.35×0.30

第 4 号墙垛在第 3 号墙垛西面，东距第 3 号墙垛 5 米，西距第 2 号隔墙 6 米。平面呈长方形，南北长 13.4、东西宽 5.3、现存高 0.4~0.8 米。东壁有 7 个壁柱洞（包括南、北各 1 个转角柱洞），现存高 0.4~0.85 米，南北间距为 1.6~2 米，均有础石。西壁也有 7 个壁柱洞（包括南、北各 1 个转角柱洞），南北间距为 1.5~1.8 米，均有础石。南壁正中有 1 个壁柱洞，与转角柱洞间距为 2~2.1 米，有础石。北壁正中有 1 个壁柱洞，与转角柱洞间距为 1.8~2 米，有础石。柱洞均呈长方形，长 0.4、宽 0.35、地面下深 0.15 米。柱础石呈长方形，长、宽尺寸见表一一，厚 0.3 米。

在第 4 号墙垛上面沿中线南北分布有 2 个础石（上部柱洞不存），与南、北壁正中的壁柱洞在一条直线上。由南向北编为 2、3 号（南面还应有 1 个础石）。2 号础石北距 3 号础石 4.5 米，石厚 0.3 米。3 号础石北距北壁正中壁柱洞 0.7 米，石厚 0.3 米。这两个柱础石与第 1 号墙垛上面的 2 号、3 号柱础石位置相对应，作用也应相同。础石长、宽尺寸见表一一。

表一一　　　第七号建筑遗址 2 号房第 4 号墙垛壁柱础石登记表　　　单位：米

位　　　置	编　　　号	础石长、宽
东壁（由南向北）	1	0.50×0.50
	2	0.45×0.40
	3	0.45×0.40
	4	0.35×0.30
	5	0.40×0.40
	6	0.45×0.40
	7	0.50×0.40
西壁（由南向北）	1	0.40×0.35
	2	0.40×0.35
	3	0.35×0.35
	4	0.40×0.40
	5	0.40×0.40
	6	0.40×0.40
	7	0.40×0.35
南壁（正中）		0.50×0.40
北壁（正中）		0.40×0.40
墙垛上面（由南向北）	1	无础石
	2	0.70×0.60
	3	1.20×0.70

（3）础石　2 号房内的柱础石（包括壁柱础石）共有东西 21 列，南北 17 排，其中一部分为双石，有的础石已被破坏无存。由北往南第 1 排有 21 个壁柱洞，东西间距为 1.4～2 米，现存 17 个础石。第 2 排有 21 个柱础石，东西间距为 1.5～2.5 米。第 3 排有 21 个柱础石，东西间距为 1.4～2.2 米。第 4 排有 21 个柱础石（其中 10 个为双石），东西间距为 1.6～2 米。第 5 排有 21 个柱础石，东西间距为 1.5～2.2 米。第 6 排有 21 个柱础石，东西间距为 1.6～2.1 米。第 7 排有 17 个柱

础石（其中6个为双石），东西间距为1.5～2.1米。第8排有17个柱础石（其中1个为双石），东西间距1.4～2.1米。第9排有17个柱础石（其中6个为双石），东西间距为1.5～2米。第10排有17个柱础石，东西间距为1.5～2米。第11排有17个柱础石（其中6个为双石），东西间距为1.4～2米。第12排有21个柱础石（其中1个为双石），东西间距为1.3～2米。第13排有21个柱础石（其中1个为双石），东西间距为1.3～2米。第14排有20个柱础石（其中9个为双石），东西间距为1.1～2.1米。第15排有19个柱础石，东西间距为1.2～2.3米。第16排有20个柱础石，东西间距为1.2～2.4米。第17排有21个壁柱洞，均有柱础石，东西间距为1.2～2.1米。

2号房内的础石保存较好，只缺第1排的4个、第14排的1个、第15排的2个和第16排的1个。础石多在地面以下。双础石中的一个，正好与隔墙内及墙垛上的柱洞（础石）东西成行，南北成列。1、3号房与2号房内础石的情况相同。

础石有椭圆形、长方形两种。一般长方形长0.5～0.8、宽0.4～0.7米，最长1.1、宽0.9米，厚0.3米。础石上面平整，下面不规整，放置时将平整的一面朝上。础石四周为夯土（图版一五）。

房内夯土墙垛以外的大部分地面及烧土堆积中都有不少木灰、木炭，这些遗存大都靠近墙垛附近，有的墙垛两侧都有，有的则一侧多一些，另一侧少一些。由房内发现大量木灰看，除了一部分是木柱灰外，可能有的是放置兵器的木架灰。

3. 3号房

位于2号房的西面，4号房的东面。房内东西长48.5、南北宽32.7米（图一六；图版一六）。房内地面是在夯土基础上抹一层草泥，厚0.03～0.05米，表面光平。

（1）门道　南、北墙上各开二门道（编为1～4号），四门道两两南北相对。

南墙西门道（编为2号门道）位于第3号隔墙以东11.5米，东距南墙东门道21.5米，保存最完整。门道南北长6.5、东西宽2、现存高1.4～1.55米（图一七；图版一七，1）。门道两壁为夯土墙外垒砌土坯，土坯外施草泥墙皮，厚0.03米，壁面光平。门道东壁有7个壁柱洞，现存高1.4～1.55米，南北间距为0.5～0.8米，存有4个础石。西壁也有7个壁柱洞，南北间距为0.6～0.8米，存有6个础石。壁柱洞为长方形，长0.3、宽0.25、地面下深0.15米。柱洞内有木灰。柱础石呈长方形，长0.4、宽0.35、厚0.3米。在门道南数第2个壁柱洞之间有木门槛槽的遗迹，东西长2.1、南北宽0.15、深0.05米。槽内残留有木灰。槽东西两端有门墩坑，南北长0.3、东西宽0.2米。

门道内堆积有红烧土、夯土块、草泥墙皮、木灰、砖块、瓦片等。门道南部即木

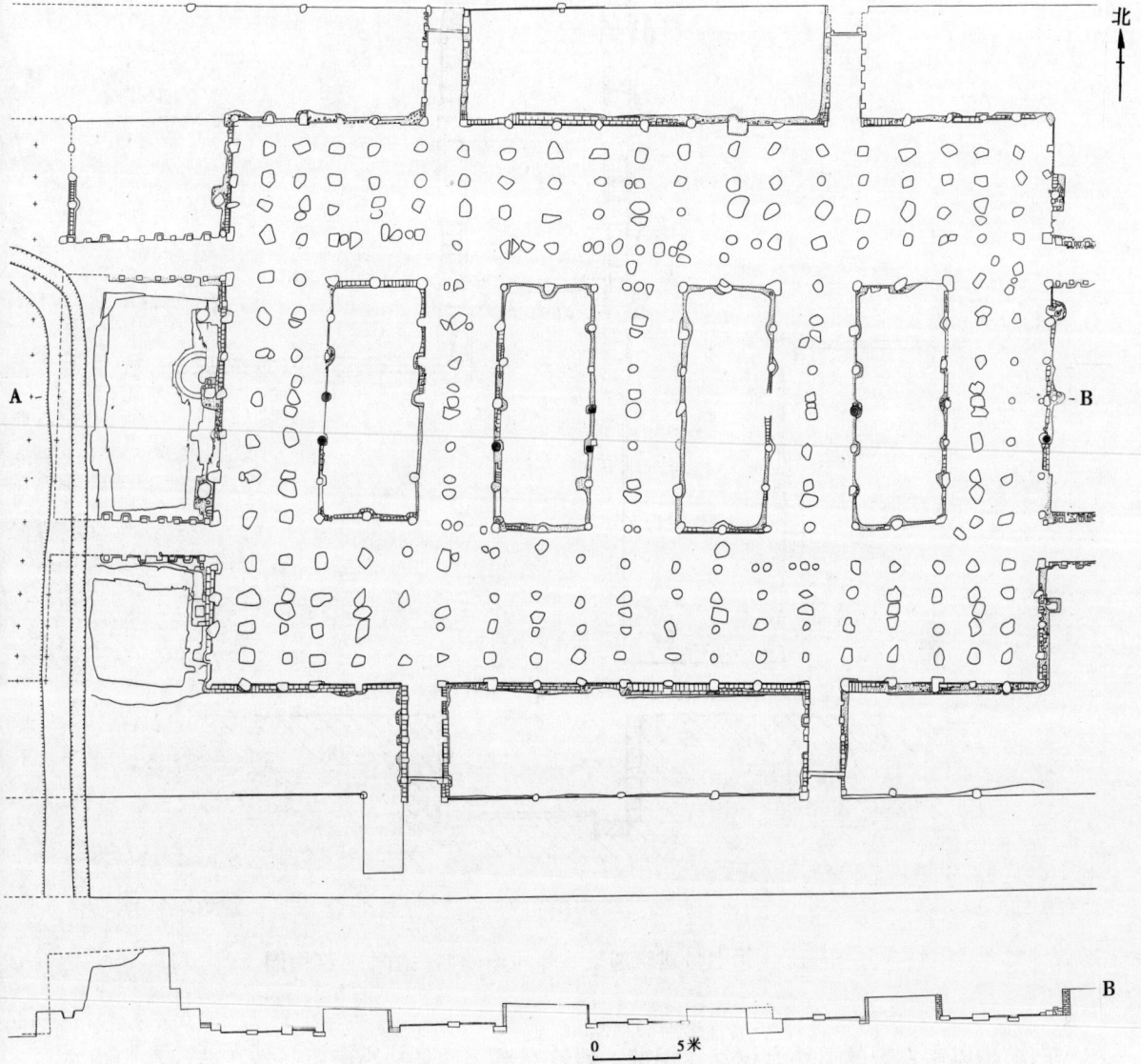

图一六　第七号建筑遗址 3 号房平、剖面图

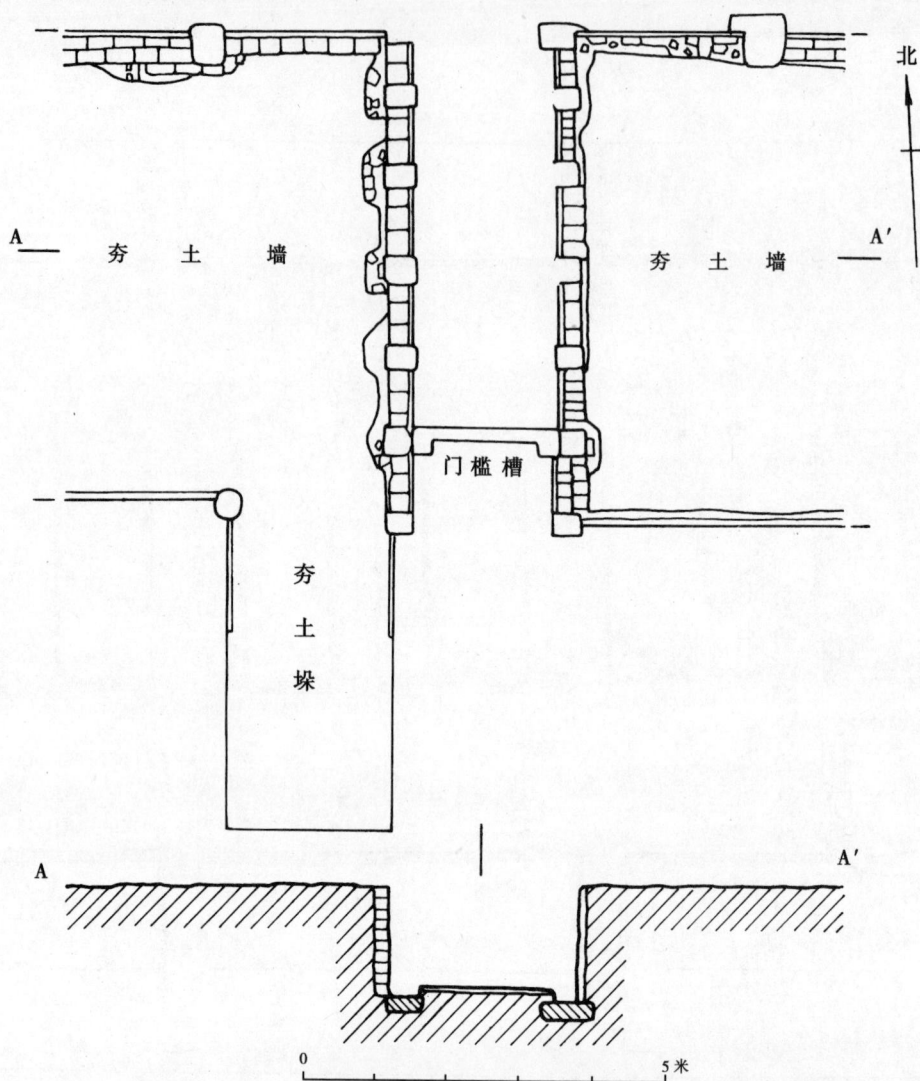

图一七　第七号建筑遗址 3 号房南墙西门道平、剖面图

门槛槽以南发现的遗物有铜釜、铜镞、残铁兵器、铁环、小磨石与带孔砖。在门道东南转角柱础石旁发现一串大泉五十铜钱，计 78 枚。

在门道西南外有一夯土垛，北与南墙相连接，南北长 4.4、东西宽 2.8、现存高 0.5～0.6 米。夯土垛西北端存有 1 个柱础石。它与 1 号房、2 号房南墙西门外的夯土垛形制、性质相同。

南墙东门道（编为 1 号门道）东距第 2 号隔墙 11.5 米，西距南墙西门道 21.5

米。门道南北长 6.5、东西宽 2.1、现存高 0.85~1.3 米（图版一七，2）。门道两壁为夯土墙外垒砌土坯，土坯外施草泥墙皮，厚 0.03 米，壁面光平。门道东壁有 7 个壁柱洞，现存高 0.85~1.3 米，南北间距为 0.6~0.7 米，存有 6 个础石。西壁也有 7 个壁柱洞，南北间距为 0.6~0.8 米，都有础石。壁柱洞为长方形，长 0.45、宽 0.4、地面下深 0.15 米。柱础石为长方形，长 0.3、宽 0.25、厚 0.3 米。在门道南数第 2 个壁柱洞之间有一木门槛槽的遗迹，槽东西长 2.1、南北宽 0.2、深 0.05 米。槽东西两端有门墩坑，长 0.3、宽 0.2 米。槽内留有少量木灰烬。

门道内堆积有红烧土、土坯、草泥墙皮、木灰、砖块、瓦片等。

北墙东门道（编为 3 号门道）东距第 2 号隔墙 11.5 米，西距北墙西门道 21.5 米，与南墙东门道相对。门道南北长 6.5、东西宽 2.1、现存高 0.75~1 米，北部被破坏。门道两壁为夯土墙外垒砌土坯，每块土坯厚 0.3 米，土坯外施草泥墙皮，厚 0.03 米，表面光平。门道东壁原有 7 个壁柱洞，现存 6 个，南北间距为 0.6~0.8 米，存有 1 个础石。西壁也应有 7 个壁柱洞，现存 6 个，高 0.6~0.8 米，南北间距为 0.6~0.8 米，存有 2 个础石。壁柱洞略呈长方形，长 0.45、宽 0.4、地面下深 0.15 米。柱洞内有木灰。柱础石呈长方形，长 0.3、宽 0.25、厚 0.2 米。在门道南数第 6 个壁柱洞之间有木门槛槽的遗迹，东西长 2.1、南北宽 0.14、深 0.05 米。槽内有木灰。槽两端有门墩坑，长 0.3、宽 0.2、深 0.1 米。

门道内堆积有红烧土、夯土块、土坯、木灰、草泥墙皮、砖块、瓦片等。地面抹草泥，厚 0.05 米，表面光平。地面被烧成褐黑色，并残存有大量木灰。门道中部发现铜镞 15 件。

北墙西门道（编为 4 号门道）西距第 3 号隔墙 11 米，东距北墙东门道 21.5 米，与南墙西门道相对。门道南北长 6.5、东西宽 2.1、两壁现存高 1.7 米（图版一八，1）。两壁为夯土墙外垒砌土坯，每块土坯厚 0.3 米，土坯外施草泥墙皮，厚 0.03 米，表面光平。东壁有 7 个壁柱洞，现存高 0.65~0.73 米，南北间距为 0.5~0.8 米，均有础石。西壁也有 7 个壁柱洞，南北间距为 0.6~0.8 米，均有础石。壁柱洞略呈长方形，长 0.35、宽 0.3、地面下深 0.1 米。柱础石呈长方形，长 0.3、宽 0.27、厚 0.3 米。在门道南数第 6 个壁柱洞之间有木门槛槽的遗迹，东西长 2.1、南北宽 0.15、深 0.05 米。槽东西两端有门墩坑，长 0.3、宽 0.2 米。槽内东边有一块砖，规格为 0.22×0.23 米。槽内有木灰。

门道内堆积有红烧土、夯土块、土坯、木灰、砖块、瓦片等。地面草泥抹成，厚 0.03 米，表面光平。

（2）墙垛　3 号房内共有 4 条南北向夯土墙垛（由东往西编为 1~4 号）。墙垛夯筑，均为南北长方形，四壁都有壁柱洞。墙垛的做法与1号房、2号房的夯土墙垛相同（图版一八，2）。

第1号墙垛东距第2号隔墙6.2米，西距第2号墙垛5.2米。平面呈长方形，南北长13.8、东西宽5.4、现存高1～1.2米。东壁有7个壁柱洞（包括南、北各1个转角柱洞），现存高1～1.18米，南北间距为1.4～1.7米，均有础石。西壁也有7个壁柱洞（包括南、北各1个转角柱洞），南北间距为1.5～1.8米，均有础石。南壁正中有1个壁柱洞，与转角柱洞间距为1.9～2米，有础石。北壁正中有1个壁柱洞，现存高1米，与转角柱洞间距为1.8～2米，有础石。壁柱洞呈长方形，长0.4、宽0.3、地面下深0.15米。柱洞内有木灰。柱础石呈长方形，长、宽尺寸见表一二，厚0.3米。

第2号墙垛在第1号墙垛的西面，东距第1号墙垛5.2米，西距第3号墙垛5米。平面呈长方形，南北长14、东西宽5.2、现存高0.45～0.9米。东壁有7个壁柱洞（包括南、北各1个转角柱洞），现存高1～1.18米，南北间距为1.6～2米，现存6

表一二　　　　第七号建筑遗址3号房第1号墙垛壁柱础石登记表　　　单位：米

位　　　置	编　　　号	础石长、宽
东壁（由南向北）	1	0.70×0.40
	2	0.80×0.45
	3	0.40×0.35
	4	0.60×0.30
	5	0.60×0.35
	6	0.70×0.40
	7	0.95×0.50
西壁（由南向北）	1	0.40×0.40
	2	0.55×0.35
	3	0.50×0.40
	4	0.60×0.50
	5	0.50×0.50
	6	0.70×0.60
	7	0.65×0.50
南壁（正中）		0.70×0.50
北壁（正中）		0.80×0.40

个础石。西壁也有 7 个壁柱洞（包括南、北各 1 个转角柱洞），南北间距为 1.4~1.8
米，现存 6 个础石。南壁正中有 1 个壁柱洞，与转角柱洞间距为 1.9~2 米，有础石。
北壁正中有 1 个壁柱洞，与转角柱洞间距为 1.6~1.8 米，有础石。壁柱洞呈长方形，
长 0.4~0.47、宽 0.3~0.4、地面下深 0.15 米。柱洞内有木灰。柱础石呈长方形，
长、宽尺寸见表一三，厚 0.3 米。

表一三　　　　第七号建筑遗址 3 号房第 2 号墙垛壁柱础石登记表　　　单位：米

位　　置	编　　号	础石长、宽
东壁（由南向北）	1	0.50×0.40
	2	0.40×0.40
	3	0.40×0.40
	4	无础石
	5	0.50×0.40
	6	0.50×0.40
	7	0.90×0.85
西壁（由南向北）	1	0.70×0.45
	2	0.70×0.50
	3	无础石
	4	0.80×0.40
	5	0.55×0.30
	6	1.20×0.70
	7	0.60×0.50
南壁（正中）		0.50×0.45
北壁（正中）		0.80×0.70

　　第 3 号墙垛在第 2 号墙垛的西面，东距第 2 号墙垛 5 米，西距第 4 号墙垛 6 米。
平面呈长方形，南北长 13.7、东西宽 5.7、现存高 0.8~1.3 米。东壁有 7 个壁柱洞
（包括南、北各 1 个转角柱洞），现存高 1~1.18 米，南北间距为 1.5~2 米，均有础
石。西壁也有 7 个壁柱洞（包括南、北各 1 个转角柱洞），南北间距为 1.4~2 米，均
有础石。南壁正中有 1 个壁柱洞，与转角柱洞间距为 2~2.2 米，有础石。北壁正中
有 1 个壁柱洞，与转角柱洞间距为 1.9~2 米，有础石。壁柱洞呈长方形，长 0.3、宽
0.25、地面下深 0.1 米。柱础石呈长方形，长、宽尺寸见表一四，厚 0.25 米。

第 4 号墙垛在第 3 号墙垛的西面，东距第 3 号墙垛 6 米，西距第 3 号隔墙 6 米。平面呈长方形，南北长 13.5、东西宽 5.2、现存高 1～1.2 米。东壁有 7 个壁柱洞（包括南、北各 1 个转角柱洞），南北间距为 1.4～2 米，现存 3 个础石。西壁也有 7 个壁柱洞（包括南、北各 1 个转角柱洞），南北间距为 1.5～1.8 米，均有础石。南壁正中有 1 个壁柱洞，与转角柱洞间距为 2～2.2 米，有础石。北壁正中有 1 个壁柱洞，与转角柱洞间距为 2～2.1 米，有础石。壁柱洞呈长方形，长 0.45、宽 0.4、地面下深 0.1 米。柱础石呈长方形，厚 0.25 米。

表一四　　　　第七号建筑遗址 3 号房第 3 号墙垛壁柱础石登记表　　　单位：米

位　　　置	编　　号	础石长、宽
东壁（由南向北）	1	0.40×0.40
	2	0.50×0.40
	3	0.35×0.30
	4	0.35×0.30
	5	0.40×0.35
	6	0.60×0.40
	7	0.40×0.40
西壁（由南向北）	1	0.50×0.50
	2	0.60×0.50
	3	0.50×0.50
	4	0.60×0.60
	5	0.70×0.50
	6	0.60×0.50
	7	0.40×0.40
南壁（正中）		0.60×0.40
北壁（正中）		0.60×0.50

（3）础石　3 号房内的柱础石（包括壁柱础石）共有东西 21 列，南北 17 排，其中一部分为双石或 3 石、4 石，有的础石已被破坏无存。由北往南第 1 排有 21 个壁柱洞，现存 19 个础石，东西间距为 1.5～2.1 米。第 2 排有 21 个柱础石，东西间距为 1～2 米。第 3 排有 21 个柱础石（其中 1 个为双石），东西间距为 1.2～2 米。第 4 排有 21 个柱础石（其中 4 个为双石），东西间距为 1～2 米。第 5 排有 21 个柱础石（其中 6 个为双石，3 个为 3 石，1 个为 4 石），东西间距为 1.4～2 米。第 6 排有 21 个柱

础石（其中 2 个为双石，2 个为 3 石），东西间距为 1.2～2 米。第 7 排现存 16 个柱础石（其中 3 个为双石，2 个为 3 石），东西间距为 1.5～2 米。第 8 排现存 16 个柱础石（其中 1 个为双石），东西间距 1.4～2 米。第 9 排现存 15 个柱础石（其中 2 个为双石，4 个为 3 石），东西间距为 1.2～2 米。第 10 排现存 15 个柱础石，东西间距为 1.5～2 米。第 11 排有 17 个柱础石（其中 6 个为双石），东西间距为 1.4～2 米。第 12 排有 21 个柱础石（其中 4 个为双石），东西间距为 1.5～2.1 米。第 13 排有 21 个柱础石（其中 4 个为双石，1 个为 3 石），东西间距为 1.4～2 米。第 14 排有 21 个柱础石（其中 8 个为双石），东西间距为 0.8～2 米。第 15 排现存 20 个柱础石，东西间距为 1.5～2 米。第 16 排现存 20 个柱础石，东西间距为 1.5～2 米。第 17 排有 21 个壁柱洞，现存 18 个础石，东西间距为 1.4～2 米（图版一九）。

在东西 21 列柱础石中，有 10 列（自东而西第 1、4、6、8、10、12、14、16、18、21 列）大部分是壁柱础石，其他 11 列（自东而西第 2、3、5、7、9、11、13、15、17、19、20 列）多是加在壁柱础石之间，一般低于地面 0.1～0.15 米。柱础石呈长方形，长 0.35、宽 0.3、厚 0.3 米。1 号、2 号房与 3 号房的础石情况相同。

4. 4 号房

4 号房在 3 号房西面，地面全被破坏，柱础石也已被取走。复原房内东西长 48、南北宽 32.7 米。在第 3 号隔墙西壁的北门以北位置残存 2 个壁柱洞，现存高 4.5 米，南北间距为 1.7 米，都有础石。残存地面仍为草泥地面，厚 0.03～0.05 米，表面光平。在 4 号房内发现 1 个夯土墙垛残迹（最东部的墙垛），东西宽 5.1 米。墙垛北壁正中有 1 个壁柱础石。由残存的这条墙垛看，4 号房应和 1 号、2 号、3 号房的建筑规模、形制布局相同，如在南北墙上设四门道、房内有 4 条南北向夯土墙垛以及础石的分布等。

第七号建筑遗址是武库内规模最大、也是最重要的一座建筑遗址。遗址共有 4 个房间，由每条隔墙上所设的两个门道相互通连。每个房间东西面阔 20 间，南北进深 16 间，在南、北墙上开有 4 个门道，房内空间各由 4 条南北向墙垛分隔开。南墙外有廊道（南墙南壁残存有壁柱洞和础石），并在每个房间的西门外设守卫用房，所以我们推测该建筑遗址坐北向南，南门为正门。另外，北墙北壁（2 号房北墙二门之间，3 号房北墙西门之东、西）和东墙东壁都残存有壁柱洞和础石，故北墙和东墙外也应设有廊道。

第七号建筑遗址出土的遗物有铁器、铜器、玉器、陶器、钱币及建筑材料等，以铁兵器为最多，有剑、刀、矛、戟、镞等，其中又以镞为最多，有 1000 余件。铁工具有斧、锛、铲、锸等。铜兵器有镞、剑格、镦等，其中镞有 100 余件。玉器为饰件。钱币有西汉半两、五铢，还有王莽时期的大泉五十、货布、货泉和布泉等。建筑材料有砖、板瓦、筒瓦和瓦当，其中文字瓦当有"长乐未央"、"长生未央"、"长生无极"、"与天无极"及"维天降灵，延元万年，天下康宁"12 字瓦当等。由此可知，该建筑主要用于存放铁、铜兵器。

第三章 第一至第六号建筑遗址的发掘

第一至第六号建筑遗址都是做了部分发掘，其中以第一号建筑遗址发掘的较为全面。

第一节 第一号建筑遗址的发掘

第一号建筑遗址位于武库东院的东北部，东距东围墙 30.5、西距内隔墙 142、北距北围墙 30.5、南距第二、三号建筑遗址 200 米。

发掘共布大小不等的探方 14 个（图一八）。

一 地 层

地层堆积可分 3 层，以 T1 东壁为例说明如下：

第 1 层，耕土层，厚 0.1～0.2 米。第 2 层，扰土层，黄褐色土，土质松，距地表 0.1～0.5 米，厚 0.2～0.3 米，内含唐代砖、板瓦、筒瓦及近代瓷片。第 3 层，汉代文化层，系西汉建筑废弃后的堆积层，距地表 0.4～1.1 米，厚 0.5～0.6 米，内含大量红烧土、土坯块、木炭、木灰等，出土有西汉时期的铁兵器、铜兵器、陶器、砖、板瓦、筒瓦、瓦当等。第 3 层下为西汉建筑遗迹（图一九）。

二 建筑遗迹

该遗址所在地势北面比南面高出约 1 米。遗址在 1975 年秋季平整土地中被破坏，暴露出柱础石共计 44 个，并被移位，大部分地面和一些门道被毁，特别是遗址西部已变成一道道深沟，大量红烧土、土坯块及铁铠甲片，铁、铜兵器，砖块，瓦片等都已暴露在地面上。只有东北角一部分保存较完整。

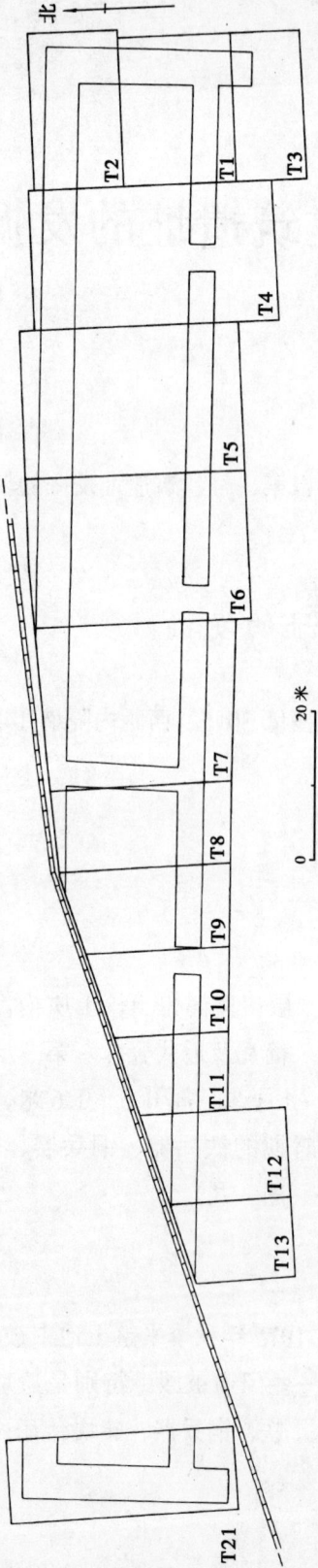

图一八 第一号建筑遗址探方分布图

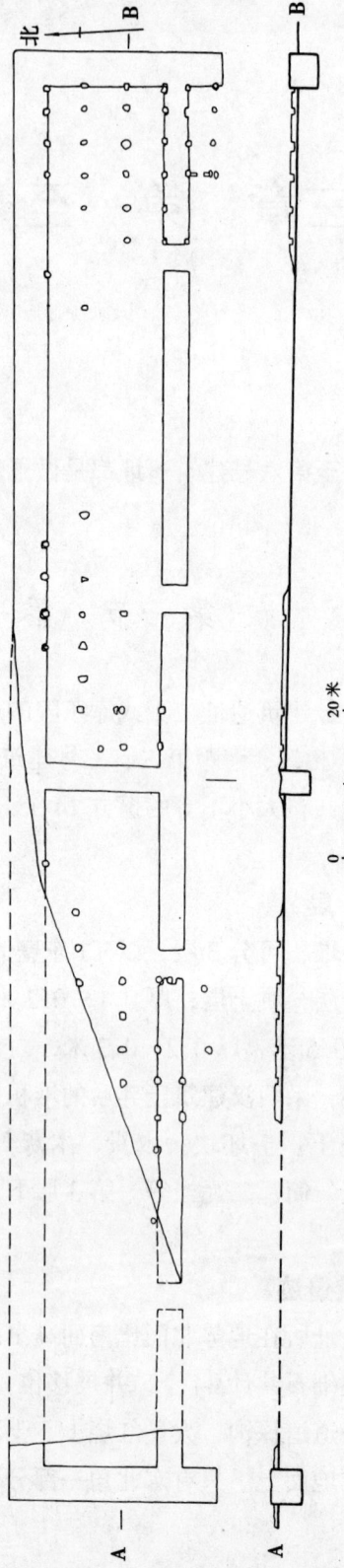

图二〇 第一号建筑遗址平、剖面图

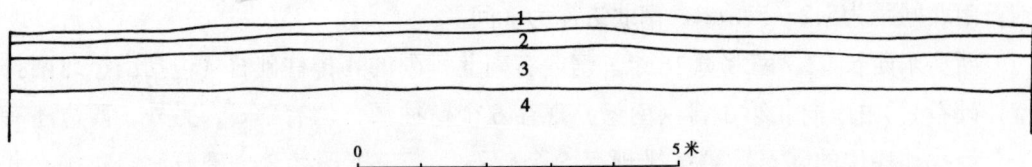

图一九　第一号建筑遗址 T1 东壁剖面图
1. 耕土层　2. 扰土层　3. 汉代文化层　4. 汉代地面

遗址坐北朝南，方向南偏西 5°。平面呈长方形，东西复原总长 196.8、南北宽 24.2 米。东墙宽 4.8、现存高 0.5 米；西墙宽 4.8、现存高 0.4 米；北墙宽 4.8、现存高 0.5 米；南墙宽 3.4、现存高 0.4 米，部分南墙被唐代窑址破坏（图二〇）。夯土墙基厚 3.9 米，墙体即建在墙基中间。墙体上下垂直，没有收分，两边较墙基收进 1 米左右，墙基、墙体的横截面呈"凸"字形。墙由黄土夯筑而成，土质紧密，夯层厚薄不一，最薄的 0.06、最厚的 0.08 米，一般为 0.07 米。

遗址东墙东端以西 96.8 米处有一道南北向隔墙，东距东墙 92、西距西墙 92 米。隔墙与南墙、北墙相连，为一次筑成，南北长 16、东西宽 3.4、现存高 0.5~0.7 米。隔墙夯层清晰，每层厚 0.07~0.08 米，土质坚硬。以隔墙分界将遗址分为东西两大间房，因隔墙上未发现门道，二房之间不通，都由各自的 2 个南门道出入。

西房南门道有两座，东南门道（南墙东边的门道，编为 3 号门道）位于隔墙以西 21 米。门道南北长 3.4、东西宽 3.8、西壁现存高 1 米。西壁北端尚存 2 个壁柱础石，南北间距为 1 米。门道内有木门槛槽的遗迹，槽宽 0.23、深 0.22 米，槽内留有木灰烬。门道内有一层路土，厚 0.2 米。此门道的建筑形制与第四号建筑遗址门道的形制相同。西南门道（南墙西边的门道，编为 4 号门道）位于西墙西端以东 21.2 米处，已被破坏。东房南门道也有两座，西南门道（南墙西边的门道，编为 2 号门）位于隔墙以东 21 米处，已被破坏。东墙东端以西约 21 米处也应有一门道，即东南门道（南墙东边的门道，编为 1 号门道），但已被唐代窑址破坏（门道东壁保存有 2 个壁柱础石）。四门道规模、形制应基本相同。

东房东西长 92、南北宽 16 米（图版二〇、二一）。房内有南北排列的 4 排柱础石（包括南、北两排壁柱础石），由南向北第 1 排（南壁）现存 8 个壁柱洞，均有础石。第 2 排现存 9 个础石（包括东墙 1 个壁柱础石），其中 1 个为双础石。第 3 排现存 13 个柱础石（包括东墙 1 个壁柱础石），其中最西边的一个向南移位。第 4 排（北壁）现存 9 个壁柱洞，均有础石。础石东西间距为 4~4.4 米。根据础石的东西间距推算，一排原应有 22 个础石，故东西面阔为 21 间（包括隔墙以东半间和东墙以西半间）。础石南北间距为 5.2～5.6 米，南北进深为 3 间。

西房东西长 92、南北宽 16 米。房内有南北排列的 4 排柱础石（包括南、北两排壁柱础石），由南向北第 1 排（南壁）现存 6 个壁柱洞，均有础石，另外，西边还有一个经扰动移位的础石。第 2 排现存 5 个础石。第 3 排现存 3 个础石。第 4 排（北壁）现存 1 个壁柱洞，有础石，石面上残存有木柱灰，从圆形灰痕可推知木柱是圆形的。础石东西间距为 4～4.4 米。因为础石间距与东房相同，故可推知每排应有 22 个础石，房屋间数和东房一样，东西面阔 21 间（包括隔墙以西半间和西墙以东半间）。础石南北间距为 5.2～5.6 米，南北进深 3 间。

东西二房合起来面阔总为 42 间，进深为 3 间。

壁柱洞平面呈长方形，长 0.8、宽 0.7、地面下深 0.15 米。柱础石系利用河道的天然石材，表面平整，平面呈长方形，一般长 0.7～0.8、最长 0.9～1.1、厚 0.2 米。础石面多在地面以下，有的高出地面 0.004 米。

墙壁全部抹有草泥，表面光平。做法系先用粗草泥打底，上加细草泥，厚 0.01～0.02 米，再外敷一层细泥，最后在细泥上涂一层白灰。

房内地面用草泥做成，做法是先抹一层粗草泥，再抹一层细草泥，厚 0.01～0.02 米，表面光平。但经烈火烧烤，地面已成红色或黑灰色。草泥地面下为厚 0.4 米的夯土，再下为黄生土。

遗址东墙以南连有一个小夯土墙垛，略呈方形，东西长 5、南北宽 4.8、现存高 0.2 米。在墙垛西边有一排生土坯，共计 18 块，每块长 0.35、宽 0.16、厚 0.5 米。生土坯的北端与南墙相连，已被破坏。墙垛西壁现存 2 个壁柱洞，都有础石，其中一个为转角柱础石。另外，遗址西墙向南的夯土墙垛已被破坏，其建筑形制应与东墙以南的夯土墙垛相同。

东房东部的南墙外面现存一段廊房，东西残长 12.2、南北宽 4.5 米。廊房内现存 2 排柱础石，南墙南壁的一排有 4 个壁柱洞（包括墙垛西壁 1 个柱洞），除东数第二个无础石外，均有础石。另一排现存础石 4 个（包括墙垛西壁 1 个壁柱础石）。础石东西间距为 4～4.4 米，与房内础石的东西间距相同。在廊房西端设有南北向小墙，南北长 3 .1、东西宽 0.35、现存高 0.6～0.7 米，小墙中部开一小门，南北宽 0.7、东西进深 0.35 米。小墙用生土坯砌成，土坯大小和砖相同。小墙南端有一扰动过的立石。廊房地面用草泥做成，和房内地面相同。廊房外面原有呈缓坡的散水，已被破坏。

此外，西房（东南门西侧）南墙外存 2 个廊柱础石，南墙南壁存 2 个壁柱洞，均有础石，也都应是廊房或廊道建筑的遗存，说明遗址南墙外普遍设有廊房或廊道。

第一号建筑遗址内除出土砖、板瓦、筒瓦及瓦当等建筑材料外，还有铁、铜兵器和钱币等。铁兵器有剑、刀、矛、戟及铠甲片等，其中以铠甲片为最多，共计4万多片。铜兵器有戈、镦（戈、矛等兵器的附件）。钱币有西汉五铢和新莽货泉。该遗址发现的铁铠甲片是武库各遗址中数量最多的，不仅形式多样，而且时代跨度也较长，包括了西汉初年至西汉末年的多种铠甲片，是一批难得的研究资料。

第一号建筑遗址是武库内规模较大的一座重要遗址，其面积与第四号建筑遗址大体相等。该遗址除了其他铜、铁兵器外，大量出土的是铁铠甲，由此推测它可能是以储存铁铠甲为主的库房。

第二节　第四号建筑遗址的发掘

第四号建筑遗址位于武库东院西部，东北与第一号建筑遗址相邻，东南与第三号建筑遗址相邻，东距第三号建筑遗址30米，西距内隔墙31米，南距南围墙32米，北距北围墙82米。

发掘共布大小不等的探方6个（图二一）。

一　地　层

地层堆积可分3层，以T1西壁为例说明如下：

第1层，耕土层，厚0.1~0.15米。第2层，扰土层，黄褐色土，土质松，距地表0.1~0.45米，厚0.2~0.3米，内含唐代板瓦、筒瓦及近代瓷片。第3层，汉代文化层，系建筑废弃后的堆积层，距地表0.3~0.95米，厚0.5~0.65米，内含红烧土、土坯块、夯土块、木灰等，出土遗物有西汉铁、铜兵器，陶器，砖，板瓦，筒瓦，瓦当等。第3层下为西汉建筑遗迹（图二二）。

二　建筑遗迹

该遗址坐西朝东，方向南偏东88°。平面呈长方形，南北复原总长202、东西宽24.6米（图二三）。西墙宽5、现存高0.2~0.6米（图版二二，1、2）。东墙宽3.6、现存高0.1~0.4米（图版二二，3）。北墙宽5、现存高0.2米。南墙宽5米。夯土墙基深入地面下2.3米。墙体两壁上下垂直，没有收分，墙基向外凸出0.4~1米，向内凸出1.7~1.8米，墙基、墙体横截面呈"凸"字形。夯土质地紧密，夯层明显，每层厚0.07~0.1米。

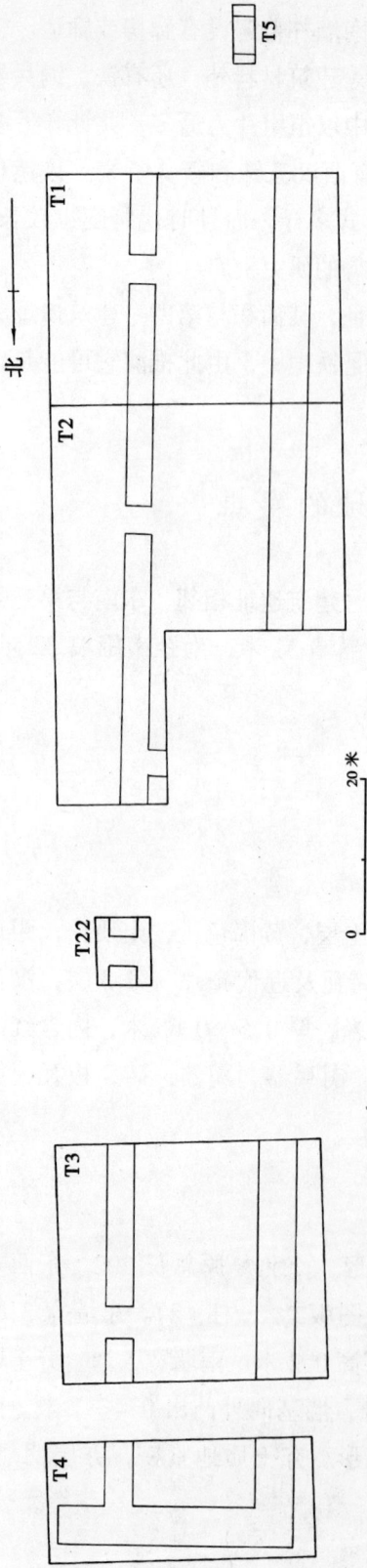

图二一 第四号建筑遗址探方分布图

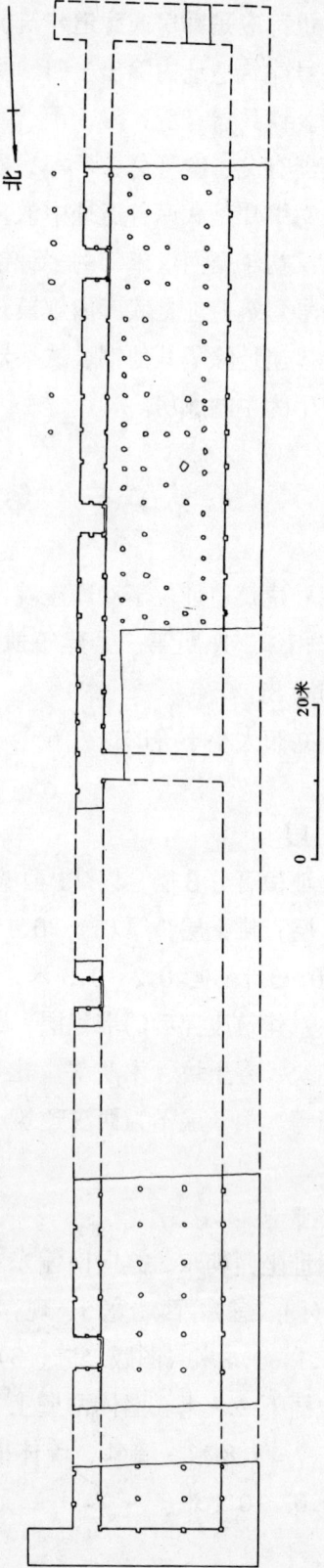

图二三 第四号建筑遗址平面复原图

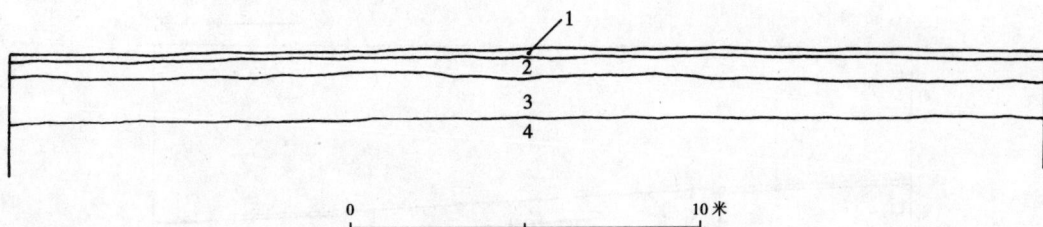

图二二　第四号建筑遗址 T1 西壁剖面图
1. 耕土层　2. 扰土层　3. 汉代文化层　4. 汉代地面

遗址南墙以北 97 米处有一道东西向隔墙，只发掘了东部 2 米长的一段。隔墙与东、西墙相连接，为一次筑成。隔墙南北宽 3.4、现存高约 1 米。夯层厚 0.07～0.1 米。南北两壁抹草泥墙皮。以这条隔墙为界把遗址分成南北两间房。隔墙中、西部因遭破坏，墙上有无连通二房的门道不清（图版二二，4）。

北房（编为 2 号房）东墙设南、北二门道。南门道（编为 2 号门道）位于隔墙以北 25.5 米。门道南北长 3.6、东西宽 3.6、两壁现存高 1 米（图二四；图版二三，1）。北壁有 3 个壁柱洞，东西间距为 1.1～1.6 米，均有础石。南壁也有 3 个壁柱洞，东西间距为 1～1.15 米，现存 2 个础石。柱础石呈长方形，长 0.5、宽 0.3、厚 0.2 米。门道路土面平整，厚 0.03 米，被火烧成硬面。在门道西端二角柱洞之间有木门槛槽的遗迹，南北长 3、东西宽 0.25、深 0.22 米，槽两端各有门墩坑，东西长 0.6、南北宽 0.25、深 0.17 米。门槛槽和门墩坑内均留有灰烬。北门墩坑内发现方块铁器 1 件，应是门的部件。门道内还发现铜镞 3 件。门道中间有 1 个圆坑，北距北壁 1.8 米，直径 0.4 米，坑壁平光，其内填土疏松，厚 0.4 米，往下又填厚约 0.4 米的木灰。这种圆坑只此门道发现 1 个，其他门道中不见，它的作用可能是为了挡门。

北房北门道（编为 1 号门道）位于北墙以南 25.8 米处。门道东西 3.6、南北 3.7、两壁现存高 0.5～0.6 米（图版二三，2）。北壁有 3 个壁柱洞，东西间距为 1.4 米，现存 2 个础石。南壁也有 3 个壁柱洞，东西间距为 1.4 米，均有础石。柱础石呈方形，边长 0.38、厚 0.25 米。在门道西端二角柱洞之间有木门槛槽的遗迹，南北长 3.7、东西宽 0.25、深 0.14 米，槽南北两端各有 1 个门墩坑，东西长 0.85、南北宽 0.3、深 0.1 米。门槛槽及门墩坑内均残留有木灰。门道地面抹草泥，厚 0.02～0.05 米，被烧成红色或黑灰色。

南房东墙也设南、北二门道。北门道（编为 3 号门道）位于隔墙以南 28.4 米处，破坏较甚。门道东西 3.6、南北 3.6 米。门道南、北壁应各有 3 个壁柱洞，础石均无

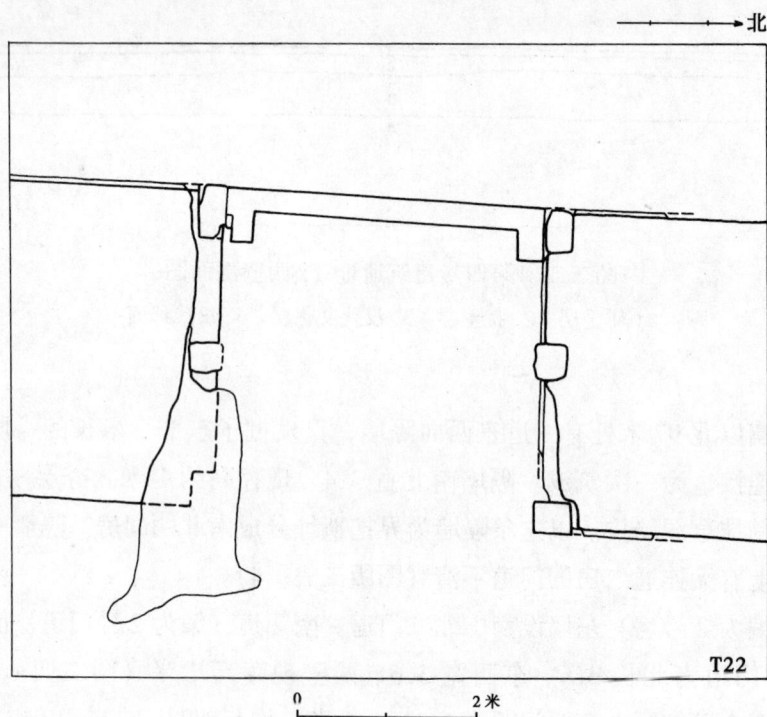

图二四　第四号建筑遗址北房南门道平面图

存。在门道西端二角柱洞之间有木门槛槽的遗迹，南北长 3.6、东西宽 0.2、深 0.15 米，槽内留有木灰烬。门道地面破坏严重，仅局部保存有草泥地面，厚约 0.05 米。

南房南门道（编为 4 号门道）位于南墙以北 27 米处。门道南北 3.7、东西 3.6、两壁现存高 0.3~0.4 米（图版二四，1）。北壁有 3 个壁柱洞，东西间距为 1.2~1.6 米，现存 2 个础石。南壁也有 3 个壁柱洞，东西间距为 1.2~1.6 米，现存 2 个础石。两壁为夯墙外砌土坯，土坯外施草泥墙皮，厚 0.02 米，最外面涂抹白灰。壁柱洞呈长方形，长 0.3、宽 0.25、地面下深 0.2 米。柱础石呈方形，边长 0.2、厚 0.2 米。在门道西端二角柱洞之间有木门槛槽的遗迹，南北长 3.7、东西宽 0.12 米。槽南北两端有门墩坑，坑内留有木灰烬。

南房南北复原长 92、东西宽 16 米（图版二四，2）。隔墙以南的南房北端西部南北 17、东西 26 米的范围内因有围墙及果园，未进行发掘；南房南端南北 21、东西 36.5 米的范围内因有果园，只发掘了南墙的一部分。墙壁抹草泥，厚 0.02 米，表面光平，其外再涂抹白灰。地面抹草泥，厚 0.02 米，表面光平，经烈火烧烤，已成红色或黑灰色。

据已发掘部分，东西有 7 排柱础石（包括壁柱础石），有的础石已不存。由东向西，第 1 排有 17 个壁柱洞，现存 9 个础石。第 2 排现存 18 个础石。第 3 排现存 13 个础石。第 4 排现存 6 个础石。第 5 排现存 6 个础石。第 6 排现存 21 个础石。第 7 排有 13 个壁柱洞，现存 6 个础石。柱础石的分布多与东西墙上壁柱洞础石相对应，只有东数第 2 排和第 6 排在与二壁柱洞对应位置础石的中间增加一础石。从东墙西壁现存 17 个壁柱洞的间距推算，南房南端未发掘部分东墙的西壁尚有 4 个壁柱洞，总计东墙西壁应有 21 个壁柱洞，柱洞（础石）南北间距为 4.6 米。东数第 2 排和第 6 排础石南北复原应有 41 个，南北间距为 2.3 米。东西 7 排础石的东西间距为 2～2.8 米（图版二五，1、2）。壁柱洞呈长方形，长 0.3、宽 0.25、现存高 0.3 米。柱础石有长方形、圆形两种，长方形一般长 0.6、最长 0.9、宽 0.5～0.6、厚 0.25 米。

北房南北复原长 96.6、东西宽 16 米（图版二五，3）。北房南部南北长 51、东西宽 36.5 米的范围因压在围墙及果园下面，只发掘了南门遗址那一块；北房北部有南北长 7、东西宽 23 米的范围未作发掘。墙壁为草泥墙面，厚 0.02 米，表面光平，外表涂抹一层白灰。地面抹草泥，厚 0.03 米，较为平整，经烈火烧烤，已成红色或黑灰色。草泥层下有厚约 1 米的夯土，再下为黄生土。

已发掘部分南北现存约有 12 列柱础石（包括壁柱础石），南北间距为 4.6 米。东西有 4 排柱础石（包括壁柱础石），东西间距为 5.2～5.6 米。复原此房南北面阔约有 21 间，东西进深为 3 间。壁柱洞呈长方形，长 0.3、宽 0.25、地面下深 0.15 米。柱础石均为原石，未经加工，有圆形、长方形两种，长方形一般长 0.6、最长 0.9、宽 0.5～1.6、厚 0.3 米。

北墙向东延伸出一夯土墙垛，东西长 6、南北宽 5、现存高 0.6～0.75 米。据钻探，南墙向东也伸出同样形制的夯土墙垛。

南北二房东墙外都设有廊道。南房的东墙东壁现存 17 个壁柱洞（包括二门的 4 个角柱洞），其中 6 个存有础石。在壁柱洞之东相对应的地方另有 1 排廊柱础石（从石面残存痕迹知木柱直径约 0.3 米），现存 7 个。两排础石南北间距为 4.6 米，东西间距为 4.2 米。南房东墙外的这条廊道，现存南北长 83、东西宽 4.2 米。北房东墙东壁残存有 10 个壁柱洞（包括二门的 4 个角柱洞），其中 3 个存有础石，说明这里也有廊道。廊道地面与房内地面相同，也是草泥抹成，但比房内地面低约 0.1 米。廊道地面被火烧成了红色或黑灰色。

南房西墙保存较好，东壁残高 0.6、西壁残高 1.2～1.5 米，房外地面比房内地面低约 1 米，房外地面为一层厚 0.15～0.2 米的路土。墙的西壁无壁柱洞，尚保存有白灰面，很平整。

第四号建筑遗址南房出土的遗物有兵器（铁刀、铁剑、铁镞、铜镞等）、建筑材料（砖、板瓦、筒瓦、瓦当等）和钱币（西汉五铢、王莽时期的大泉五十、货泉等）。北房出土的遗物有兵器铁刀、铜镞、铜镦等，另外还有一些铸兵器的铁范和一些刻字骨签。

第四号建筑遗址总面积 4969.2 平方米，比第一号建筑遗址面积略大，但两者建筑形制略同。

第三节　第五号建筑遗址的发掘

第五号建筑遗址位于武库西院的东北部，西面与第六号建筑遗址相对，西距第六号建筑遗址 254 米，东距内隔墙 8.8 米，北距北围墙 54 米，西南与第七号建筑遗址相邻。

发掘共布大小不等的探方 3 个（图二五）。

一　地　层

地层堆积可分 3 层，以 T1 西壁为例说明如下：

第 1 层，耕土层，厚 0.15～0.25 米。第 2 层，扰土层，黄褐色土，土质松，距地表 0.15～0.7 米，厚 0.3～0.5 米，内含唐代砖、板瓦、筒瓦及近代瓷片等。第 3 层，汉代文化层，系建筑废弃后的堆积层，距地表 0.5～1.1 米，厚 0.25～0.4 米，内含红烧土、木灰、土坯块、木炭等，出土遗物均为西汉铁兵器、铜兵器、陶器、砖、板瓦、筒瓦、瓦当以及西汉、新莽时期的钱币等。第 3 层下为西汉建筑遗迹（图二六）。

二　建筑遗迹

遗址所在的地形南高北低。在平整土地中，遗址的北部已被破坏，这里仅进行了钻探。发掘工作只限于遗址的南部。

遗址坐东朝西，方向北偏西 87°。平面呈长方形，南北复原长 122、东西宽 21 米。东墙宽 5、现存高 0.35～1 米，东壁存有草泥墙皮。西墙宽 5、现存高 0.2～0.3 米。南墙宽 5、现存高 0.35 米。北墙已被破坏，但钻探到了墙基（图二七；图版二六）。由发掘解剖得知，各墙基础部分向两侧各伸出 1 米，与墙体构成的断面呈"凸"字形，墙基夯土厚约 1.5 米。夯土质地紧密，夯层清晰，夯层厚 0.05～0.07 米。

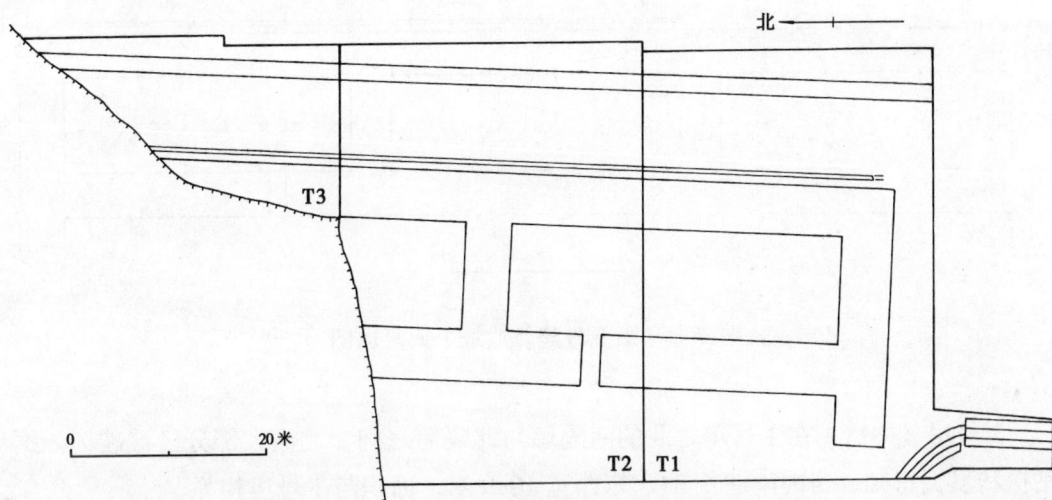

图二五　第五号建筑遗址探方分布图

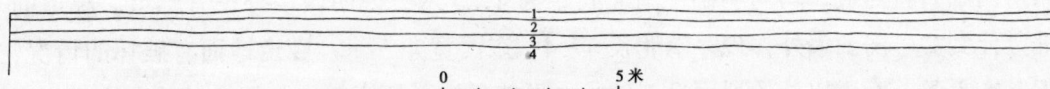

图二六　第五号建筑遗址 T1 西壁剖面图
1.耕土层　2.扰土层　3.汉代文化层　4.汉代地面

　　该遗址由 2 条东西向隔墙分为南、中、北三个房间（从南往北编为 1~3 号）。南隔墙在南墙以北 34 米处，东西长 10.9、南北宽 4.6、现存高 0.4 米。墙上无门。夯土质纯，夯层厚 0.05~0.06 米。北隔墙位于北墙以南 34 米处，已被破坏，规模应与南隔墙相同。

　　1号房（南房）在西墙设有一门道，是出入该房的唯一通道。门道南距南墙 24.8、东西长 5、南北宽 2 米，已遭破坏。2 号、3 号房虽未发掘到门址，推测它们都应在西墙设门道。

　　1号房在遗址最南部，房内南北长 34、东西宽 10.9 米。房中部存有南北一排 6 个柱础石（南端还应有 2 个柱础石），南北间距为 4.25 米。复原东西应有 3 排柱础石。柱础石呈长方形，长 0.6、宽 0.5、厚 0.25 米，均为明础。房内地面大多已被破坏，由残存部分知地面系用草泥抹成，厚 0.05 米，经烈火烧烤，已成红色或黑灰色。

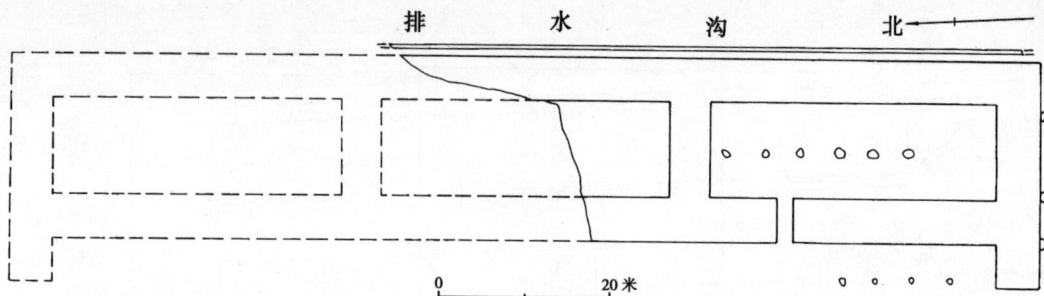

图二七　第五号建筑遗址平面复原图

　　2号房（中房）在1号房之北的南隔墙与北隔墙之间，北面大部分已被破坏。据钻探和发掘得知，房内南北长34、东西宽10.9米，面积与1号房相等。

　　3号房（北房）在2号房之北，已被全部破坏。据钻探知其房内南北长34、东西宽10.9米，面积与1号、2号房相等。

　　在1号房西墙以外4.2米处残存1排南北布置的廊柱础石，共有4个，东隔西墙与房内础石相对应，均为明础，南北间距为4.25米，说明西墙外设有廊道。廊道向北延伸到2号房西墙外，现存南北长47.4、东西宽4.5米。廊道地面有破坏的情况，但基本平整。廊道以外的地面呈斜坡状，可能是为了便于排水，但未见散水的遗迹。

　　遗址东墙外有一条南北向小水沟，北部被破坏，现存长74.8、宽0.4、深0.2米。小水沟距离东墙0.25米，与东墙平行。沟的横剖面呈"V"字形。沟内填细泥沙。由以上情况推断它应是一条排水沟。

　　南墙向西伸出一夯土墙垛，南北长5、东西宽5、现存高0.35米。推测北墙西端也应有一墙垛。

　　在南墙外发现3个柱础石，西石距中石5米，东石距中石9米。

　　第五号建筑遗址出土铁器有刀、矛、镞、镦、斧、锛、凿、锤、环、箍等。陶器有罐、盆、弹丸。建筑材料有砖、瓦、瓦当。钱币有西汉五铢、王莽时期的大泉五十、货泉等。出土遗物以兵器为主，说明它也是一座储存兵器的库房。

　　第五号建筑遗址房内四壁均未见壁柱洞，墙体可能直接起承重的作用。房屋进深窄的情况，与第六号建筑遗址相似。

第四节　第六号建筑遗址的发掘

　　遗址位于武库西院西北部，西距西围墙24米，东面与第五号建筑遗址相对，东距第五号建筑遗址 254 米,北距北围墙 52 米,东南与第七号建筑遗址相邻,南距南围墙 133 米。

发掘共布大小不等的探方 3 个(图二八)。

遗址保存情况较差,北部有一条东西向水渠穿过,部分遗址被破坏,在平整土地中遗址北部大部分又遭到了破坏,房内不仅剩下的柱础石不多,甚至连地面也受到严重破坏。遗址北部钻探,南部发掘。

遗址坐西朝东,方向南偏东 88°。平面呈长方形,南北长 130、东西宽 21.6 米。东墙宽 6.8、现存高 1.2 米。西墙宽 6.8、现存高 1.2 米。南墙宽 8、现存高 1.2 米。北墙宽 8 米(图二九;图版二七)。墙体夯土坚硬,土质不太纯,夯层厚 0.08~0.1 米。墙基的建筑形制与第五号建筑遗址相同。

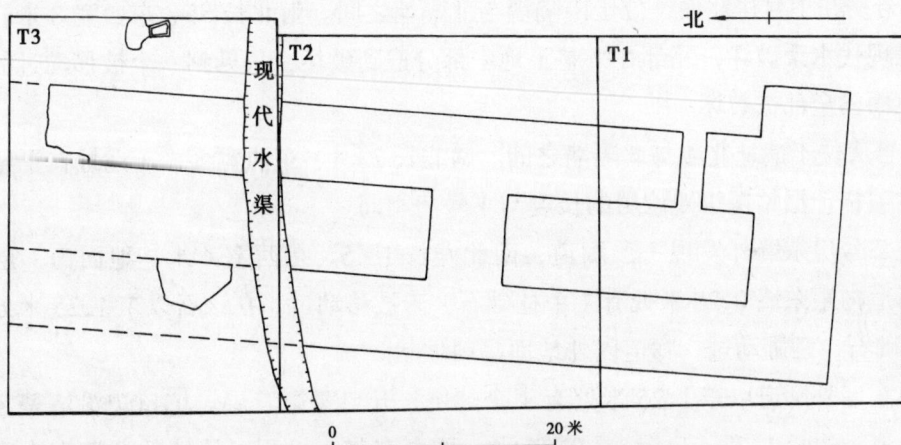

图二八 第六号建筑遗址探方分布图

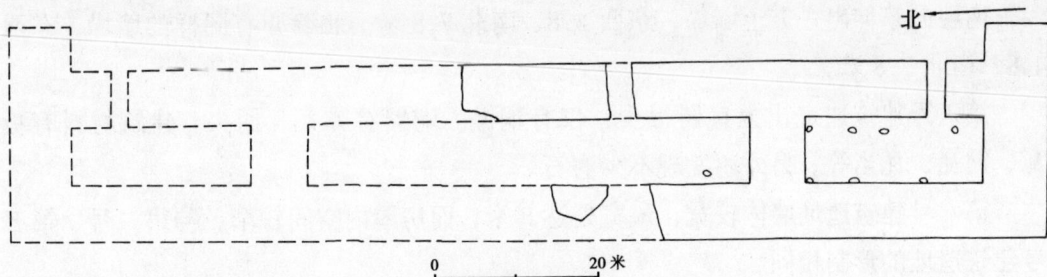

图二九 第六号建筑遗址平面复原图

遗址共有两条东西向隔墙，南隔墙在南墙南端以北30.4米处，宽7.1、现存高1.1～1.2米，隔墙上未发现门道。北隔墙在北墙北端以南30米处，宽7.1米，已被破坏，其建筑形制应与南隔墙相同。

由南、北二隔墙将遗址分成3个房间，即南房、中房和北房（编为1～3号）。每间房在东墙设一门道。1号房的门道位于南墙以北5米，门道东西长6.8、南北宽2.1米，已被破坏。2号房的门道可能压于现代水渠之下。根据钻探得知，3号房的门道在北墙北端以南5米处，门道东西长6.8、南北宽2.1米，已被破坏。

1号房位于遗址南面的南墙与南隔墙之间，南北长22.1、东西宽8米。房内现存东西两排柱础石，东边的一排北面存有3个，南北间距为3～4.8米；南面存有1个，南面的1个与北数第3个础石间距为8米。西边一排存有3个础石，南北间距为4.8～5.8米。房内地面已全部被破坏（图版二八）。

2号房在1号房北面，位于南隔墙与北隔墙之间。南北长55、东西宽8米，南部被一段现代水渠破坏，北部在平整土地中部分遭到破坏，只见到一个被移动过的柱础石。地面已全部被破坏。

3号房位于遗址北墙与北隔墙之间。南北长22.1、东西宽8米。遗址在平整土地中已被破坏，据钻探得知该房的长度与1号房相同。

在2号房东墙外发现一段廊道，南北残长18.5、东西宽4米，地面为一层硬路土。廊道内距东墙0.25米处有1个柱础石，未被移动过。在该石以东1.25米处还有1个柱础石，已翻动过。廊道以外地面呈斜坡状。

在东墙外廊道以东1.25米处有1个灶坑，开口于第二层。坑口边沿清楚，平面呈三角形，边长1.32～1.5、深0.57米，坑内有灰土堆积。灶坑的北壁有火门，东西宽0.2、高0.2米。火门北面连一个不规则形的操作间，长1.5、宽约1.5、深约0.3～0.6米，坑壁呈斜坡状，南面较浅，北面较深，内存灰土、木灰。出土遗物有汉代板瓦、筒瓦及陶水管道等。推测该灶坑为炊事之用（图版二九）。

南墙向东伸出一夯土墙垛，东西4.8、南北7.8米。北墙亦有同样的墙垛，东西4.8、南北7.8米。

第六号建筑遗址出土兵器很少，仅有铜镞。陶器有弹丸、俑头。建筑材料有板瓦、筒瓦、瓦当等。另外还发现不少磨石。

第六号建筑遗址墙体较宽，最宽处达8米，而房屋内空间较窄，与第二号、第五号建筑遗址的形制相同。

第五节 第三号建筑遗址的发掘

遗址在武库东院南部，南距南围墙 31 米，东距第二号建筑遗址 5.2 米，西距第四号建筑遗址 30 米。北面与第一号建筑遗址相对，其间距离为 200 米。

经过钻探得知，遗址在平整土地中已被平整过，所以破坏较严重。大部分遗址未进行发掘，1979 年仅在遗址东端布探方 1 个，进行了部分发掘（图三○）。

遗址坐南朝北，方向北偏东 2°。复原平面呈长方形，东西长 155.1、南北宽 24.4 米。东墙宽 5、西墙宽 5 米。南墙宽 5、现存高 1 米，墙基夯土厚 1.7 米，下为黄生土。北墙宽 3.6 米，已被破坏，墙基低于房内地面 0.5 米。夯墙质地紧密，夯层清晰，一般夯层厚 0.06 ～ 0.07、最厚为 0.08 米。

在遗址东端以西 78 米处有一条南北向隔墙，南北长 15.8、东西宽 3.6 米，以隔墙为界分为东西两间房。

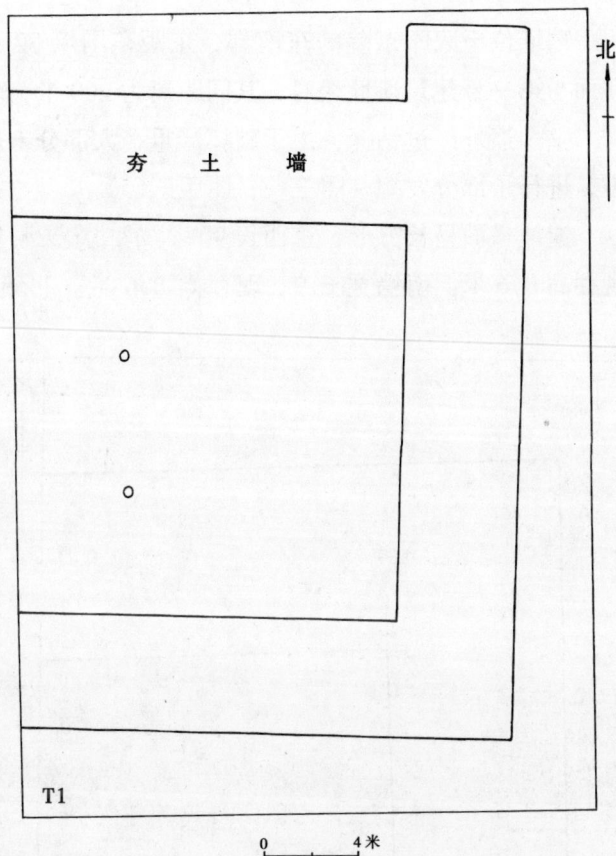

图三○ 第三号建筑遗址探方图

东、西房各在北墙上设一门道。东房北门道位于隔墙以东 43 米处，门道东西 5、南北 3.6 米。西房北门道位于隔墙以西 20 米处，门道东西 5、南北 3.6 米。

东房内东西长 69、南北宽 15.8 米，已发掘部分东西长 21 米。房内大部分柱础石已不见，仅在东部地面上发现南北排列的 2 个柱础石，南北间距为 5.2 米，由此知南北进深为 3 间。房内大部分地面已被破坏，只保留有一小部分草泥地面，厚 0.05 米，表面光平。

西房内东西长 69、南北宽 15.8 米，未进行发掘。推测规模等情况应同于东房。该建筑遗址东、西墙向北都有一夯土墙垛，南北 3、东西 5 米。

第三号建筑遗址是东院内一座中型规模的遗址。从其建筑形制和出土遗物看，它应是一座储藏兵器的库房。

第六节　第二号建筑遗址的发掘

遗址位于武库东院的东南部，东距东围墙 32 米，西距第三号建筑遗址 5.2 米，北面与第一号建筑遗址相对，其间距离为 200 米，南距南围墙 31 米。

整个遗址经过钻探，由于破坏严重，大部分未进行发掘，仅在遗址西端布 1 个探方，进行了部分发掘（图三一；图版三〇）。

遗址平面呈长方形，东西长 90.4、南北宽 24.1 米。东墙宽 8.7 米。西墙宽 8.7、现存高 0.6 米。南墙宽 6.9、现存高 0.6 米。北墙仅存墙基宽 8.7 米，墙宽也应为 6.9 米。墙用黄土夯成，土质紧密，夯层最薄为 0.06 米，最厚为 0.08 米，一般为 0.07 米。

由于遗址破坏严重，在北墙上未钻探到门道的遗迹。从第一号建筑遗址门道向南、第四号建筑遗址门道向东、第三号建筑遗址门道向北的情况推测，第二号建筑遗址北面应有门道。遗址坐南朝北，方向北偏东 2°。

房内东西长 73、南北宽 10.3 米。据已发掘部分得知，房内地面已全部被破坏，没有发现红烧土、草泥地面和柱础石。由南北 10.3 米的宽度推测，进深应为二间。

遗址东、西墙的北端已被

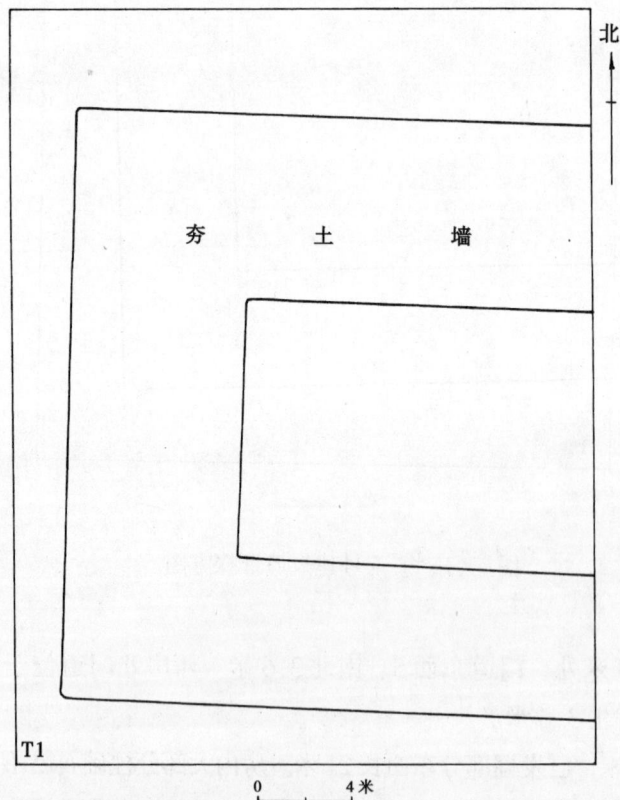

图三一　第二号建筑遗址探方图

破坏，根据第一号建筑遗址、第四号建筑遗址、第三号建筑遗址均有墙垛的情况推测，第二号建筑遗址东、西墙的北端应有墙垛。

第二号建筑遗址出土遗物有铜镞、铜饰、磨石、陶壶、陶弹丸、筒瓦、板瓦、瓦当及西汉五铢钱等。

第二号建筑遗址是武库内规模最小的一座建筑遗址，它的墙很宽，房内狭窄，与第六号建筑遗址形制相似。

第四章　出土遗物

武库遗址出土的遗物有陶器、玉器、石器、铁器、铜器和钱币等。

第一节　陶　器

陶器种类有砖、瓦、瓦当、水管道等建筑材料，罐、壶、盆、盘、碗、鼎、瓮等日用器皿，纺轮、弹丸等其他用品。

1. 砖　30 件。陶土未经淘洗，陶色为灰色或青灰色，陶质坚硬，制法主要为手制，种类有方砖、条砖、异型砖三种。

（1）方砖　20 件。有素面方砖、几何纹方砖和方格纹方砖等。

素面方砖　4 件。平面方形，正面素面。标本 1：T1③:247，稍残。长 33、宽 22、厚 4.5 厘米（图版三一，1）。

几何纹方砖　9 件。正面饰几何纹，背面为素面。标本 6：T3③:255，残长 28.5、残宽 19、厚 4.5 厘米（图版三一，2）。标本 5：T2③:254，残。残长 16、残宽 4~12、厚 2.2 厘米。

方格纹方砖　6 件。正面饰小方格纹。标本 1：T3③:256，残。背面饰绳纹，绳纹印痕较深，与绳纹垂直有平行的刀划痕，形成类似小方格纹的形式。残长 12、残宽 12、厚 5 厘米（图版三一，3）。标本 1：T1③:243，残。背面素面。长 28、残宽 18、厚 5 厘米（图版三一，4）。

绳纹方砖　1 件（1：T2③:257），残。正面饰绳纹，绳纹印痕较深，与绳纹垂直有平行的刀划痕，形成类似小方格纹的形式；背面素面。残长 18、残宽 11、厚 3 厘米（图版三一，5）。

（2）条砖　采集 4 件标本。平面长方形，素面，有的表面有几何纹。可分两型。

Ⅰ型：3件。素面。标本 1:T13③:5，长 39、宽 18.5、厚 9 厘米。

Ⅱ型：1件（5:T2③:4），以几何纹方砖裁剪而成。长 31、宽 11.5、厚 5.5 厘米。

（3）门臼砖　4件。以条砖加工而成，一端有一个臼窝。标本 7:T6③:251，砖正面的一端有一圆形臼窝。砖长 37、宽 18、厚 9 厘米，臼窝直径 5、深 2 厘米（图版三一，6）。标本 4:T22③:252，残。砖残长 17.5、宽 17.5、厚 8.5 厘米，臼窝直径 4～5 厘米，已穿透砖面（图版三二，1）。

（4）异形砖　1件（4:T1③:253），基本圆形，中部有一圆形臼窝。素面。砖直径 18.8、厚 6.7 厘米，臼窝直径 4、深 1.5 厘米（图版三三，4）。

2. 瓦　武库遗址出土的瓦数量较多，但多为残片。种类有板瓦和筒瓦两种。

（1）板瓦　180件。陶色多为青灰色，陶土未经淘洗，陶质坚硬，火候较高。制法是先用手制法或模制法制成一个上口小下口大的筒形泥坯，再用刀具在泥坯内面按平均的四份上下划切，划切时一般切痕不深，待泥坯稍干后沿表面对准内面的切痕敲击，泥坯自然沿切痕裂开，这样，泥坯分为四份，每一份即为一块板瓦。板瓦表面大多拍印绳纹，上下两端多抹光。内面多抹光成素面，有的残留有麻点纹、斜绳纹等。

根据制法及形制的不同，可分四型。

Ⅰ型：27件。表面拍印较细交叉绳纹，绳纹印痕较浅，一端有一段绳纹被抹的痕迹。里面为素面，有的残存少量麻点纹痕迹。标本 7:T6③:188，残。上端约 7.5 厘米绳纹被抹，绳纹粗 0.4 厘米。残长 38、残宽 29.5、厚 1.2 厘米（图版三二，2）。

Ⅱ型：26件。表面拍印较粗绳纹，一端有一段绳纹被抹的痕迹。里面为素面，局部残存麻点纹。标本 1:T1③:183，残，上端有 9.5 厘米左右绳纹被抹，有数道横向的划痕。绳纹粗 0.6 厘米，残长 25.9、残宽 30.5、厚 1.6 厘米（图版三二，3）。

Ⅲ型：25件。表面拍印粗绳纹，内面素面，有的内面先饰绳纹后被抹平。标本 6:T1③:186，残。表面绳纹粗 1.1 厘米，内面饰斜粗绳纹，并有被手抹的痕迹。残长 11.7、残宽 18.3、厚 1.4 厘米。标本 7:T9③:187，残长 42.5、残宽 24、厚 1.7 厘米，绳纹粗 1 厘米。标本 5:T1③:184，残。内面素面，残存少许绳纹痕迹，表面绳纹粗 0.9 厘米，残长 37.2、宽 40.2、厚 1.7 厘米（图版三二，4）。标本 5:T1③:185，内为素面。表面绳纹为交叉绳纹，绳纹粗 1.1 厘米。残长 41、宽 44.5、厚 1.8 厘米（图版三二，5）。

Ⅳ型：102件。壁较厚。表面饰粗直绳纹，内为素面。标本 1:T1③:182，绳纹粗 0.9 厘米，瓦残长 35.8、残宽 36.5、厚 2.6 厘米（图版三二，6）。

另外，还有 14 件板瓦内面有戳印文字。标本 4∶T2③∶173，印文为"大四十五"（图版三三，1）。标本 1∶T1③∶172，印文为"大四十八"（图版三三，2）。标本 1∶T1③∶162，印文为"大四十□"（图版三三，3）。上述板瓦均表面饰粗绳纹，内面为素面。

（2）筒瓦　115 件。可分四型。

Ⅰ型：2 件。表面拍印较细绳纹，内面残存麻点纹。瓦唇较长，瓦唇下有 8 厘米左右绳纹有被抹平的痕迹。标本 1∶T1③∶220，残长 14.1、厚 1.2 厘米，唇长 6、厚 1 厘米，绳纹粗 0.25 厘米。标本 7∶T5③∶200，表面有戳印，印文难以辨认。残长 47.2、瓦径 17.2、厚 1.6 厘米，唇长 5.2、厚 1.3 厘米，绳纹粗 0.3 厘米。

Ⅱ型：65 件。表面拍印细绳纹，内面有麻点纹。瓦唇较短。标本 7∶T5A③∶211，残。筒瓦的下部有一个圆形穿孔。残长 19.3、残瓦径 18.4、厚 1.2 厘米，孔径 1.6 厘米，绳纹粗 0.3 厘米（图版三三，5）。标本 7∶T2③∶201，表面下部有戳印，印文为"大廿"。下部表面有 11 厘米左右绳纹被抹平。残长 56.7、瓦径 17.7~18.3、厚 1.2~1.8 厘米，绳纹粗 0.2 厘米（图版三三，6）。标本 1∶T2③∶213，残。表面绳纹无被抹平的痕迹。残长 52.4、瓦径 16.9~17.1、厚 1.5 厘米，绳纹粗 0.3 厘米（图版三三，7）。

Ⅲ型：23 件。表面饰粗直绳纹，内面饰布纹。瓦唇较短。标本 7∶T9③∶203，瓦身下部约 25.5 厘米绳纹被抹平。长 47.6、瓦径 14.5、厚 1.1 厘米，唇长 3.2、厚 1.6 厘米，绳纹粗 0.4~0.5 厘米（图版三四，1）。标本 7∶T9③∶206，瓦身上部约 4、下部约 24 厘米绳纹被抹平。长 50.5、瓦径 13.8~14.8、厚 1.2 厘米，唇长 4、厚 1.6 厘米，绳纹粗 0.4 厘米（图版三四，2）。标本 5∶T1③∶218，瓦身上部约 3.5、下部约 20 厘米绳纹被抹平。长 47.1、瓦径 15.6~16.2、厚 1.6 厘米，唇长 4.5、厚 1.4 厘米，绳纹粗 0.55 厘米（图版三四，3）。标本 7∶T5③∶205，瓦自下部约 26、上部约 2~2.5 厘米表面绳纹被抹平。长 48、瓦径 13.3~14.2、厚 1 厘米，唇长 2.6、厚 1.2 厘米，绳纹粗 0.5 厘米。

Ⅳ型：25 件。表面饰粗直绳纹，内面饰布纹。瓦唇长 5 厘米以上。标本 7∶T4③∶208，瓦身上部约 1~3、下部约 26.5 厘米绳纹被抹平。长 52、瓦径 18.5~18.9、厚 1.4 厘米，瓦唇长 5.3、厚 2.3 厘米，绳纹粗 0.6 厘米（图版三四，4）。标本 7∶T7③∶204，瓦身上部约 2.5~4.5、下部残长约 14.5 厘米绳纹被抹平。残长 45.6、瓦径 19~19.8、厚 2 厘米，唇长 5.5、厚 2 厘米，绳纹粗 0.6 厘米（图版三四，5）。标本 1∶T6③∶222，长 51、瓦径 16.6~17.7、厚 1.3 厘米，唇长 5.2、厚 1.7 厘米，绳纹粗

0.6 厘米（图版三四，6）。

另外，还有 11 件筒瓦表面有戳印文字。标本 1：T1③195，印文为"大四"（图版三五，1）。标本 7：T8③：199，印文为"大五"（图版三五，2）。标本 4：T1③：196，印文为"大廿四"（图版三五，3）。上述筒瓦均表面拍印较细绳纹，内面为麻点纹，为Ⅰ、Ⅱ型筒瓦。

3. 瓦当　有素面瓦当、纹饰瓦当和文字瓦当三种。

（1）素面瓦当　13 件。均为半瓦当，素面。标本 6：T1③：63，附表面饰细绳纹、内面为麻点纹的筒瓦。当面径 16.7、当厚 1.4 厘米（图版三五，4）。标本 5：T2③：60，附表面饰细绳纹筒瓦，筒瓦内面为麻点纹。筒瓦表面有戳印，文为"大五十八"。当面径 15.6、当厚 1.6 厘米。

（2）纹饰瓦当　种类有葵纹瓦当、朱雀纹瓦当和云纹瓦当。

葵纹瓦当　1 件（7：T6③：56），残。当面由 12 个葵瓣组成，葵瓣由三条线组成，葵纹右向排列。边轮内无凸弦纹。当心为一小乳钉，周饰四个葵纹，葵纹亦由三条线组成，但葵纹左向排列。其外圆由变形绳纹组成。当背有绳切痕迹。当面径 13.2、边轮宽 1、当厚 2.1 厘米（图版三五，5）。

朱雀纹瓦当　1 件（1：T1③：44），残。边轮内无凸弦纹。当面饰一朱雀形象。边轮宽 1.3、当厚 1.2 厘米（图版三五，6）。

云纹瓦当　分十四型。

Ⅰ型：27 件。边轮内一周凸弦纹。当心圆内为一大乳钉。当面双界格线不穿过当心，连至每朵云纹的中部，相邻的两朵云纹之间各有一个小乳钉。当背饰绳纹。标本 5：T2③：38，当面径 15.6、边轮宽 1.2、厚 2.8 厘米（图版三五，7）。

Ⅱ型：9 件。边轮内一周凸弦纹，当心圆内为一大乳钉，其外为一周由多枚小乳钉组成的联珠纹。双界格线不穿过当心，分当面为四界格，每界格内一朵云纹。分四式：

1 式：1 件（5：T1③：36），当心联珠纹由 17 枚小乳钉组成。当面每朵云纹的下方正中各有一小乳钉纹，每朵云纹的左右两侧与界格线之间各有一个三角纹。当面径 15.1、边轮宽 1、当厚 2 厘米（图版三六，1）。

2 式：2 件。当心联珠纹由 16 枚小乳钉组成。联珠纹与当心大乳钉之间有一周凸弦纹。当面每朵云纹的左右两侧与界格线之间各一三角纹。标本 4：T2③：88，当面径 15.5、边轮宽 1、当厚 2.6 厘米（图版三六，2）。

3 式：2 件。联珠纹与当心大乳钉之间有一周凸弦纹。联珠纹由 16 枚小乳钉组成。当面每朵云纹的左右两侧与界格线之间各一小乳钉。标本 5：T1③：39，残。当面径 15.5、边轮宽 1~1.3、当厚 2.6 厘米（图版三六，3）。

4 式：4 件。当心大乳钉与联珠纹之间有一周凸弦纹。联珠纹由 20 枚小乳钉组成。标本 7：T7③：55，残，复原当面径 19.5、边轮宽 1.7、当厚 2.3 厘米（图版三六，4）。

Ⅲ型：1 件（6：T1③：46），边轮内一周凸弦纹。当心为一大乳钉，其外两周同心圆纹，两圆之间饰菱形网格纹。双界格线不穿过当心，分当面为四界格，每界格内一朵云纹。每朵云纹的末端各卷出一条曲线，向两侧连至界格线。当面径 15.2、边轮宽 0.8、当厚 2.2 厘米（图版三六，5）。

Ⅳ型：3 件。边轮内一周凸弦纹，双界格线穿过当心。当面每界格内一朵云纹。当背有绳切痕迹。分两式：

1 式：1 件（5：T2③：40），稍残。当面径 14.5、边轮宽 0.9、当厚 2.6 厘米（图版三六，6）。

2 式：2 件。当心每界格内一小乳钉。标本 1：T1③：31，当面径 14.6、边轮宽 0.9、当厚 2.6 厘米（图版三七，1）。

Ⅴ型：1 件（5：T1③：37A），当心圆为双线，双界格线穿过当心，当面每界格内一朵云纹，每朵云纹的末端各延伸出一条直线，向两侧连至界格线。当背有绳切痕迹。当面径 15.2、边轮宽 0.6、当厚 2.4 厘米（图版三七，2）。

Ⅵ型：20 件。当心圆内为一大乳钉，有的乳钉外还有一周凸弦纹，其外为由 12 枚小乳钉组成的联珠纹。双界格线不穿过当心。当面每界格内一朵云纹。边轮内两周凸弦纹，其间饰菱形网格纹。标本 5：T1③：70，边轮内菱形网格纹较疏。当面径 16.4、边轮宽 1.3~1.8、当厚 2.4 厘米（图三二，1；图版三七，3）。标本 7：T7③：71，边轮内菱形网格纹较密。当面径 15.5、边轮宽 1.4、当厚 2.6 厘米（图三二，2；图版三七，4）。

Ⅶ型：61 件。双界格线穿过当心。边轮内一周凸弦纹。当面每界格内一朵云纹。当心每界格内一曲尺。分三式：

1 式：58 件。标本 6：T2③：63，形制十分规整，当背无绳切痕迹。当面径 19.6、边轮宽 1.6~1.8、当厚 2.9 厘米。标本 5：T1③：66，当背有绳切痕迹。当面径 14.7、边轮宽 1、当厚 2 厘米。标本 7：T1③：64，当背无绳切痕迹。当面径 19.1、边轮宽 1.5、当厚 2.7 厘米（图三二，3；图版三七，5）。

2 式：1 件（7：T5③：53），当面每朵云纹的中部向内延伸出一条直线，连至当心圆，直线的上、下部左右两侧各一小乳钉，云纹的上、下部左右两侧各一三角纹。当背无绳切痕迹。复原当面径 16.8、边轮宽 1.5、当厚 2.8 厘米（图版三七，6）。

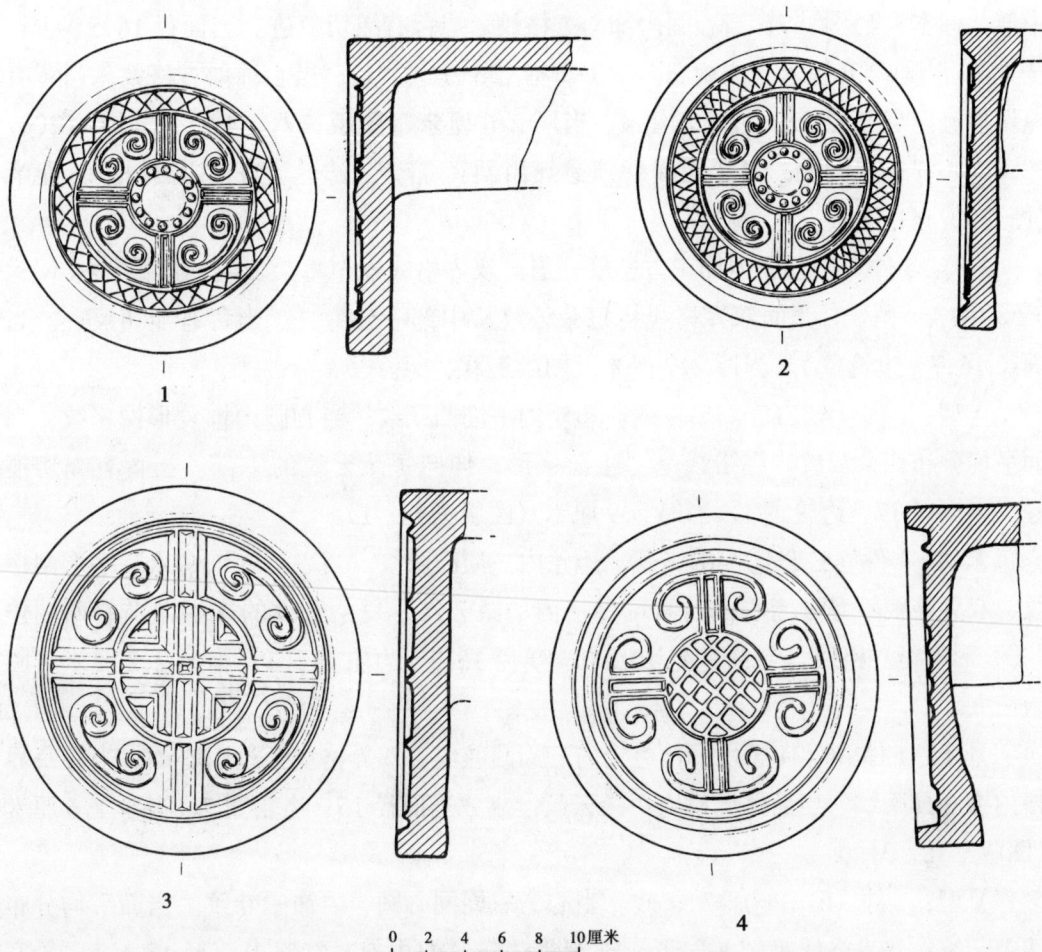

图三二 武库遗址出土云纹瓦当

1.Ⅵ型（5∶T1③∶70） 2.Ⅵ型（7∶T7③∶71） 3.Ⅶ型1式（7∶T1③∶64） 4.Ⅷ型2式（4∶T2③∶33）

3式：2件。当背有绳切痕迹。云纹的左、右两侧各一小乳钉。标本7∶T6③∶51，残。复原当面径15.5、边轮宽1.2、当厚2.6厘米（图版三八，1）。

Ⅷ型：49件。边轮内一周凸弦纹，双界格线不穿过当心，当心圆内饰方格纹或菱形网格纹。可分三式：

1式：5件。当心饰菱形网格纹或斜方格纹，当面每界格内一朵云纹。标本7∶T8③∶49，当心圆内饰斜方格纹，当面自当心圆延伸出两条平行的直线，连至每朵云纹的中部。复原当面径16.3、边轮宽1.3、当厚3.3厘米。标本6∶T1③∶45，当面饰菱形网格纹，当面径15、边轮宽1、当厚2.1厘米。当背有绳切痕迹（图版三八，2）。

2式：39件。当心圆内饰斜方格纹或菱形网格纹。当面双界格线连至每朵云纹的中部。标本5：T1③：57，当心圆内饰斜方格纹。当背有绳切痕迹。当面径16.5、边轮宽1.2、当厚2.6厘米（图版三八，3）。标本5：T1③：42，当心饰斜方格纹，当背有绳切痕迹。当面径17、边轮宽1.4、当厚2.6厘米（图版三八，4）。标本4：T2③：33，当心饰斜方格纹，当背无绳切痕迹。当面径17.7、边轮宽1.3、当厚3.6厘米（图三二，4；图版三八，5）。

3式：5件。当心圆内饰正方格纹，当面双界格线连至每朵云纹的中部。标本5：T2③：41A，稍残，当面双界格线将每朵云纹从中部一分为二。当背有绳切痕迹。当面径16.7、边轮宽1、当厚2.7厘米（图版三八，6）。

Ⅸ型：1件（4：T1③：35），残。边轮内一周凸弦纹，当心圆内饰菱形网格纹，当面平均分布四朵云纹，界格线呈"丁"字形，伸向每朵云纹的中部。当背有绳切痕迹。当面径17、边轮宽1、当厚2.9厘米（图版三九，1）。

Ⅹ型：1件（5：T3③：48），残。边轮内一周凸弦纹。当心圆内饰"米"字形网格纹，双界格线不穿过当心，当面每界格内一朵云纹，每朵云纹的末端向左右两端作")("形连至界格线。当背有绳切痕迹。残径15.3、边轮宽1.1、当厚2.2厘米（图版三九，2）。

Ⅺ型：1件（7：T8③：52），边轮内一周凸弦纹，双界格线穿过当心圆，当心每界格内饰一柿蒂纹，当面每界格内一朵云纹。复原当面径15、边轮宽7、当厚1.6厘米（图版三九，3）。

Ⅻ型：1件（6：T2③：43），残。当心为三周同心圆，内饰四叶纹。当面平均分布四朵云纹。双界格线呈")("形，连至每朵云纹的中部。复原当面径15.6、边轮宽1.2、当残厚1厘米（图版三九，4）。

ⅩⅢ型：1件（6：T1③：47），残。边轮内一周凸弦纹。当心圆内饰菱形网格纹，当面平均分布四朵勾连云纹。每两朵相邻云纹之间各有一个三角形纹，每朵云纹的中部也有一个三角形纹。边轮宽1、当厚2.5厘米（图版三九，5）。

ⅩⅣ型：1件（4：T2③：34），残。边轮内两周凸弦纹，其间饰较稀疏的菱形网格纹；当心圆内为双线；当心正中为一小乳钉，其外饰一四叶纹，每两叶之间饰一小乳钉。双界格线不穿过当心，当面每界格内一朵云纹，每朵云纹的末端向外卷出一条曲线，呈")("状连至界格线。每朵云纹的左右两侧各一三角纹，云纹的下面正中纵列2个乳钉纹。复原当面径15.6、边轮宽1.1、当厚2.5厘米（图版三九，6）。

（3）文字瓦当

"维天降灵"十二字瓦当　8件。边轮内一周凸弦纹。当面竖向三行字，自右向

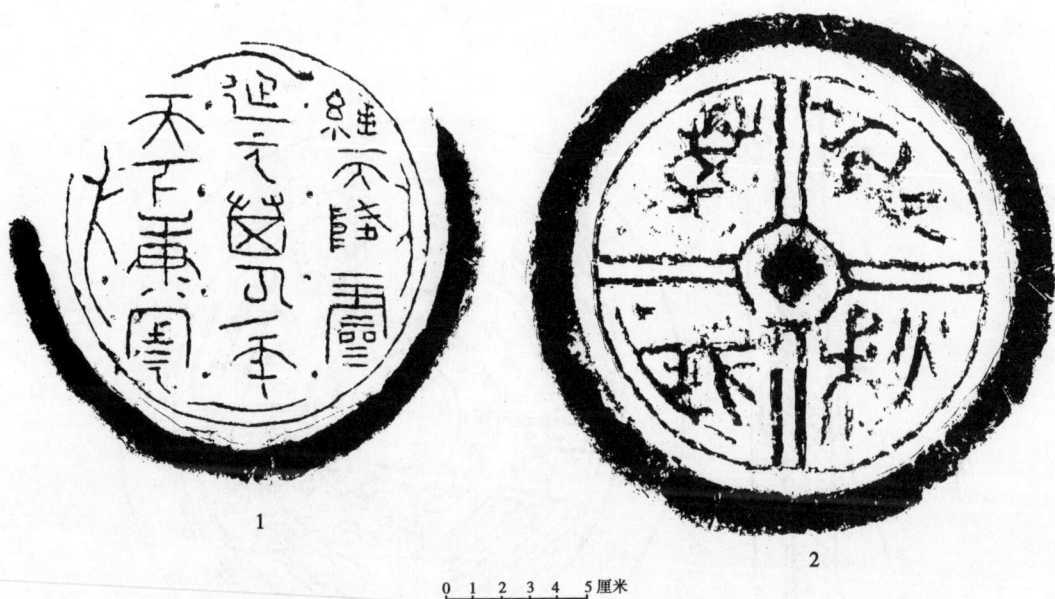

图三三　武库遗址出土文字瓦当
1."维天降灵"十二字瓦当（7：T8③：1）　2."千秋万岁"瓦当（7：T8③：3A）

左为："维天降灵，延元万年，天下康宁"。相邻的两行字间各有竖向一排四个乳钉。字的上、下、左、右侧与边轮之间各有一近似龙纹的装饰。标本7：T8③：1，基本完整，当面径15.5、边轮宽1、当厚1.6厘米（图三三，1；图版四〇，1）。标本7：T8③：2，边轮及当面均残，文存"维天□□延元万□天下康□"。残径13.3、厚1.6厘米（图版四〇，2）。

"千秋万岁"瓦当　12件。边轮内一周凸弦纹，当心圆内一大乳钉，当面双界格线，每界格内一篆字，文为"千秋万岁"。标本7：T8③：3A，瓦文读法为右左对读。当面径18.5、边轮宽1.2、当厚2.1厘米（图三三，2；图版四〇，3）。标本7：T5A③：6，残，瓦文存"秋、岁"两字，读法为右左对读。复原当面径19.4、边轮宽1、当厚3.2厘米。7：T1③：4，残，瓦文读法为右左对读。复原当面径15.3、边轮宽1、当厚1.9厘米。标本7：T1③：24，残，仅存"秋、万、岁"等字，左右对读。复原当面径16、边轮宽0.8、当厚3厘米。标本7：T8③：5A，残，仅存"千、万、岁"等字。瓦文逆时针方向旋读。复原当面径18、边轮宽1.1、当厚2.4厘米。

"长乐未央"瓦当　21件。分两型。

Ⅰ型：1件（7：T7③：12），当心圆内一大乳钉，当面双界格线不穿过当心，将当

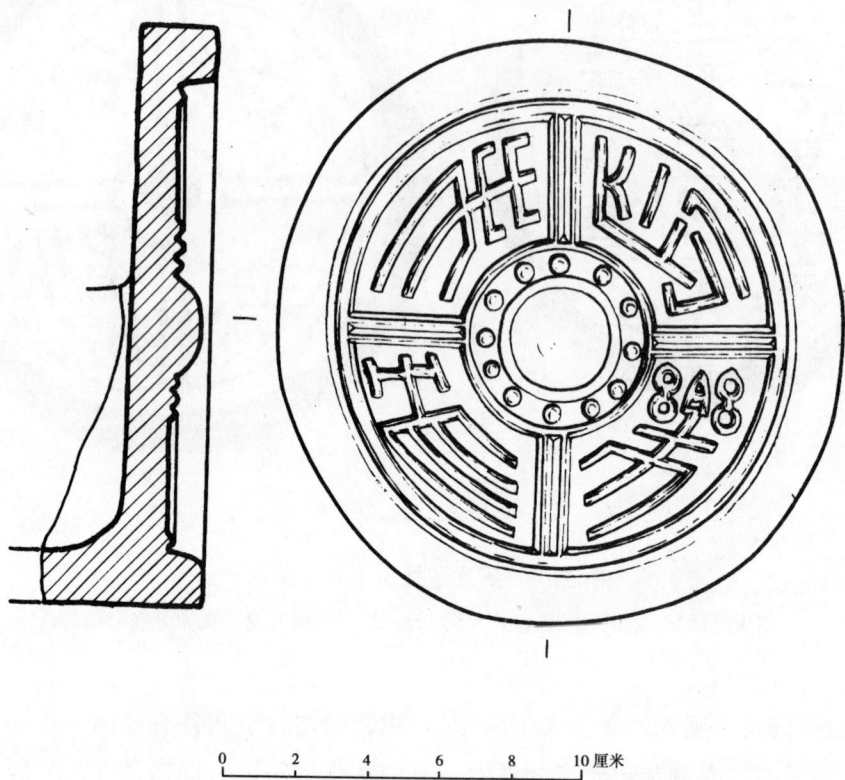

图三四　武库遗址出土"长乐未央"瓦当（5:T1③:9）

面分为四界格，每界格内一篆字，文为"长乐□□"。复原当面径17.4、边轮宽1.6、当厚3.3厘米。

Ⅱ型：20件。边轮内一周凸弦纹，当心圆内一大乳钉，周围是由若干小乳钉纹组成的联珠纹。当面双界格线不穿过当心，将当面分为四界格，每界格内一篆字，文为"长乐未央"。标本5:T1③:9，当心联珠纹由12枚小乳钉组成。当面径15.7、边轮宽1.7、当厚2.2厘米（图三四；图三五，1；图版四〇，4）。标本5:T2③:7，当心联珠纹由12枚小乳钉组成。当面径15.5、边轮宽1.2、当厚2.4厘米。标本5:T3③:34，当心联珠纹由8枚小乳钉组成。当面径15.4、边轮宽1.1、当厚2.1厘米。

"长生无极"瓦当　14件。边轮内一周凸弦纹，当心圆内一大乳钉，周围是由12枚小乳钉纹组成的联珠纹。当面双界格线不穿过当心，将当面分为四界格，每界格内一篆字，文为"长生无极"。标本5:T1③:13，当面径17.7、边轮宽1.5、当厚2.3

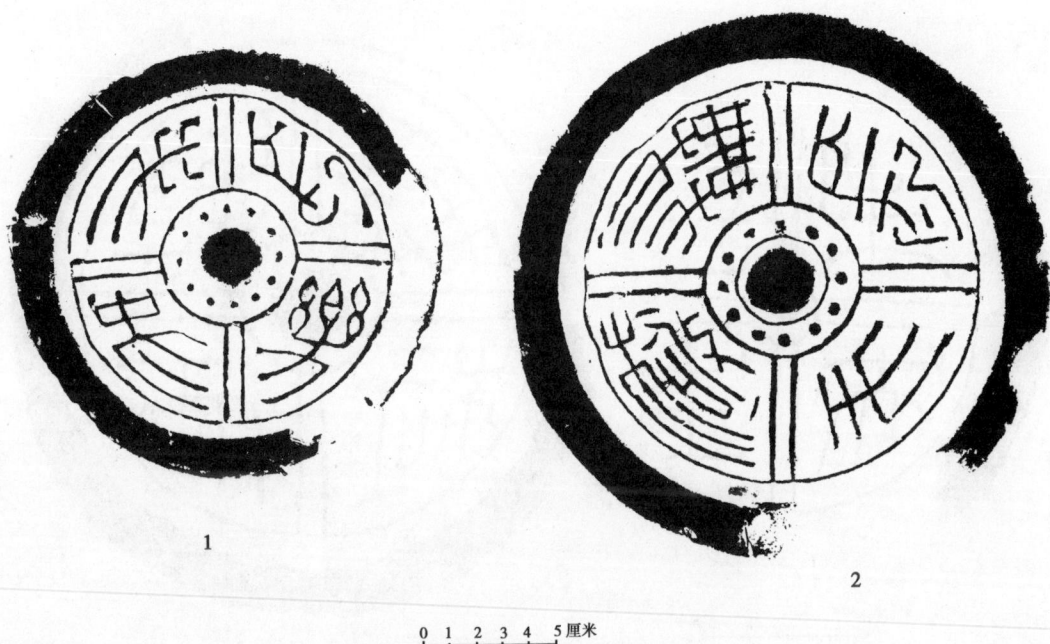

图三五　武库遗址出土文字瓦当
1."长乐未央"瓦当（5：T1③：9）　2."长生无极"瓦当（7：T7③：16）

厘米。标本 5：T1③：14，当面径 17.7、边轮宽 1.5、当厚 2.3 厘米。标本 7：T7③：16，
当面径 20.2、边轮宽 2.1、当厚 2.4 厘米（图三五，2）。标本 1：T8③：16，当面径
20、边轮宽 1.5、当厚 1 厘米（图版四〇，5）。标本 7：T9③：17，边轮残。字体较瘦
长。当面残径 13.7、当厚 2 厘米。

"长生未央"瓦当　13 件。当心圆内为一乳钉，双界格线不穿过当心，将当面分
为四界格，每界格内一篆字，文为"长生未央"。标本 7：T6③：19，残。瓦文存"生、
未、央"三字，"长"字破损。复原当面径 16.2、边轮宽 1.3、当厚 2.2 厘米（图三
六，1）。标本 7：T5③：20，残二分之一多。复原当面径 18.5、边轮宽 1.2、当厚 2.3
厘米。

"与天无极"瓦当　2 件。当心圆内一大乳钉，双界格线不穿过当心，分当面为
四界格，每界格内一篆字，文为"与天无极"。标本 7：T8③：23A，边轮稍残。当面径
19.2、边轮宽 1.5、当厚 2.7 厘米（图三六，2；图版四〇，6）。

"永□无□"瓦当　1 件（7：T8③：5B），残，当心圆内一大乳钉，其外为由 12 枚
小乳钉组成的联珠纹。双界格线不穿过当心，分当面为四界格，每界格内一篆字，现

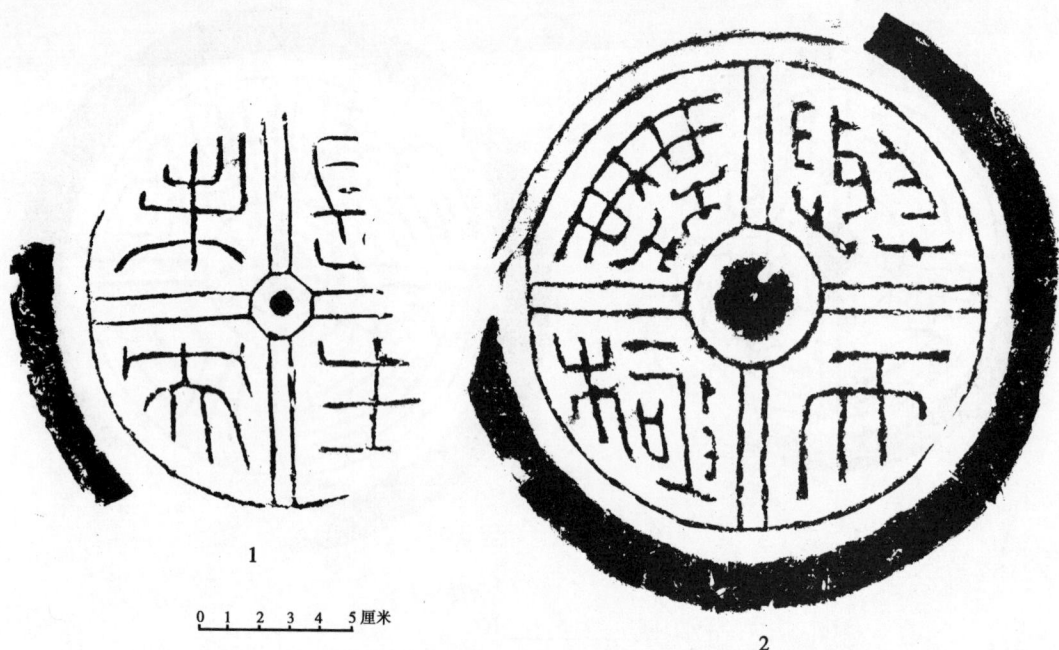

图三六　武库遗址出土文字瓦当

1."长生未央"瓦当（7:T6③:19）　2."与天无极"瓦当（7:T8③:23A）

仅存"永"和"无"字，可能为"永丰无极"瓦当。复原当面径16、边轮宽1.6、当残厚1.5厘米。

"疆"字瓦当　1件（7:T8③:26），残甚。瓦文仅存一"疆"字。

4.水管　2件。分两型。

Ⅰ型：1件（6:T3③:291），略呈"L"形筒状，表面饰绳纹。总长36厘米，大头口径12、小头口径9厘米（图版四一，1）。

Ⅱ型：1件（6:T3③:290），呈圆筒形。表面饰细绳纹，内面饰麻点纹。长32、口径12.5厘米（图版四一，2）。

5.罐　3件。分三型。

Ⅰ型：1件（5:T3③:5），平唇，侈口，短领，鼓腹下部内收，小平底。素面。口径9.7、腹径15.2、底径7.2、高14.5厘米（图三七，1；图版四二，1）。

Ⅱ型：1件（1:T1③:7），口沿残。鼓腹，平底。口部以下表面饰竖绳纹。残口径14.2、底径14、残高20厘米（图三七，2）。

Ⅲ型：1件（5:T3③:10），口部残，圆肩，收腹，小平底。素面。残口径6.8、

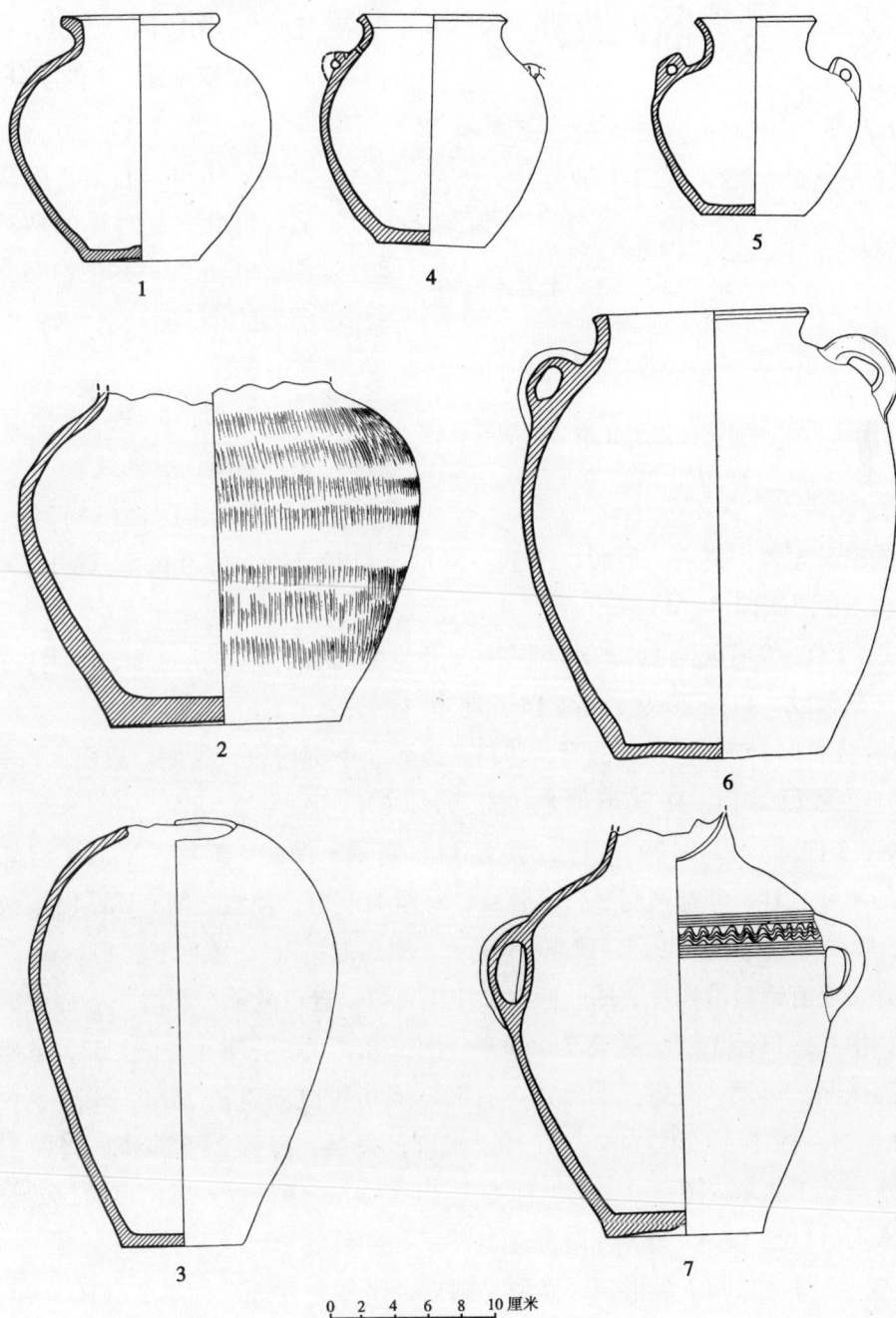

图三七 武库遗址出土陶罐、双耳罐

1. Ⅰ型罐（5:T3③:5） 2. Ⅱ型罐（1:T1③:7） 3. Ⅲ型罐（5:T3③:10） 4. Ⅰ型双耳罐（5:T3③:25A） 5. Ⅱ型1式双耳罐（1:T2③:1A） 6. Ⅱ型3式双耳罐（1:T2③:1） 7. Ⅱ型4式双耳罐（5:T3③:2）

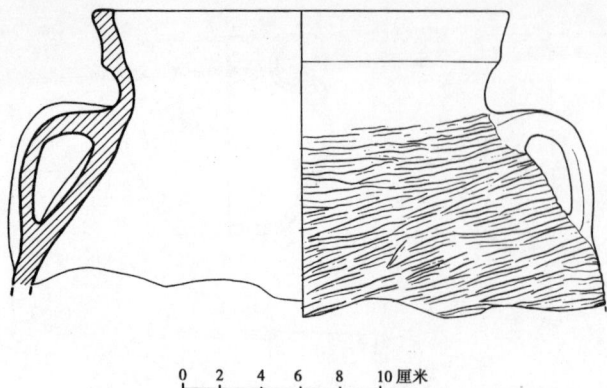

图三八　武库遗址出土Ⅱ型2式陶双耳罐
（7:T9③:21）

底径7.4、残高25厘米（图三七，3；图版四二，2）。

6. 双耳罐　5件。分二型。

Ⅰ型：1件（5:T3③:25A）。侈口，卷沿，鼓腹，平底。口沿下有对称的两耳。素面。口径9、腹径13.5、底径6.5厘米（图三七，4；图版四二，3）。

Ⅱ型：4件。肩部有两个半环状耳。分四式。

1式：1件（1:T2③:1A），侈口，卷沿，短领，斜肩，鼓腹，平底。素面。口径7.5、底径6.5、高11.7厘米（图三七，5；图版四二，4）。

2式：1件（7:T9③:21），残，仅存口沿与上腹部。侈口，短领，溜肩，鼓腹。上腹部饰横篮纹。口径20.9、残高14.6厘米（图三八）。

3式：1件（1:T2③:1），圆唇，侈口，鼓腹，下部内收，平底。素面。口径13、底径12.6、腹径22.8、高26.6厘米（图三七，6）。

4式：1件（5:T3③:2），口部残。小口，高领，溜肩，鼓腹，平底。肩部有两个对称的半环状耳，并饰两组平行的弦纹，每组为五道，两组之间有四线波浪纹。残口径7、腹径18.8、底径9.5、残高25厘米（图三七，7；图版四三，1）。

此外，还有罐口沿残片5件。标本1:T1③:47，直口微敛，圆肩，下部残。肩部饰两周指甲纹。口径19.8、残高7.1厘米（图三九，1）。标本1:T1③:53，方唇，平沿，沿面微凹。短领，圆肩，下部残。肩部三周指甲纹。口径25.4、残高5.6厘米（图三九，2）。标本1:T1③:41，方唇，侈口，束颈，鼓腹，下部残。素面。口径14.1、残高6.1厘米（图三九，3）。标本1:T1③:43，侈口，方唇，束颈，鼓腹，下部残。素面。口径14.4、残高7.3厘米（图三九，4）。

7. 壶　2件。灰陶。盘形口，高领，圆肩，平底。素面。标本2:T1③:9，口径7.7、底径7、高21.5厘米（图四〇，1；图版四三，2）。标本1:T12③:7，口径5、底径5.2、高15.4厘米（图四〇，2；图版四三，3）。

8. 盆　2件。灰陶。标本1:T1③:61，敞口，深腹，平底。上腹部有两道附加堆纹。口径35.7、底径19.3、高13厘米（图四〇，3；图版四三，4）。标本1:T1③:

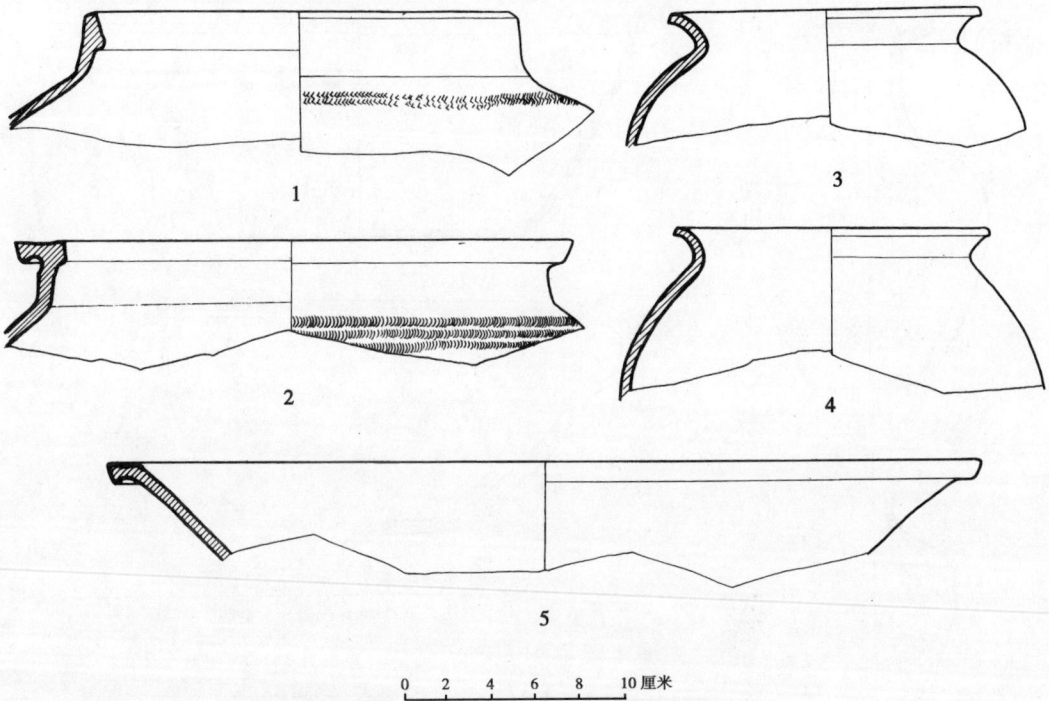

图三九 武库遗址出土陶罐、盆残片

1. 1:T1③:47 2. 1:T1③:53 3. 1:T1③:41 4. 1:T1③:43 5. 1:T1③:49

49，大口，方唇，平沿。沿面微凹，斜壁。素面。口径39.8、残高5.6厘米（图三九，5）。

9. 双耳盆 1件（5:T1③:11）。灰陶。敛口，方唇，鼓腹，平底，口部有对称的两个半环状耳。素面。口径25、底径11.6、高13.4厘米（图四〇，4；图版四四，1）。

10. 盘 1件（4:T1③:19），灰陶。圆唇，敞口，直壁微内收，平底微凹。腹部有一道凸棱。素面。口径40.2、底径37、高7.6厘米（图四〇，5）。

11. 碗 5件。灰陶。分二式。

1式：2件。敞口，浅腹，小平底。素面。标本5:T1③:15，口径11.8、底径6.4、高3.7厘米（图四一，1；图版四四，2）。标本7:T5③:13，口径10、底径5.3、高3.3厘米（图四一，2；图版四四，3）。

2式：3件。敞口，腹下部内收成小平底。标本1:T1③:14，口径12.2、底径5、高4.1厘米（图四一，3；图版四四，4）。标本1:T1③:17，口径9.6、底径5、高

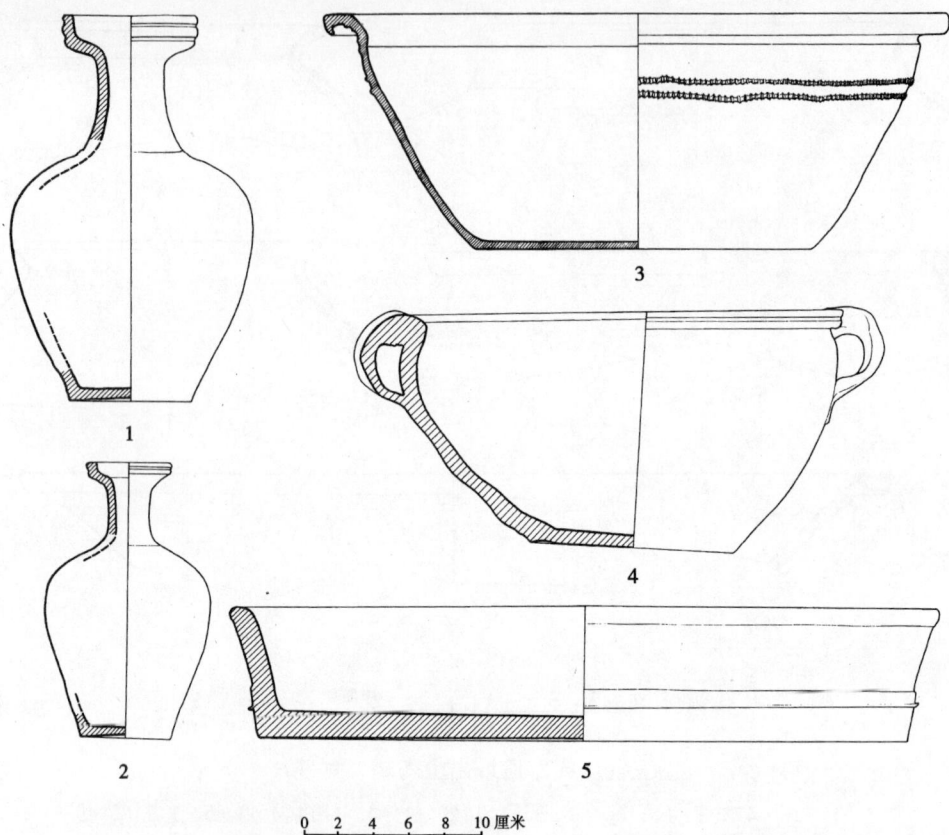

图四〇　武库遗址出土陶壶、盆、双耳盆和盘

1. 壶（2：T1③：9）　2. 壶（1：T12③：7）　3. 盆（1：T1③：61）

4. 双耳盆（5：T1③：11）　5. 盘（4：T1③：19）

3.4厘米（图四一，4；图版四四，5）。标本1：T13③：12，口径11.3、底径6、高4.3厘米（图四一，5）。

12. 瓮　出土残片较多，只有1件可以复原。标本5：T1③：53，侈口，卷沿，沿面下凹。鼓腹下部内收，底残。口沿下和腹部各有两道箆纹。口径54、残高57厘米（图四二）。

13. 鼎足　1件（5：T3③：1A），泥质灰陶。残高6厘米。

14. 纺轮　3件。圆形，断面圆台形。上面弧，施弦纹，底面平。中央有一孔，穿孔规整。标本1：T21③：27，残。直径6、厚2.2厘米，孔径0.7厘米（图四三，1；图版四五，1）。标本4：T1③：5，残。直径5.2、厚2.3厘米，孔径0.45厘米（图四三，2；图版四五，2）。

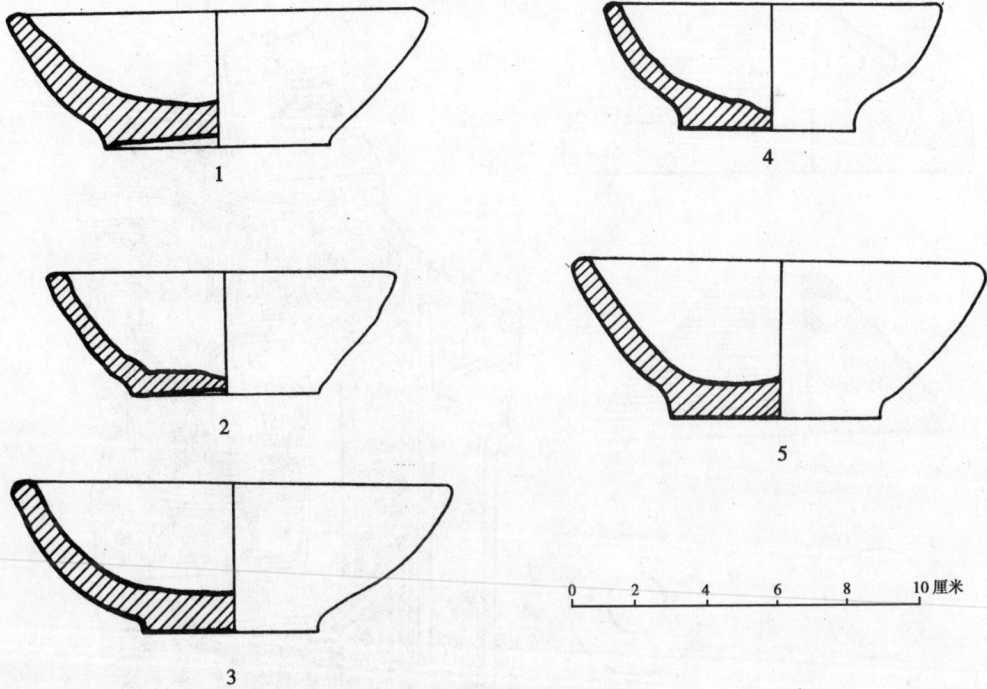

图四一　武库遗址出土陶碗

1. 1式（5:T1③:15）　2. 1式（7:T5③:13）　3. 2式（1:T1③:14）
4. 2式（1:T1③:17）　5. 2式（1:T13③:12）

15. 球　28件。圆形。表面素面，有的表面饰有若干个双线同心圆纹，同心圆纹大多磨损严重。标本 7:T9③:20，素面。直径 1.5 厘米（图四三，3；图版四五，3）。标本 3:T1③:1，表面饰 6 个双线同心圆纹。直径 1.95 厘米（图四三，6；图版四五，5）。标本 6:T3③:5，表面饰 6 个双线同心圆纹。直径 2.05 厘米（图四三，8；图版四五，7）。标本 6:T3③:5A，表面有同心圆纹，但磨蚀严重，数目不清。直径 2.1 厘米（图四三，5；图版四五，6）。标本 2:T1③:41，施黄釉。表面饰 9 个双线同心

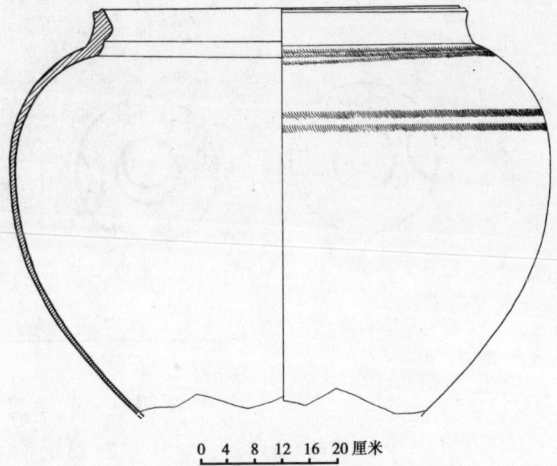

图四二　武库遗址出土陶瓮（5:T1③:53）

图四三 武库遗址出土陶器

1. 纺轮（1:T21③:27） 2. 纺轮（4:T1③:5） 3. 球（7:T9③:20）

4. 球（5:T3③:22） 5. 球（6:T3③:5A） 6. 球（3:T1③:1）

7. 球（2:T1③:41） 8. 球（6:T3③:5） 9. 母范（6:T3③:29）

圆纹。直径 1.75 厘米（图四三，7；图版四五，4）。标本 5：T3③：22，施黄釉，表面饰 6 个双线同心圆纹。直径 2.15 厘米（图四三，4；图版四五，8）。

16. 母范　1件（6：T3③：29），残。泥质红陶。一面有纹饰，主纹为蟠螭纹，地纹为三角形回纹和螺旋纹等。残长 9.8、残宽 6.4、残厚 6 厘米（图四三，9；图版四五，9）。

17. 饰件　1件（6：T3③：1）。平面椭圆形，底面平，上面略弧。弧面上镂刻纹饰。纹样中央为一椭圆形，四周环绕四个"S"形纹。长径 5.4、短径 3.8、厚 1.5 厘米（图四四；图版四五，10）。

18. 俑　1件（6：T3③：11），残。头已不存。残高 13.6 厘米（图四五；图版四五，11）。

图四四　武库遗址出土陶饰件
(6：T3③：1)

第二节　玉、石器

种类有玉雕、玉环、玉饰件、石穿孔器、石铲、磨石、石范、石纺轮等。

1. 玉雕　1件（7：T5A③：29）。圆形，白玉质。中央镂空一带翅的羊形动物。直径 4.3、厚 0.4 厘米（图四六，1；图版四六，1）。

2. 玉环　1件（1：T3③：3），残。白玉质。复原直径 4.1、内径 1.7、厚 0.55 厘米（图四六，2）。

3. 玉饰件　1件（6：T3③：1），半圆球形，下端光平，上面有两个小槽。直径 1.95 厘米（图四六，3）。

4. 石穿孔器　2件。标本 7：T7③：29，残。长方形，短边有两个穿孔，另外两边一边有 4 个穿孔，一边有 2 个穿孔。残长 5.5、宽 4.8 厘米（图四六，4）。标本 5：T3③：4，平面椭圆形，一端有一圆形穿孔，另一端有一圆形孔未穿透。表面磨光。长 11.2、宽 2.7、厚 0.8 厘米，孔径 0.65 厘米（图四六，5；图版四六，2）。

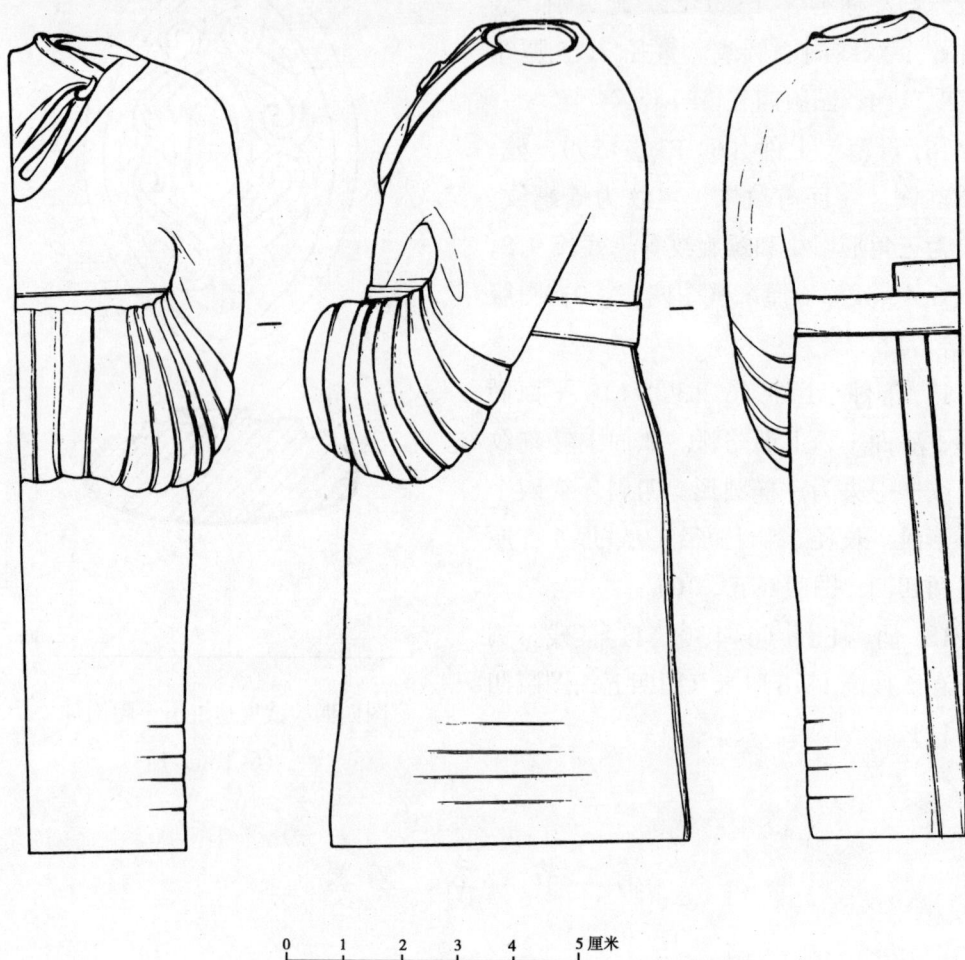

0　1　2　3　4　5厘米

图四五　武库遗址出土陶俑（6:T3③:11）

5. 石铲　1件（6:T3③:40），表面磨光。平面略呈梯形，顶部弧形，单面刃。长12、宽8、厚0.9厘米（图四七；图版四六，3）。

6. 石范　2件。平面长方形，一面光平，上有一矛头的印痕。标本6:T2③:39，残长11、宽9、厚3.4厘米（图四八，1；图版四六，4）。标本6:T1③:30，残长12.7、宽7.5、厚2.9厘米（图四八，2；图版四六，5）。

7. 石纺轮　1件（7:T8③:23B），断面圆柱形。素面。直径5、厚3.9厘米，孔径0.5厘米（图四六，6）。

8. 磨石　119件。根据形状的区别，可分八型。

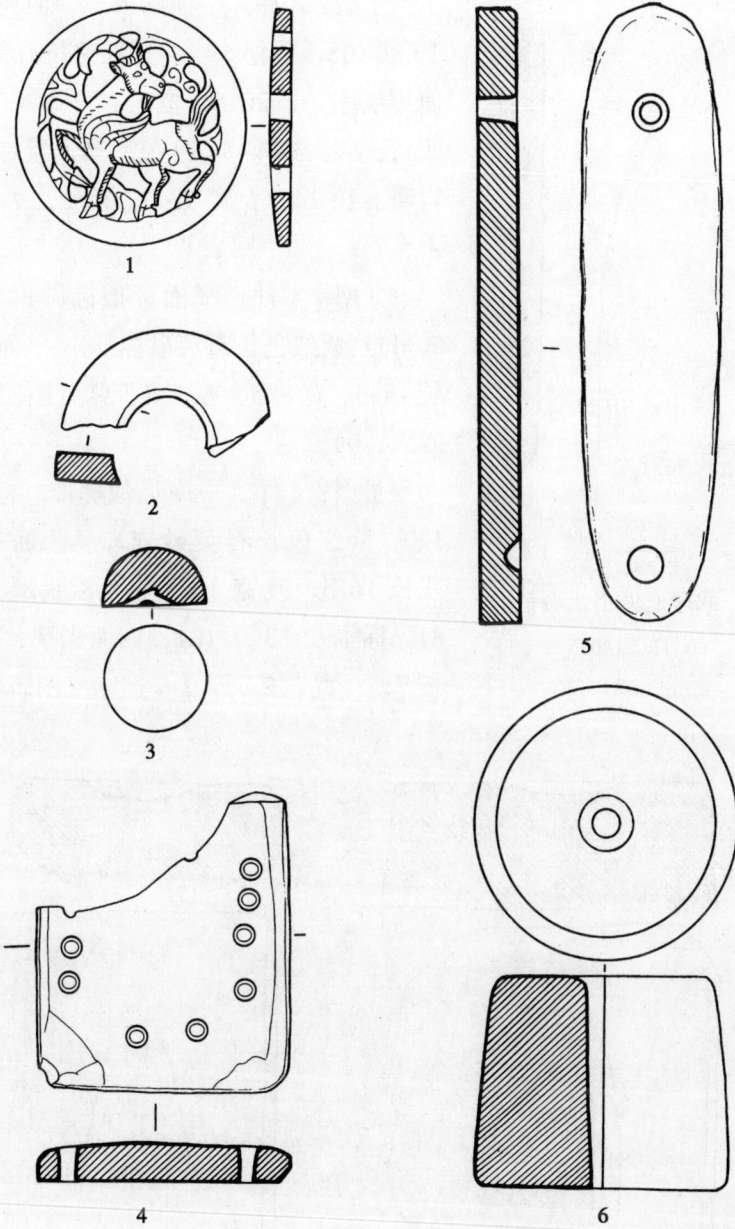

图四六　武库遗址出土玉、石器

1. 玉雕（7:T5A③:29）　　2. 玉环（1:T3③:3）

3. 玉饰件（6:T3③:1）　　4. 石穿孔器（7:T7③:29）

5. 石穿孔器（5:T3③:4）　　6. 石纺轮（7:T8③:23B）

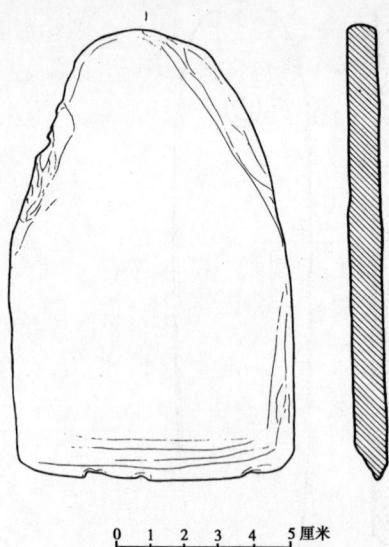

图四七　武库遗址出土石铲
(6:T3③:40)

Ⅰ型：8件。平面圆形，一面光平。标本6：T3③:105，残存一半，紫红色长石英砂岩质。有使用痕迹。长20.5、宽13.1、厚4.3厘米（图版四六，6）。标本5：T1③:134，紫红色长石英砂岩质。长14.7、宽13.1、厚3.2厘米（图版四六，7）。

Ⅱ型：4件。平面近似椭圆形。标本6：T2③:111,紫红色长石英砂岩质。一面有使用痕迹。长15.5、宽8.5、厚1.8厘米（图四九，1；图版四六，9）。

Ⅲ型：4件。平面近似梯形。标本6：T1③:120,紫红色长石英砂岩质。两面有使用痕迹。残长16.5、残宽10、厚2.8厘米（图版四六，8）。标本6：T3③:101，四面光平，有使用痕迹。长7.5、宽5.2、厚2.7厘米（图版四六，11）。

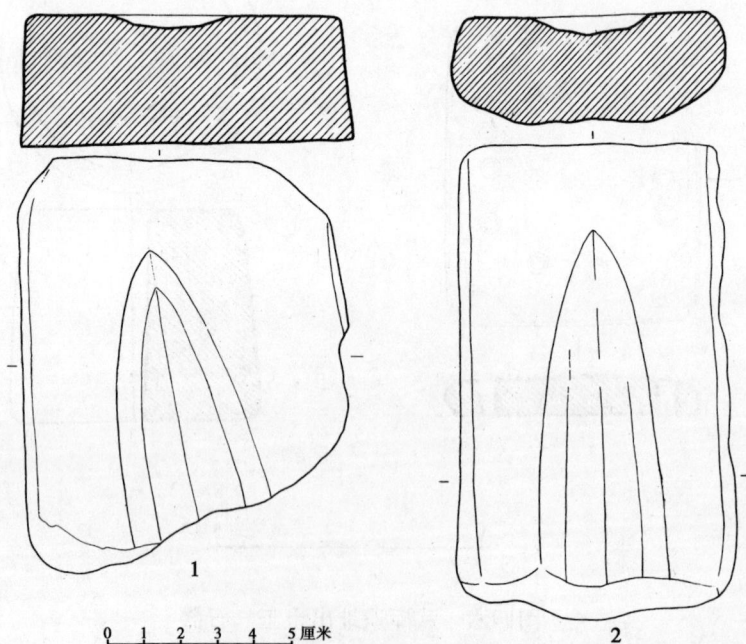

图四八　武库遗址出土石范
1. 6:T2③:39　2. 6:T1③:30

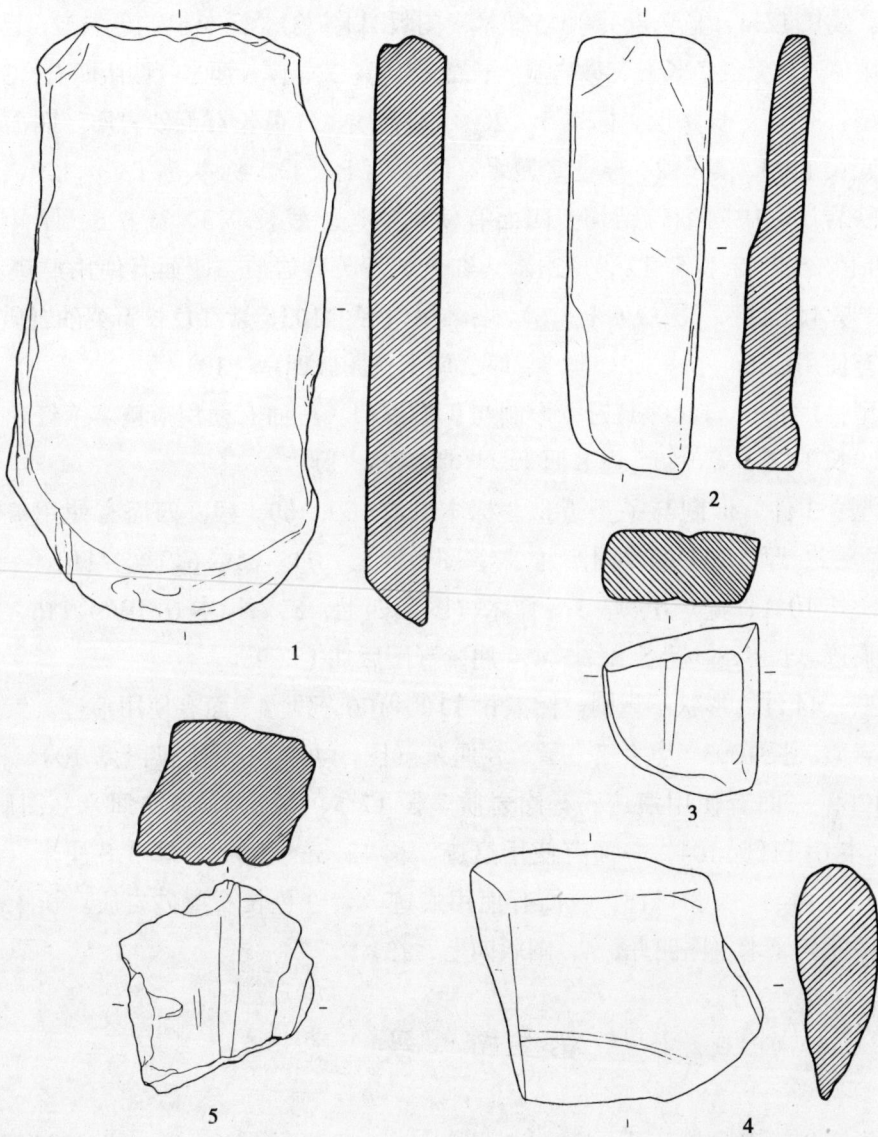

图四九　武库遗址出土磨石

1.Ⅱ型（6:T2③:111）　2.Ⅲ型（6:T3③:141）　3.Ⅶ型（6:T3③:109）

4.Ⅷ型（1:T2③:118）　5.Ⅷ型（6:T1③:106）（1、2为1/4；余为1/2）

标本6:T3③:141，紫红色长石英砂岩质。形体较长较薄，三面光平，有使用痕迹。长11.5、宽3.7、厚1.6厘米（图四九，2；图版四六，12）。标本6:T2③:112，紫红色长石英砂岩质。一面有使用痕迹。长13.3、宽5、厚3.1厘米（图版四六，13）。

Ⅳ型：23件。平面呈长方形。标本 5:T3③:131，残。粉砂岩质。正面及侧面有使用痕迹。残长 12.4、宽 9.8、厚 5.5 厘米（图版四七，2）。标本 6:T1③:122，已残，一面有使用痕迹。紫红色长石英砂岩质。长 25.5、宽 22、厚 6 厘米（图版四七，3）。

Ⅴ型：33件。长条形。标本 5:T2③:123，残。红色长石英砂岩质。四面有使用痕迹。残长 11.3、宽 6.2、厚 3.2 厘米（图版四七，4）。标本 5:T3③:129，紫红色长石英砂岩质，中间细粒结构。四面有使用痕迹。残长 9.3、宽 6.5、厚 4.3 厘米（图版四七，5）。标本 5:T2③:124，紫红色长石英砂岩质。四面有使用痕迹。长 8、宽 4.6、厚 4.5 厘米（图版四七，6）。标本 6:T1③:103，紫红色长石英砂岩质。正面及侧面有使用痕迹。长 13.2、宽 7、厚 2 厘米（图版四六，10）。

Ⅵ型：1件（6:T1③:117），形制与Ⅳ型近似。三面有使用痕迹。紫红色长石英砂岩质。长 14.5、宽 9.5、厚 8 厘米（图版四七，1）。

Ⅶ型：3件。形制与Ⅴ型近似。标本 6:T3③:109，残。四面有使用痕迹。长 8.8、宽 8.2、厚 3.8 厘米（图四九，3；图版四七，7）。标本 6:T2③:110，一面有使用痕迹。长 10.1、宽 9.6、厚 3.8 厘米（图版四七，8）。标本 6:T3③:116，四面都有使用痕迹。长 8.8、宽 5.8、厚 4.7 厘米（图版四七，9）。

Ⅷ型：44件。形状不规则。标本 6:T1③:106，残。一面有使用痕迹。紫红色长石英砂岩质。长 10.3、宽 8.7、厚 7.8 厘米（图四九，5；图版四七，10）。标本 5:T1③:126，一面有使用痕迹。花岗岩质。长 17.5、宽 8.5、厚 7 厘米（图版四七，11）。标本 6:T1③:104，一面有使用痕迹。长 12.8、宽 9.3、厚 3.8 厘米（图版四七，12）。标本 1:T2③:118，一面有使用痕迹。紫红色长石英砂岩质。长 15.8、宽 12.2、厚 4.4 厘米（图四九，4；图版四七，13）。

第三节　铁　器

种类有剑、刀、戟、矛、镦、镞、铠甲等兵器，斧、锛、臿、铲、铲形器、凿、锤等工具，其他有齿轮、箍、镰、门轴、铳、球、环、钩、U 形器、"卜"字形器、棍形器、长条形带孔器、双孔器、釜、锅、钉等。另外，还有一些铁铸范，种类有铜镞铁范、铁镞范、塞子范、圆形槽范、方形槽范等。

1. 剑　11件。分三型。

Ⅰ型：1件（7:T2③:1），已残。长剑。剑身细长扁平，中脊略高；铜剑格素面，断面为扁菱形；剑茎细扁，断面呈长方形。残长 81 厘米，剑身残长 65、宽 3.2 厘米，剑格宽 5.6 厘米，茎残长 16、宽 1.7 厘米（图五〇，1；图版四八，1）。

Ⅱ型：7件，只有1件完整。剑身较Ⅰ型短细。标本7：T5A③：8，残。剑身扁平，中脊略高，断面呈菱形；无剑格；剑茎扁平，断面呈长方形。残长39厘米，剑身长28.5、宽2.9厘米，剑茎残长10.5、宽1.9厘米（图五〇，2；图版四八，3）。

Ⅲ型：3件。短剑。剑身扁平，断面呈菱形。可分二式。

1式：1件（7：T2③：2），剑格为铁质，素面，断面呈菱形。剑茎扁平，后有剑首，剑首断面长方形。通长29厘米，剑身长20.6、宽3.4～4厘米，剑格宽6.2厘米，剑茎长8.4、宽3厘米（图五〇，3；图版四八，6）。

2式：2件。标本4：T1③：11，保存完整，有铜剑格。通长25厘米，剑身长16.4、宽

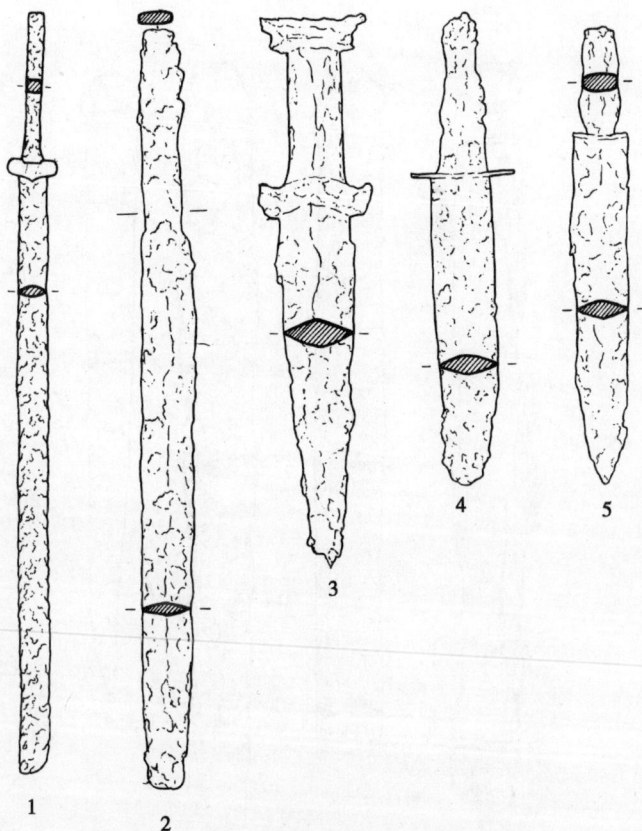

图五〇　武库遗址出土铁剑

1.Ⅰ型（7：T2③：1）　2.Ⅱ型（7：T5A③：8）
3.Ⅲ型1式（7：T2③：2）　4.Ⅲ型2式（4：T1③：11）
5.Ⅲ型2式（7：T5A③：7）（1为1/8；余为1/4）

3.3厘米，剑茎长8.6、宽2.5厘米，剑格宽5.7厘米（图五〇，4；图版四八，4）。标本7：T5A③：7，残。剑茎断面为椭圆形，剑茎末端残。残长24.2厘米，剑身残长18.4、宽2.8～3厘米，剑茎长5.8、宽2厘米（图五〇，5；图版四八，5）。

2.长刀　16件。分三型。

Ⅰ型：6件。空首刀。直刃，直柄。柄末端有鐏。标本5：T1③：4，通长69.2厘米，刀身长51、宽3.1厘米，柄长18.2、宽2.8厘米，鐏长2.1、宽1.5厘米（图版四九，1）。标本5：T2③：44，通长67.8厘米，刀身长45.5、宽3.3厘米，刀柄长22.3、宽3.3厘米，鐏长3.5、宽1.6厘米（图版四九，2）。标本7：T4③：16，残长67.5厘米，刀身残长46、宽3.6厘米，刀柄长21.5、宽3.5厘米，鐏长2.4、宽1.1厘米（图版四九，3）。标本7：T9③：9，残。残长37.5、刀身宽3.8厘米（图五一，

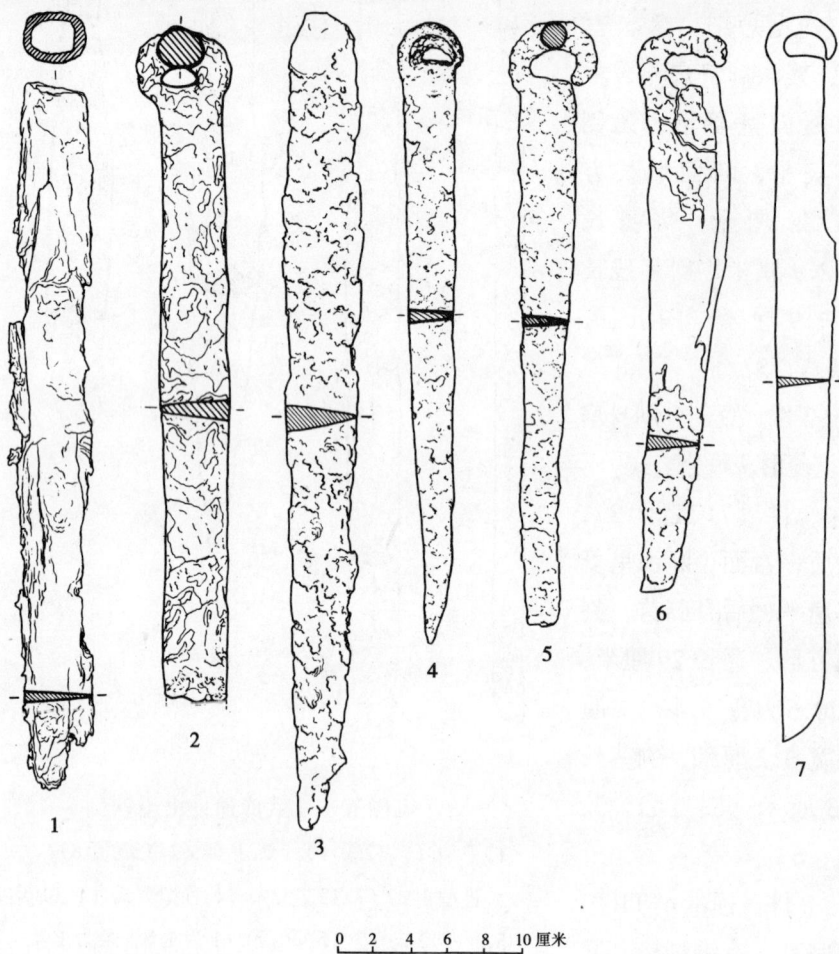

图五一   武库遗址出土铁刀

1.Ⅰ型长刀（7:T9③:9）   2.Ⅱ型长刀（7:T9③:12）   3.Ⅱ型长刀
（7:T5③:12）   4.Ⅰ型短刀（5:T1③:5）   5.Ⅰ型短刀（5:T1③:16）
6.Ⅰ型短刀（7:T2③:43）   7.Ⅱ型短刀（5:T1③:6）

1；图版四九，4）。标本 7:T8③:8，残长 31.5 厘米，刀身残长 8.5、宽 3.6 厘米，柄
长 23、宽 4.3 厘米，銎长 3.3、宽 1.6 厘米（图版四九，8）。

Ⅱ型：9 件。环首刀。直柄，直刃，环首。标本 7:T9 ③:12，柄残。残长 35.6、
刀身宽 4 厘米（图五一，2；图版四九，7）。标本 7:T5③:12，残。残长 43、刀身宽
4 厘米（图五一，3；图版四九，6）。标本 7:T7③:2，残。残长 51.5、刀身宽 3.5 厘
米。标本 5:T2③:52，通长 69 厘米，刀身残长 44、宽 3.2 厘米，刀柄长 25、宽 3.2

厘米，环首内径1.1厘米（图版四八，2）。

Ⅲ型：1件（7:T9③:11），直刃，直柄扁平，无环首。通长52.2厘米，刀柄长14.5、宽4.8厘米，刀身长37.7、宽4.6厘米（图版四九，5）。

3.短刀　11件。均为环首刀。分二型。

Ⅰ型：10件。刀身较窄，刀刃弧形，锋尖锐，刀背平直，刀柄后部弯曲成椭圆形环首。标本5:T1③:5，未开刃。通长32.6、刀身宽2.4厘米（图五一，4；图版五〇，1）。标本7:T8③:12，残。残长32.5、刀身宽2厘米。标本5:T1③:16，通长31.8厘米，刀身长21.8、宽3厘米，柄长10、宽4厘米，环首内径1.6~2.5厘米（图五一，5；图版五〇，2）。标本7:T7③:3，锈蚀严重。通长24.6、宽4.4厘米（图版五〇，4）。标本7:T2③:43，残长29.7厘米，刀身长20、宽3.8厘米，柄长3、宽4.5厘米（图五一，6；图版四九，9）。

Ⅱ型：1件（5:T1③:6）。刀身较宽，刀柄略窄，刀身与刀柄之间界限明显。长36.1厘米，刀身长24.1、宽3.2厘米，刀柄长12、宽2.6厘米（图五一，7；图版五〇，3）。

4.小刀　9件。分二型。

Ⅰ型：5件。直柄刀。刀身窄长，直柄，柄扁平。标本5:T1③:45，长10.1厘米，刀身长7.7、宽1.4厘米，柄长2.4、宽0.6厘米（图五二，1；图版五〇，5）。标本5:T1③:28，通长16.2厘米，刀身长12、宽2厘米，柄长4.2、宽0.6~1.5厘米（图五二，2；图版五〇，6）。标本5:T3③:7，通长18厘米，刀身长11、宽2厘米，刀柄长7、宽1厘米（图五二，3；图版五〇，7）。标本5:T1③:3，通长24厘米，刀身长18、宽2.7厘米，柄长6、宽1.4厘米（图五二，4；图版五〇，8）。

Ⅱ型：4件。环首刀。刀身细长，柄略窄，环首。标本7:T5③:9，残。残长10.8、宽1.8厘米（图五二，5；图版五〇，9）。标本5:T1③:30，残。残长15.2厘米，刀身残长6、宽1.1厘米，柄长9.2、宽1.1厘米（图五二，7；图版五〇，10）。标本5:T1③:2，长16.6厘米，刀身长9.5、宽1.4厘米，柄长7.1、宽1厘米（图五二，6；图版五〇，11）。

5.戟　7件。分二型。

Ⅰ型：1件（7:T5A③:1）。钩戟。刺身扁平，前锋尖锐，断面呈柳叶形。枝在刺侧横伸，随即向后弯曲，形成向后的钩刺。后接圆銎。通长46.2、刺宽3.2厘米，枝长8.8、宽1.6厘米（图五三；图版五一，1）。

Ⅱ型：6件。"卜"字形戟。刺身扁平，前锋尖锐，断面呈柳叶形，枝在刺侧横伸，枝断面呈柳叶形。标本7:T6③:21，残长30.5、宽2.2厘米，枝残长16.9厘米（图版五一，2）。标本7:T6③:23，通长35、宽2厘米，枝长14厘米（图版五一，

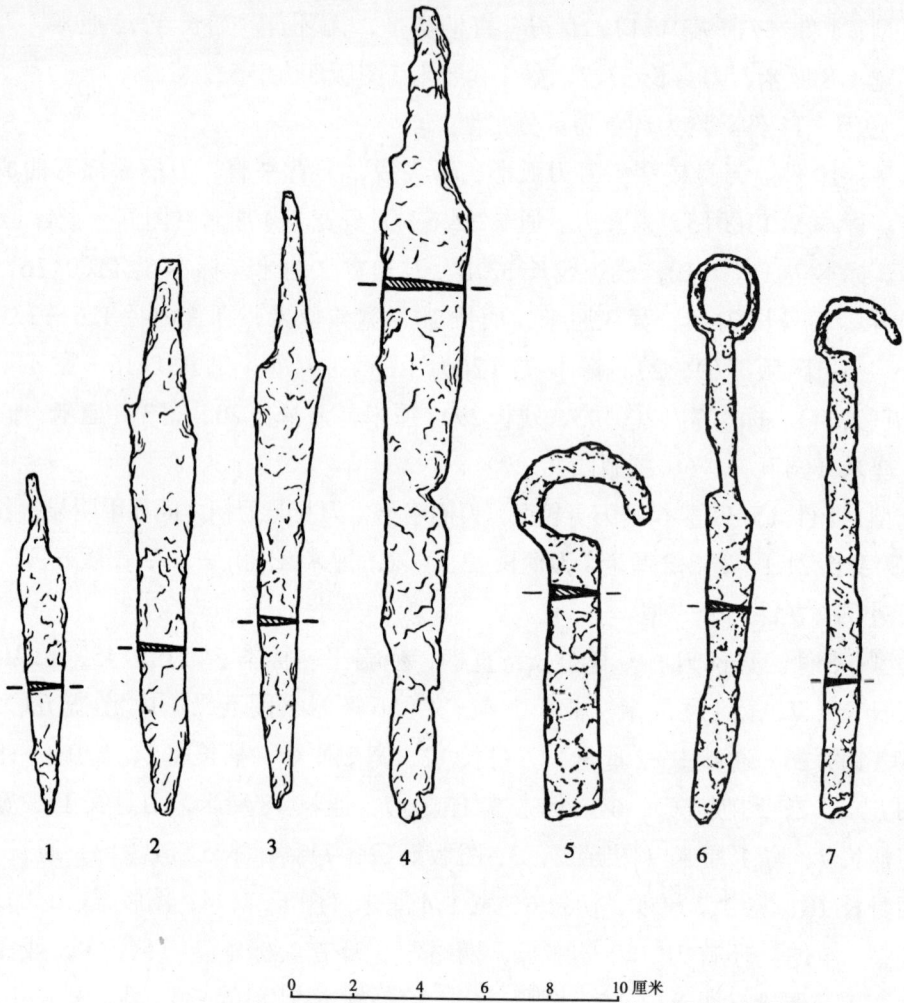

图五二　武库遗址出土铁小刀

1.Ⅰ型（5:T1③:45）　2.Ⅰ型（5:T1③:28）　3.Ⅰ型（5:T3③:7）
4.Ⅰ型（5:T1③:3）　5.Ⅱ型（7:T5③:9）　6.Ⅱ型（5:T1③:2）
7.Ⅱ型（5:T1③:30）

3）。标本 7:T6③:2A，长 35.6、宽 2 厘米，枝残长 12.2 厘米（图版五一，4）。标本
7:T9③:10，长 35.6、宽 2 厘米，枝长 14.5 厘米。

6.矛　18 件。分六型。

Ⅰ型：9 件。矛形体较大，矛叶柳叶形，中部起脊，骹较长，后端有圆銎。标本
1:T5③:2，长 23.2 厘米，矛叶长 11.5、宽 2.3 厘米，骹长 11.7、宽 2 厘米（图版五

二，1）。标本 5：T1③：7，长 22.9 厘米，矛叶长 12、宽 2 厘米，骹长 10.9、宽 2.3 厘米（图版五二，2）。标本 1：T5③：3，长 27 厘米，矛叶长 13.5、宽 2.3 厘米，骹长 13.5、宽 2.4 厘米（图版五二，6）。标本 1：T5③：1，长 23 厘米，矛叶长 12、宽 2 厘米，骹长 11、宽 2.3 厘米（图版五二，8）。

Ⅱ型：2 件。形体较小，形制与Ⅰ型近似。标本 1：T5③：5，骹断面方形，后端有方銎。长 17.4 厘米，矛叶长 9.8、宽 2.4 厘米，骹长 7.6、宽 2 厘米（图版五二，3）。标本 1：T5③：4，骹断面近方形，后端有近方銎。长 16.4 厘米，矛叶长 8、宽 2.3 厘米，骹长 8.4、宽 2.4 厘米（图版五二，4）。

Ⅲ型：1 件，矛叶较细长，前锋尖锐。标本 7：T2③：3，残长 26 厘米，矛叶长 15.5、宽 2.9 厘米，骹残长 10.5、残宽 2.4 厘米（图版五二，7）。

Ⅳ型：3 件。形体较小，矛叶扁平，较细较短。骹后部有圆銎。标本 1：T5③：7，长 14.6 厘米，矛叶长 7.6、宽 1.8 厘米，骹长 7、宽 2.3 厘米。

Ⅴ型：2 件。形体较大，矛叶柳叶形，骹较短，方銎。标本 4：T1③：9，长 31.8 厘米，矛叶长 23、宽 3.8 厘米，骹长 8.8、宽 2.5 厘米（图五四；图版五二，9）。标本 6：T1③：1，残长 27 厘米，矛叶残长 20、宽 2.7 厘米，骹长 7、宽 1.9 厘米（图版五二，5）。

Ⅵ型：1 件（7：T8③：7），残。形体粗短，矛叶扁平，骹残。长 12.2 厘米，矛叶长 6.5、宽 2.3 厘米，骹残长 5.7、残宽 2.2 厘米。

7. 镦 7 件。分三型。

Ⅰ型：3 件。长筒形，平底。镦内残存木柲的痕迹。标本 5：T1③：38，口部附近有一圆形穿孔。口径 3、底径 3、壁厚 0.4、高 7.1 厘米（图五五，1；图版五二，13）。标本 1：T2③：4，口径 3.5、底径 3.6、壁厚 0.4、高 7.5 厘米（图五五，2；图版五二，14）。标本 4：T1③：8A，口径 3.5、底径 3.5、壁厚 0.6、高 4.85 厘米（图五五，3；图版五二，11）。

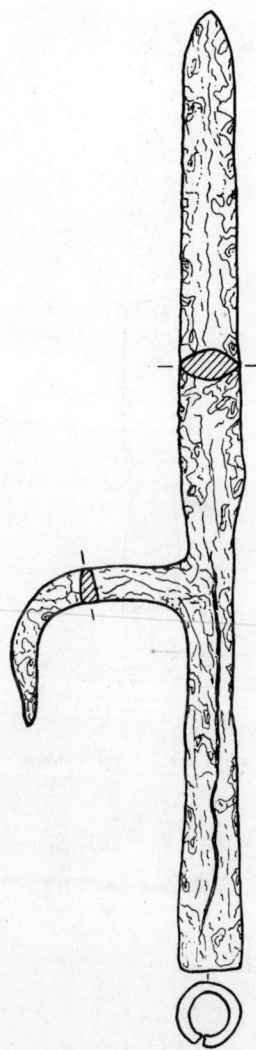

0 2 4 6 8 10厘米

图五三 武库遗址出土Ⅰ型铁戟（7：T5A③：1）

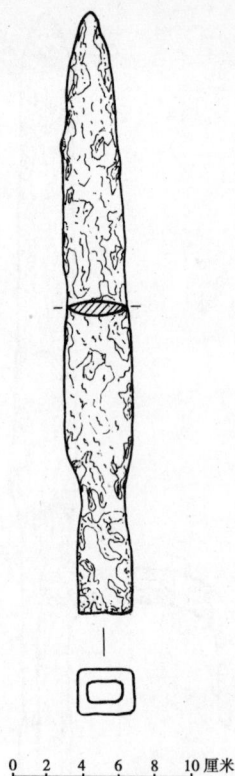

图五四　武库遗址出土
Ⅴ型铁矛(4:T1③:9)

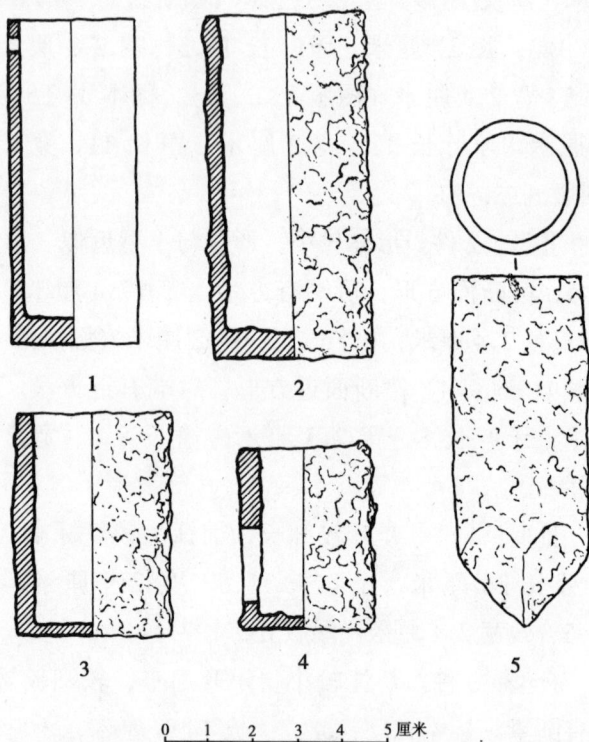

图五五　武库遗址出土铁镦

1. Ⅰ型（5:T1③:38）　2. Ⅰ型（1:T2③:4）
3. Ⅰ型（4:T1③:8A）　4. Ⅲ型（4:T2③:8）
5. Ⅱ型（1:T6③:1）

　　Ⅱ型：1件（1:T6③:1），长筒形，尖底。口径3、壁厚0.4、高7.6厘米（图五五，5；图版五二，10）。

　　Ⅲ型：3件。圆筒形，较短。近底部壁上有一长方形孔。标本4:T2③:8，口径3、底径3、壁厚0.5、高3.9厘米（图五五，4；图版五二，12）。

　　8. 镞　1131件。分六型。

　　Ⅰ型：1019件。圆柱形，前面聚合成四棱锥形前锋。分2式。

　　1式：1014件。镞身短圆柱形，后接长铤。标本7:T7③:15，残长8.9厘米，镞身长1.5、径0.9厘米，铤残长7.4、径0.4~0.5厘米（图五六，1；图版五三，1）。标本7:T2③:12，残。残长7.35厘米，镞身长1.4、径0.9厘米，铤残长5.95、径0.3~0.4厘米（图五六，2；图版五三，2）。标本7:T7③:13，残长6.1厘米，镞身长1.25、径

0.75 厘米，铤残长 4.85、径
0.2～0.35 厘米（图五六，3；
图版五三，3）。

2 式：5 件。长圆筒形，
后接长铤。标本 4：T2③：7E，
镞身长 4.3、直径 1.2 厘米
（图版五三，7）。标本 4：T2
③：7D，镞身长 5.4、直径
1.1 厘米（图版五三，8）。标
本 4：T2③：7C，镞身长 5.7、
直径 1.3 厘米（图版五三，
9）。标本 4：T2③：7B，镞身
残长 5.6、直径 1.1 厘米（图
版五三，10）。标本 4：T2③：
7A，镞身长 8.2、直径 1.1
厘米（图版五三，11）。

Ⅱ型：105 件。镞身断面
三角形，向前聚合成前锋。
关断面六边形。后接铤。标
本 1：T21③：14，残长 5.7 厘
米，镞身残长 2.2 厘米，铤
残长 3.5 厘米（图五六，4；图版五三，4）。标本 1：T2③：9，残长 5 厘
米，镞身长 1 厘米，铤残长 4 厘米。标本 7：T2③：5，残长约 5.5 厘米，镞身长 2.2 厘米，铤残长
3.3 厘米（图五六，5；图版五三，5）。7：T7③：20，残长 4.6 厘米，镞身长 2.9 厘
米，铤残长 1.7 厘米（图版五三，6）。标本 4：T2③：13，残长 3.85 厘米，镞身长 3.4
厘米，铤残长 0.45 厘米（图五六，6；图版五三，15）。

Ⅲ型：1 件（4：T2③：23），镞身三棱形，前端聚合成前锋，后端内收成短关，后
接铤，铤断面圆形。残长 8.5 厘米，镞身长 4.5 厘米，铤残长 4 厘米（图五七，1；
图版五三，13）。

Ⅳ型：1 件（6：T1③：21），三翼伸出，三翼前端聚合成前锋，翼的后部各有一个
穿孔。后接长铤。残长 9.6 厘米，镞身长 6.7 厘米，铤残长 2.9 厘米（图五七，2；
图版五三，12）。

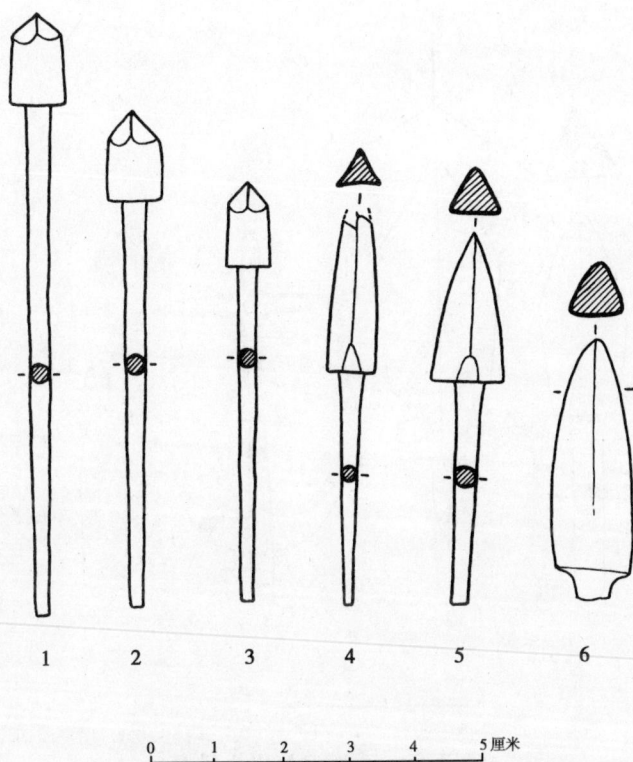

图五六　武库遗址出土铁镞
1.Ⅰ型 1 式（7：T7③：15）　2.Ⅰ型 1 式（7：T2③：12）
3.Ⅰ型 1 式（7：T7③：13）　4.Ⅱ型（1：T21③：14）
5.Ⅱ型（7：T2③：5）　6.Ⅱ型（4：T2③：13）

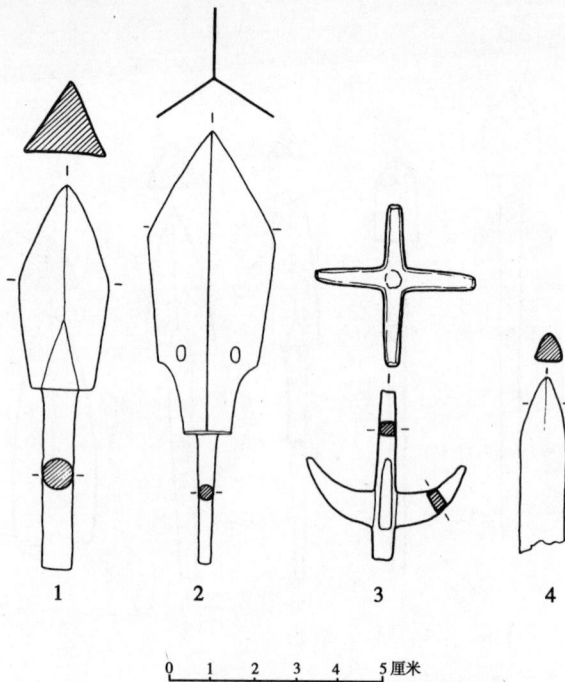

图五七　武库遗址出土铁镞

1.Ⅲ型（4:T2③:23）　2.Ⅳ型（6:T1③:21）

3.Ⅵ型（5:T1③:35）　4.Ⅴ型（4:T2③:20）

Ⅴ型：4件。镞身圆柱形，前端聚合成三棱形前锋，后端残。标本4:T2③:20，已残。镞身残长3.8厘米（图五七，4；图版五三，14）。

Ⅵ型：1件（5:T1③:35），残。镞身五锋，锋弧形，后接铁铤。镞残长3.75厘米（图五七，3）。

9. 铠甲片　武库第一号遗址出土的零散铁铠甲片共45100多件。经过整理，形制基本完整的有10606件，可分为蹄形、方形、椭圆形、圆形、半圆形和不规则形等几种。

（1）蹄形　10313件。平面蹄形。上端平直，下端弧形。根据形体的差异，可分为十一型。

Ⅰ型：8262件。数量最多，形体最小。甲片上共有7个编缀孔：左右两边各2个编缀孔，中间上端1个编缀孔，下端2个编缀孔。标本1:T7③:84，宽1.67、高1.9、厚0.2厘米，孔径0.15厘米（图五八，1；图版五四，1）。标本1:T7③:85，宽1.7、高2.15、厚0.15厘米，孔径0.2厘米（图五八，2；图版五四，2）。

Ⅱ型：15片。比Ⅰ型形体稍大。甲片上共有8个编缀孔：上下两端居中各纵列2个编缀孔，左右两侧各纵列2个编缀孔。标本1:T7③:88，宽1.9、高2.6、厚0.1厘米，孔径0.15厘米（图五八，3；图版五四，3）。标本1:T9③:104，宽2.6、高3.8、厚0.1厘米，孔径0.15厘米（图五八，4；图版五四，4）。

Ⅲ型：15件。小型。甲片上共有8个编缀孔：上端居中横列2个编缀孔，下端居中纵列2个编缀孔，左右两侧各纵列2个编缀孔。标本1:T8③:86，宽1.8、高2.5、厚0.1厘米，孔径0.15厘米（图五八，5）。标本1:T8③:106，宽2.85、高3.7、厚0.1厘米，孔径0.15厘米（图五八，6；图版五四，5）。标本1:T7③:127，宽2.5、高3、厚0.1厘米，孔径0.15厘米（图版五四，6）。

Ⅳ型：43件。中型。甲片上共有8个编缀孔：上下端居中各横列2个编缀孔，左右两侧各纵列 2 个编缀孔。标本 1:T7③:124，宽 4.1、高 5.2、厚 0.15 厘米，孔径 0.2 厘米（图版五五，1）。标本 1:T6③:134，宽 4.1、高 5.15、厚 0.1 厘米，孔径 0.2 厘米（图五八，7；图版五五，2）。

Ⅴ型：共 1862 件。下端作半圆形，上端作圆角方形，甲片上共有 6 个编缀孔：下端居中纵列 2 孔，左右两侧各纵列 2 孔。标本 1:T1③:98，宽 2.3、高 3.3、厚 0.15 厘米，孔径 0.2 厘米（图五八，8；图版五五，3）。标本 1:T10③:105，宽 2.4、高 3.5、厚 0.15 厘米，孔径 0.2 厘米（图版五五，4）。标本 1:T8③:183，残。宽 3.9、残高 4.1、厚 0.1 厘米，孔径 0.15 厘米（图五八，9）。标本 1:T12③:76A，宽 3.9、高 7.4、厚 0.2 厘米，孔径 0.15 厘米（图五八，11）。标本 1:T12③:76B，宽 4.45、高 7.65、厚 0.11 厘米，孔径 0.15 厘米（图五八，12）。

Ⅵ型：21 件。上端呈圆角方形，下端弧圆。共有 10 个编缀孔：上端左右横列 2 孔，左右两侧各纵列 2 孔，中间上下各纵列 2 孔。标本 1:T10③:97，宽 2.3、高 3.2、厚 0.1 厘米，孔径 0.2 厘米（图五八，10；图版五五，5）。标本 1:T12③:108，宽 3.05、高 3.65、厚 0.1 厘米，孔径 0.15 厘米（图五九，1；图版五五，6）。

Ⅶ型：43 件。上端圆角方形，下端近圆形。共有 12 个编缀孔：中间上下各纵列 2 孔，左右两侧上下各纵列 2 孔。标本 1:T9③:116，宽 2.8、高 4、厚 0.05 厘米，孔径 0.15 厘米（图五九，2；图版五六，1）。标本 1:T7③:161，宽 2.9、高 6.2、厚 0.2 厘米，孔径 0.1 厘米（图五九，3）。标本 1:T7③:165，宽 3.75、高 7.1、厚

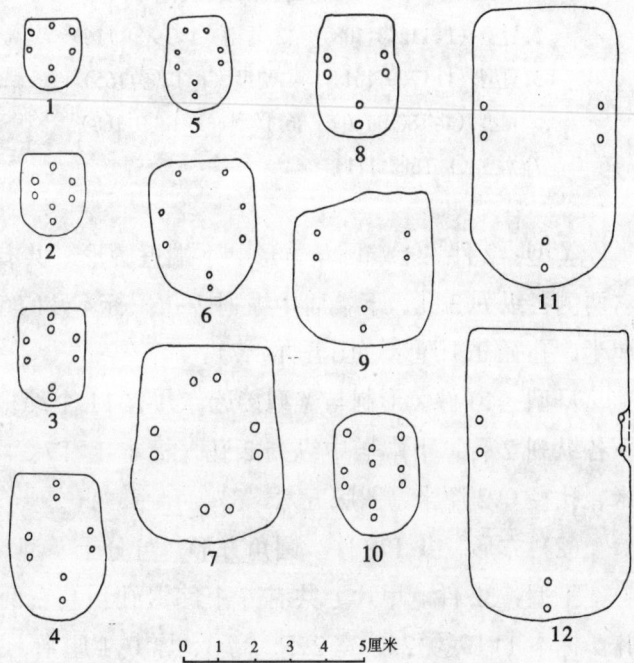

图五八　武库遗址出土蹄形铁铠甲片

1. Ⅰ型（1:T7③:84）　　2. Ⅰ型（1:T7③:85）

3. Ⅱ型（1:T7③:88）　　4. Ⅱ型（1:T9③:104）

5. Ⅲ型（1:T8③:86）　　6. Ⅲ型（1:T8③:106）

7. Ⅳ型（1:T6③:134）　　8. Ⅴ型（1:T1③:98）

9. Ⅴ型（1:T8③:183）　　10. Ⅵ型（1:T10③:97）

11. Ⅴ型（1:T12③:76A）　12. Ⅴ型（1:T12③:76B）

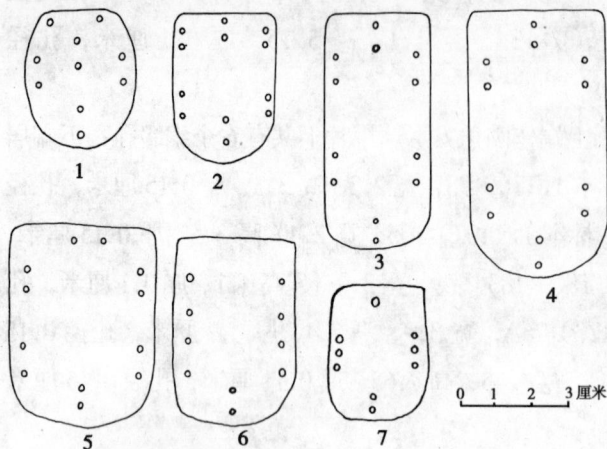

图五九　武库遗址出土蹄形铁铠甲片

1. Ⅵ型（1∶T12③∶108）　2. Ⅶ型（1∶T9③∶116）

3. Ⅶ型（1∶T7③∶161）　4. Ⅶ型（1∶T7③∶165）

5. Ⅷ型（1∶T8③∶189）　6. Ⅸ型（1∶T8③∶188）

7. Ⅹ型（1∶T6③∶111）

0.15 厘米，孔径 0.15 厘米（图五九，4）。

Ⅷ型：21 件。上端方形，下端近圆形。共有 12 个编缀孔：上端居中横列 2 孔，左右两侧上下各纵列 2 孔，下端居中纵列 2 孔。标本 1∶T8③∶189，宽 4、高 5.4、厚 0.2 厘米，孔径 0.15 厘米（图五九，5；图版五六，2）。

Ⅸ型：19 件。形制与Ⅷ型近似。共有 10 个编缀孔：左右两侧各纵列 4 孔，下端居中纵列 2 孔。标本 1∶T8③∶188，宽 3.4、高 5、厚 0.1 厘米，孔径 0.15 厘米（图五九，6）。

Ⅹ型：2 件。上端圆角方形，下端近圆形。共有 9 个编缀孔：上端居中 1 孔，左右两侧各纵列 3 孔，下端居中纵列 2 孔。标本 1∶T6③∶111，宽 2.7、高 3.6、厚 0.1 厘米，孔径 0.1 厘米（图五九，7）。

Ⅺ型：10 件。形制与Ⅹ型接近，共有 11 个编缀孔：上端居中 1 孔，左右两侧上下各纵列 2 孔，下端居中纵列 2 孔，标本 1∶T7③∶30A，宽 2.8、高 3.8、厚 0.2 厘米，孔径 0.2 厘米（图版五六，3）。

（2）方形　共 178 件。圆角方形。可分十一型。

Ⅰ型：32 件。甲片上共有 6 个编缀孔：左右两侧各纵列 2 孔，下端居中横列 2 孔。标本 1∶T7③∶26，宽 2.5、高 3、厚 0.1 厘米，孔径 0.1 厘米（图六○，1；图版五六，4）。标本 1∶T7③∶46，上端略小，下端略大。宽 3.4～3.6、高 3.8、厚 0.1 厘米，孔径 0.15 厘米（图六○，2）。标本 1∶T7③∶55，宽 3.5、高 3.75、厚 0.1 厘米，孔径 0.15 厘米（图六○，3；图版五六，5）。

Ⅱ型：24 件。四角微抹。甲片上共有 8 个编缀孔：上端居中纵列 2 孔，左右两侧各纵列 2 孔，下端居中纵列 2 孔。标本 1∶T7③∶30B，宽 3.1、高 3.4、厚 0.1 厘米，孔径 0.2 厘米（图六○，4；图版五六，6）。

Ⅲ型：19 件。甲片上共有 8 个编缀孔：上端居中横列 2 孔，左右两端各纵列 2

孔，下端居中纵列 2 孔。标本 1:T7③:28，宽 3.1、高 3.15、厚 0.1 厘米，孔径 0.15 厘米（图六〇，5）。标本 1:T6③:36，宽 1.8、高 2.5、厚 0.1 厘米，孔径 0.15 厘米（图版五七，1）。

Ⅳ型：41 件。甲片上共有 8 个编缀孔：上端和下端居中各横列 2 孔，左右两侧各纵列 2 孔。标本 1:T9③:53，宽 2.75、高 3.4、厚 0.1 厘米，孔径 0.15 厘米（图六〇，6）。标本 1:T9③:56，宽 3、高 3.8、厚 0.1 厘米，孔径 0.15 厘米（图六〇，7；图版五七，2）。

Ⅴ型：8 片。甲片上共有 12 个编缀孔：上端和下端居中各横列 2 孔，左右两侧各纵列 4 孔。标本 1:T7③:29，宽 3、高 3.3、厚 0.1 厘米，孔径 0.1 厘米（图六〇，8；图版五七，3）。标本 1:T8③:41，宽 3、高 3.7、厚 0.2 厘米，孔径 0.1 厘米（图六〇，9）。

Ⅵ型：16 件。甲片上共有 10 个编缀孔：上端居中横列 2 孔，左右两侧各纵列 4 孔。标本 1:T8③:51，宽 3.7、高 3.9、厚 0.1 厘米，孔径 0.1 厘米（图六〇，11）。标本 1:T8③:47，宽 2.4、高 3.7、厚 0.1 厘米，孔径 0.1 厘米（图六〇，10；图版五七，4）。标本 1:T12③:52，宽 4.3、高 3.9、厚 0.1 厘米，孔径 0.1 厘米（图六〇，12）。标本 1:T8③:47A，宽 2.2、高 2.7、厚 0.1 厘米，孔径 0.1 厘米（图版五

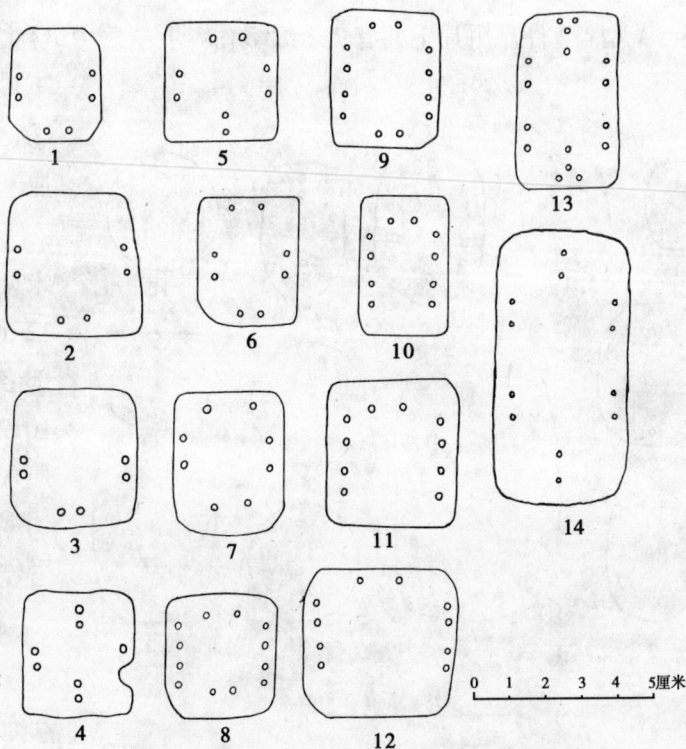

图六〇　武库遗址出土方形铁铠甲片

1. Ⅰ型（1:T7③:26）　2. Ⅰ型（1:T7③:46）　3. Ⅰ型（1:T7③:55）　4. Ⅱ型（1:T7③:30B）　5. Ⅲ型（1:T7③:28）　6. Ⅳ型（1:T9③:53）　7. Ⅳ型（1:T9③:56）　8. Ⅴ型（1:T7③:29）　9. Ⅴ型（1:T8③:41）　10. Ⅵ型（1:T8③:47）　11. Ⅵ型（1:T8③:51）　12. Ⅵ型（1:T12③:52）　13. Ⅷ型（1:T9③:57）　14. Ⅸ型（1:T12③:64）

七，5）。

Ⅶ型：20件。甲片上共有8个编缀孔：上端居中横列2孔，下部居中横列2孔，左右两侧各纵列2孔。标本1：T12③：44，宽4.55、高4.4、厚0.1厘米，孔径0.1厘米（图版五七，6）。

Ⅷ型：10件。甲片上共有16个编缀孔：上下两端居中各4孔，2横列，2纵列。左右两侧各纵列4孔。标本1：T9③：57，宽2.75、高4.65、厚0.1厘米，孔径0.1厘米（图六〇，13；图版五八，1）。

Ⅸ型：6件。甲片上共有12个编缀孔：上、下端居中各纵列2孔，左右两侧上下各纵列2孔。标本1：T12③：64，宽3.65、高7.25、厚0.1厘米，孔径0.1厘米（图六〇，14）。

Ⅹ型：2件。甲片上共有7个编缀孔：上端居中纵列2孔，左右两侧各纵列2孔，下端居中1孔。标本1：T7③：57，宽2.4、高2.5、厚0.1厘米，孔径0.1厘米。

Ⅺ型 见于铠甲残块上，未见散片。圆角长方形，共有12个编缀孔：左右两侧上中下部各纵列2孔。宽2.9、高10.2、厚0.2厘米，孔径0.2厘米。

（3）椭圆形 41件。可分五型。

Ⅰ型：18件。甲片上共有8个编缀孔：上端居中纵列2孔，左右两侧各纵列2孔，下端居中纵列2孔。标本1：T7③：11，宽1.7、高2.3、厚0.1厘米，孔径0.1厘米（图六一，1；图版五八，2）。标本1：T7③：18A，宽3、高3.7、厚0.2厘米，孔径0.1厘米（图六一，2）。

Ⅱ型：11件。甲片上共有

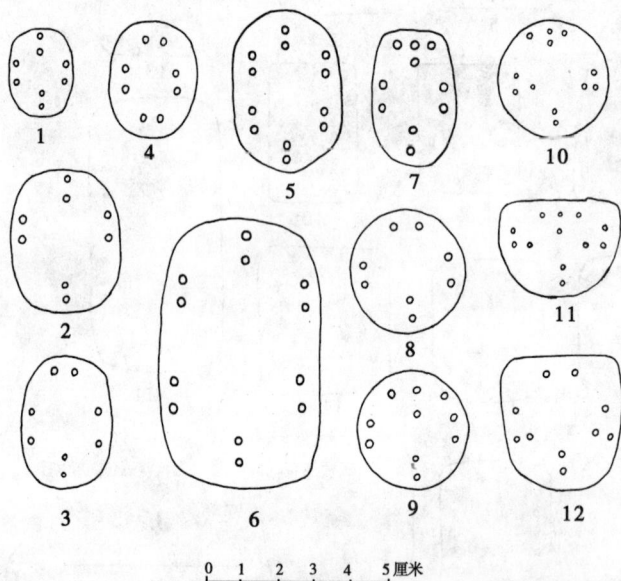

图六一　武库遗址出土椭圆形、圆形、半圆形铁铠甲片
1.Ⅰ型（1：T7③：11）　2.Ⅰ型（1：T7③：18A）　3.Ⅱ型（1：T9③：15）　4.Ⅲ型（1：T9③：13）　5.Ⅳ型（1：T8③：19）　6.Ⅳ型（1：T7③：1A）　7.Ⅴ型（1：T7③：17）　8.Ⅰ型（1：T7③：2A）　9.Ⅱ型（1：T7③：3A）　10.Ⅲ型（1：T7③：5A）　11.Ⅰ型（1：T7③：7）　12.Ⅱ型（1：T9③：8A）　（1~7为椭圆形甲片；8、9、10为圆形甲片；11、12为半圆形甲片）

8个编缀孔：上端居中横列2孔，左右两侧各纵列2孔，下端居中纵列2孔。标本1：T9③：15，宽2.5、高3.45、厚0.1厘米，孔径0.1厘米（图六一，3；图版五八，3）。

Ⅲ型：5件。甲片上共有8个编缀孔：上端居中横列2孔，左右两侧各纵列2孔，下端居中横列2孔。标本1：T9③：13，宽2.45、高3、厚0.1厘米，孔径0.1厘米（图六一，4；图版五八，4）。

Ⅳ型：5件。甲片上共有12个编缀孔：上端居中纵列2孔，左右两侧上下各纵列2孔，下端居中纵列2孔。标本1：T8③：19，宽3、高4.25、厚0.1厘米，孔径0.1厘米（图六一，5；图版五八，5）。标本1：T7③：1A，宽4.5、高7、厚0.15厘米，孔径0.2厘米（图六一，6；图版五八，6）。

Ⅴ型：2件。甲片上共有10个编缀孔：上端两侧各1孔，居中纵列2孔；左右两侧各纵列2孔；下端居中纵列2孔。标本1：T7③：17，宽2.3、高3.6、厚0.2厘米，孔径0.1厘米（图六一，7；图版五九，1）。

（4）圆形　19件。分三型。

Ⅰ型：8件。甲片上共有8个编缀孔：上端居中横列2孔，左右两侧各纵列2孔；下端居中纵列2孔。标本1：T7③：2A，直径3.1～3.2、厚0.2厘米，孔径0.1厘米（图六一，8；图版五九，2）。

Ⅱ型：9件。甲片上共有10个编缀孔：上端左右两侧各1孔，居中纵列2孔；左右两侧各纵列2孔；下端居中纵列2孔。标本1：T7③：3A，直径3、厚0.1厘米，孔径0.1厘米（图六一，9；图版五九，3）。

Ⅲ型：2件。甲片上共有12个编缀孔：上端4孔（横列2孔，居中纵列2孔），左右两侧各3孔（外侧纵列2孔，内侧1孔），下端居中纵列2孔。标本1：T7③：5A，直径3.1、厚0.1厘米，孔径0.1厘米（图六一，10；图版五九，4）。

（5）半圆形　6件。分二型。

Ⅰ型：1件（1：T7③：7），甲片上共有12个编缀孔：上端4孔（横列2孔，居中纵列2孔），左右两侧各3孔（外侧纵列2孔，内侧1孔），下端居中纵列2孔。宽3.3、高2.55、厚0.1厘米（图六一，11；图版五九，5）。

Ⅱ型：5件。甲片上共有10个编缀孔：上端居中横列2孔，左右两侧各3孔（外纵列2孔，内1孔），下端居中纵列2孔。标本1：T9③：8A，宽3.25、高3.5、厚0.15厘米，孔径0.1厘米（图六一，12；图版五九，6）。

（6）不规则形　49件。分十四型。

Ⅰ型：2件。平面近三角形。标本1：T7③：22，平面近直角三角形。共有5个编

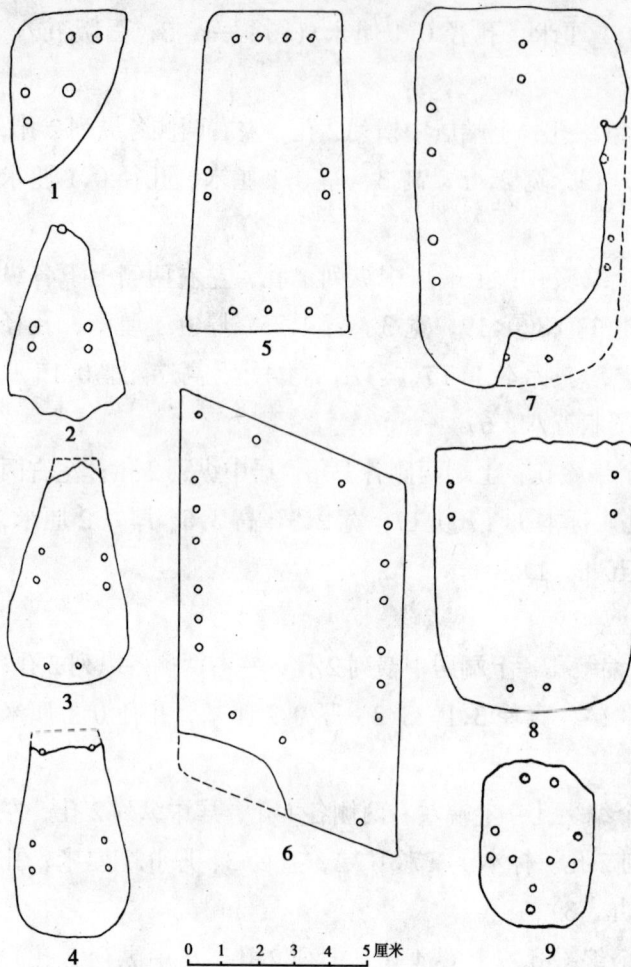

图六二　武库遗址出土不规则形铁铠甲片

1. Ⅰ型（1:T7③:22）　2. Ⅰ型（1:T7③:23）　3. Ⅱ型
（1:T9③:186）　4. Ⅱ型（1:T9③:185）　5. Ⅲ型（1:T7
③:79）　6. Ⅳ型（1:T7③:81）　7. Ⅴ型（1:T12③:179）
8. Ⅵ型（1:T12③:168）　9. Ⅶ型（1:T10③:199）

缀孔：上端横列 2 孔，左侧纵列 2 孔，甲片大致居中位置 1 孔。最大宽度 3.05、高 4.5、厚 0.15 厘米，孔径 0.2～0.3 厘米（图六二，1；图版六〇，1）。标本 1:T7③:23，残，平面近等腰三角形，甲片上共有 5 个编缀孔：顶端 1 孔，左右两侧各纵列 2 孔。残宽 3.2、残高 5.1、厚 0.1 厘米，孔径 0.1 厘米（图六二，2；图版六〇，2）。

Ⅱ型：3 件。上宽下窄，上端较平直，下端弧圆。甲片上共有 6 个编缀孔：上端或下端横列 2 孔，左右两侧各纵列 2 孔。标本 1:T9③:186，下端居中横列 2 孔，左右两侧各纵列 2 孔。宽 3.35、高 5.85、厚 0.1 厘米，孔径 0.1 厘米（图六二，3；图版六〇，3）。标本 1:T9③:185，残。上端横列 2 孔，左右两侧各纵列 2 孔。宽 3.2、残高 5、厚 0.1 厘米，孔径 0.1 厘米（图六二，4；图版六〇，4）。

Ⅲ型：4 件。梯形。甲片

上共有 11 个编缀孔：上端横列 4 孔，左右两侧各纵列 2 孔，下端居中横列 3 孔。标本 1:T7③:79，宽 4.3、高 8.45、厚 0.2 厘米，孔径 0.2 厘米（图六二，5；图版六一，1）。

Ⅳ型：1 件（1:T7③:81）。平面为平行四边形。甲片上共有 18 个编缀孔：两条长边内侧各 7 孔，两条短边内侧各 2 孔。宽 6.2、高 9.9、厚 0.2 厘米，孔径 0.2 厘米

（图六二，6）。

　　V型：25件。圆角长方形，甲片上共有12个编缀孔：上端居中纵列2孔，左右两侧各纵列4孔，下端居中横列2孔。标本1：T12③：179，残。宽5.8、高10、厚0.1厘米，孔径0.1厘米（图六二，7；图版六一，2）。

　　Ⅵ型：3件。上端平直，下端为圆角方形。甲片上共有6个编缀孔：左右两侧各纵列2孔，下端居中横列2孔。标本1：T12③：168，宽5.4、高7.2、厚0.15厘米，孔径0.1厘米（图六二，8）。

　　Ⅶ型：2件。平面近圆角长方形。甲片上共有10个编缀孔：上端居中横列2孔，左右两侧各3孔（外侧纵列2孔，下孔内侧一孔），下端居中纵列2孔。标本1：T10③：199，宽3.2、高4.4、厚0.1厘米，孔径0.2厘米（图六二，9）。

　　Ⅷ型：1件（1：T12③：200），平面形状与Ⅶ型近似。甲片上共有12个编缀孔：上端居中横列2孔，其下居中纵列2孔；左右两端各纵列2孔，其内侧各有1孔；下端居中纵列2孔。宽3.5、高4.3、厚0.15厘米，孔径0.2厘米（图六三，1）。

　　Ⅸ型：1件（1：T10③：70），残。平面近似圆角方形，甲片上共有14个编缀孔：上端居中横列2孔，左右两侧各纵列4孔，下端居中纵列2孔，其下又横列2孔。宽3.5、高5、厚0.1厘米，孔径0.1厘米（图六三，2）。

　　Ⅹ型：1件（1：T10③：131），平面近似长方形，左下角抹圆。甲片共有6个编缀孔：上端近右侧横列2孔，左侧纵列2孔，下端近右侧横列2孔。宽2.9、高4.8、厚0.1厘米，孔径0.3厘米（图六三，3；图版六一，3）。

　　Ⅺ型：1件（1：T10③：163），平面近似倒梯形，四角抹圆。甲片上有

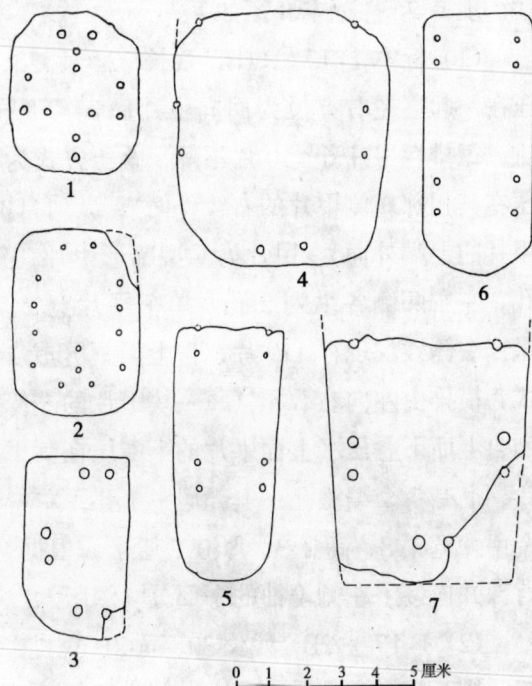

图六三　武库遗址出土不规则形铁铠甲片

1.Ⅷ型（1：T12③：200）　2.Ⅸ型（1：T10③：70）
3.Ⅹ型（1：T10③：131）　4.Ⅺ型（1：T10③：163）
5.Ⅻ型（1：T12③：187）　6.ⅩⅣ型（1：T10③：164）
7.ⅩⅢ型（1：T12③：76）

8个编缀孔：上端横列2孔，左右两侧各纵列2孔，下端居中横列2孔。宽5.9、残高6.8、厚0.1厘米，孔径0.1厘米（图六三，4）。

Ⅻ型：2件。平面近长方形，上端平直，下端弧圆。甲片上共有8个编缀孔：左右两侧上下各纵列2孔。标本1:T12③:187，残。宽3、残高6.7、厚0.15厘米，孔径0.1厘米（图六三，5）。

ⅩⅢ型：2件。标本1:T12③:76，残，平面近梯形。甲片上共残存8个编缀孔：左右两侧各残存3孔，下端居中横列2孔。宽5.7、残高6.6、厚0.15厘米，孔径0.3厘米（图六三，7；图版六一，4）。

ⅩⅣ型：1件（1:T10③:164），平面近长方形，上端平直，下端呈圭形。甲片上共有8个编缀孔：左右两侧上下各纵列2孔。宽3.1、高6.9、厚0.2厘米，孔径0.1厘米（图六三，6）。

10.铠甲残块　除了零散的铠甲片外，武库第一号建筑遗址还出土了大量铠甲残块。现择26件标本介绍如下。

（1）标本1:T7③:1B，残长22、宽23、厚4厘米，重1.6千克。为左右两块叠压在一起（左右方位为面向甲片而言，下同）。左侧残块现存45片，由上到下共6排，每排存甲片6～10片不等，叠压方式为横排由右向左叠压（每一块甲片的左缘叠压在其相邻左侧甲片的右缘外面），纵列自上而下叠压（上面甲片的下端压在其下面甲片的上端外面）。甲片为Ⅴ型蹄形甲片，每个甲片上6个编缀孔：上端居中纵列2孔，左右两侧各纵列2孔。单个甲片宽2.75、高3.2、厚0.15厘米，孔径0.15厘米。右侧残块现存119片，自上而下分成14排，每排存甲片5～13片不等，叠压方式为横排由左向右叠压（每一块甲片的左缘叠压在其相邻左侧甲片的右缘外面），纵列自上而下叠压（上面甲片的下端压在其下面甲片的上端外面）。甲片为Ⅰ型蹄形甲片，上有7个编缀孔：上部居中1孔，左右两侧各纵列2孔，下端居中纵列2孔。单个甲片宽1.8、高2.3、厚0.2厘米。根据初步的研究结果，此有可能为铠甲的左侧背部并连接了左侧臑袖的一部分（图版六二，1）。

（2）1:T7③:2B，残长30、宽21.6、厚8厘米，重5.5千克。为多层甲片叠压在一起。从正面的情况看，残块大部为Ⅰ型蹄形甲片组成，现残存181片，由上到下共13排，每排存甲片4～20片不等，叠压方式为横排由左向右叠压（每一块甲片的右缘叠压在其相邻右侧甲片的左缘外面），纵列自上而下叠压（上面甲片的下端压在其下面甲片的上端外面）。Ⅰ型蹄形甲片的外侧，有长方形甲片连缀其上，可能与铠甲的修补有关。据初步推测，此残块可能为前身或近于左胸部位的残件（图版六二，2）。

（3）标本1:T7③:3B，残长24、宽23、厚0.6～2.5厘米，重1.15千克。残块

由三部分组成。中间一纵列由 7 片 XI 型蹄形甲片组成，叠压方式为自上而下叠压（上面一块的下端压在下面甲片的上端外面）。左侧和右侧部分均为 I 型蹄形甲片组成，现存 225 片，由上而下共 14 排。左侧叠压方式为横排由左向右叠压（每一块甲片的右缘叠压在其相邻右侧甲片的左缘外面），纵列自上而下叠压（上面甲片的下端压在其下面甲片的上端外面），右侧的叠压方式则与之相反。此种组合方式，推测为铠甲后面的局部（图版六二，3）。

（4）标本 1:T7③:4，残长 23、宽 24、厚 3 厘米，重 1.2 千克。从正面的情况看，残块由 I 型蹄形甲片、V 型蹄形甲片和 I 型椭圆形甲片组成。残块的上端右部为 I 型椭圆形甲片，仅存 1 排，共 9 片，叠压方式为自左向右叠压。单个甲片宽 1.7、高 2.3、厚 0.1 厘米。残块左部为 I 型蹄形甲片组成，自上而下存 13 个横排，叠压方式为自右而左叠压。V 型蹄形甲片分布于残块右部，自右向左共 8 排，每排最多存 13 片，叠压方式为自右向左叠压。此种组合方式，推测为铠甲右半身的残部（图版六二，4）。

（5）标本 1:T7③:5B，残长 22、宽 23、厚 3 厘米，重 1.1 千克。从正面的情况看，残块主要由 I 型蹄形甲片、V 型蹄形甲片和 I 型椭圆形甲片组成。残块右部为 I 型蹄形甲片组成，自上而下存 6 排，每排甲片最多 7 片，叠压方式为横向从右向左叠压，纵向自上而下叠压。此部分可能为铠甲的左半身的残部。残块左部分为 V 型蹄形甲片组成，与右部分相连，自左向右存 9 排，每排甲片最多 10 片，叠压方式为横向由左向右叠压，纵向自上而下叠压。此部分可能为铠甲箭袖的残部。I 型椭圆形甲片计有 6 片，其中 4 片残缺，形成一个横排，左侧 1 片被压在 V 型蹄形甲片之下（图版六三，1）。

（6）标本 1:T9③:6，残长 12、宽 18、厚 1~2 厘米，重 0.35 千克。残块正面由 I 型蹄形甲片组成，自上而下现存 9 排，每排最多存甲片 14 片，叠压方式横向由左向右叠压，纵向自上而下叠压。残块背面有两层甲片叠压在一起，形制与正面相同。推测此为铠甲的左半身的残部（图版六三，2）。

（7）标本 1:T9③:7，残长 16、宽 11、厚 4 厘米，重 0.6 千克。从正面看，残块中部由 XI 型蹄形甲片组成，现存 4 片，叠压方式为自上而下叠压。左、右部分自上而下为 I 型蹄形甲片 7 排，叠压方式纵向自上而下叠压，横向左部为由右向左叠压，右部则与之相反。推测此为铠甲后身中部残存。

背面除与正面一样的甲片外，还有 V 型蹄形甲片和一些形制难辨的甲片，自上而下存 7 排，叠压方式为横向由右向左叠压，纵向为自上而下叠压。推测此为铠甲左箭袖的残部（图版六三，3）。

（8）标本 1:T9③:8B，残长 22、宽 32、厚 7 厘米，重 2.35 千克。正面由三类甲片组成，即 I 型、V 型蹄形甲片与 XI 型方形甲片。上部由 I 型蹄形甲片组成，存 3

排，最下面一排存 15 片，叠压方式为纵向自上而下叠压，横向自右向左叠压。这部分可能为铠甲右半身的残部。

中部由 V 型蹄形甲片组成，仅存 2 排，上排存 9 片，均背面向上，顶端向下，上部压在 I 型蹄形甲片之下，左下部则压在下排下面。叠压方式为自左向右叠压。下排存 8 片，均正面向上，叠压方式为自左向右叠压。推测这部分可能是铠甲垂缘部即甲裙之残部。

下部由 I 型蹄形甲片与 XI 型方形甲片组成，XI 型方形甲片长 10 厘米，存横向一排，计 11 片，叠压方式为自右向左叠压，顶部下有背面向上的 3 排 I 型残片被叠压。推测这部分可能是甲裙的残块（图版六三，4）。

（9）标本 1:T9③:9，残长 12、宽 17、厚 1～2 厘米，重 0.35 千克。正面甲片由两类甲片组成。左下部由 I 型蹄形甲片组成，自上而下存 7 排，每排最多存 10 片，叠压方式为自左向右叠压，可能为铠甲左半身的残块。右上部为 V 型蹄形甲片组成，顶边向下，与 I 型蹄形甲片相连，自外向内存 5 列，每列最多存 6 片，叠压方式为自右向左叠压，推测可能为左边筩袖的残部。因 V 型蹄形甲片组成的部分在 I 型蹄形甲片相连组成的部分的右上侧，后者可能为铠甲前身左肋处的残部。背面与正面相连，为 I 型、V 型蹄形甲片组成，其中以 V 型蹄形甲片居多。I 型蹄形甲片仅存 2 排，叠压方式为自左向右叠压，V 型蹄形甲片存 8 排，每排最多存甲片 8 片，顶边向上，叠压方式与正面之 V 型蹄形甲片相同（图版六四，1）。

（10）标本 1:T9③:10，残长 20、残宽 26、厚 2.5 厘米，重 0.75 千克。正面由两部分组成。下部为 XI 型方形甲片组成的札甲残部，上部则为 V 型蹄形甲片与 XI 型方形甲片组成的鱼鳞甲残部。V 型蹄形甲片现存 3 排，自上而下第 1 排存 5 片甲片，叠压方式为自左向右叠压。第 2 排与第 3 排各存 3 片，叠压方式与自上而下第一排相同。在 V 型蹄形甲片的上面，露出 XI 型方形甲片，叠压方式为自左向右叠压。背面则是由 I 型蹄形甲片组成的铠甲右半身的残部。

（11）标本 1:T6③:11，残长 34、残宽 29、厚 7 厘米，重 3.4 千克。为多层残铠甲挤压在一起。从正面情况看，由三类甲片组成，即 I 型蹄形、V 型蹄形甲片和 XI 型方形甲片。上部为 I 型蹄形甲片组成，自上而下存 7 排，每排最多存 18 片甲片，叠压方式为自左向右叠压，应为铠甲的右半身的残部。最下面一排 I 型蹄形甲片已达残块的底部，自上而下第 6、7 排被 XI 型方形甲片的顶部叠压。XI 型方形甲片仅存 1 排，半数为完整甲片，甲片的上下两端均向后折曲。甲片上共有 12 孔，左右两侧上、中、下部各纵列 2 孔。V 型蹄形甲片与 XI 型方形甲片相接，现存 3 排，叠压方式为横向自左向右叠压，纵向自上而下叠压。I 型蹄形甲片、XI 型方形甲片组成的部分当为铠甲的右半身下部残块，V型蹄形甲片组成的部分应为与前者相连的侧身甲裙的残存（图版六四，2）。

（12）标本 1:T6③:12，残长 16、残宽 11、厚 3 厘米，重 0.4 千克。从正面情况看，残块由两类甲片组成：一类为Ⅰ型蹄形甲片，一类为Ⅺ型方形甲片。Ⅺ型方形甲片现存 5 片，叠压方式为自右向左叠压。Ⅰ型蹄形甲片下部被Ⅺ型方形甲片叠压，存甲片 8 片，叠压方式为横向自右向左叠压，纵向自上而下叠压。此为铠甲的右半身的残部。背面则由Ⅰ型与Ⅴ型蹄形甲片组成。Ⅴ型蹄形甲片位于上部，现存 6 排，每排最多存 7 片甲片，叠压方式为横向自右向左叠压，应属铠甲的左半身的残部。下部为Ⅰ型蹄形甲片组成，现存 5 排，叠压方式为自右向左叠压。应为一残左侧箭袖。由于残箭袖位于Ⅰ型甲片上部，所以推测该残块应为左肋局部。

（13）标本 1:T6③:13，残长 33、残宽 18 厘米，重 3.5 千克。从正面情况看，残块由三类甲片组成。上部为Ⅰ型蹄形甲片组成，自上而下现存 5 排，每排存甲片 2～10 片，叠压方式为横向由左向右叠压。此为铠甲左半身的残部。中部为一排Ⅺ型方形甲片，现存 12 片，叠压方式为自右向左叠压。其上部被最下一排Ⅰ型蹄形甲片叠压。此为铠甲左半身的底部残块。残块左下角为Ⅴ型蹄形甲片，残存 3 排，叠压方式为自左向右叠压。此属铠甲裙之残部。

（14）标本 1:T6③:14，残长 16、宽 11、厚 4 厘米，重 0.6 千克。从正面情况看，残块由两类甲片组成，一类为Ⅰ型蹄形甲片，一类为Ⅹ型蹄形甲片。残块左部由Ⅰ型蹄形甲片组成，自上而下存 5 排，每排存甲片 1～3 片不等，叠压方式横向为自右向左叠压，纵向为自上而下叠压。右部由Ⅲ型蹄形甲片组成，自上而下存 3 排。推测此为铠甲前胸中部残块。

（15）标本 1:T8③:15，锈蚀严重。残长 16、宽 16.5、厚 1 厘米，重 0.35 千克。从正面情况看，残块由Ⅰ型蹄形甲片组成。推测为铠甲左半身的残部。

（16）标本 1:T8③:16，残长 18、宽 13、厚 1.5 厘米，重 0.4 千克。从正面情况看，残块由Ⅰ型蹄形甲片组成，自上而下存 8 排，叠压方式横向为从左向右叠压，纵向为自上而下叠压。推测此残块为铠甲左半身的残部。

（17）标本 1:T8③:17，残长 23、宽 23、厚 3 厘米，重 1.05 千克。从正面情况看，残块由两类甲片组成，一类为Ⅰ型蹄形甲片，一类为Ⅰ型椭圆形甲片。残块左部由Ⅰ型椭圆形甲片组成，现存纵向 7 列，叠压方式横向为从左向右叠压，纵向为自上而下叠压。右部为Ⅰ型蹄形甲片组成，自上而下存 4 排，叠压方式横向为从左向右叠压，纵向为自上而下叠压。推测此为铠甲左半身的残部。

（18）标本 1:T7③:18B，残长 14、宽 12、厚 4 厘米，重 0.45 千克。从正面情况看，残块由Ⅰ型蹄形甲片和Ⅰ型椭圆形甲片组成。残块左部由Ⅰ型蹄形甲片组成，自上而下存 4 排，叠压方式横向为从左向右叠压，纵向为自上而下叠压。右部残存Ⅰ型椭圆形甲片。推测此为铠甲左半身的残部。

（19）标本 1：T12③：19，残长 9、残宽 10、厚 2 厘米，重 0.2 千克。从正面看，残块由Ⅰ型蹄形甲片和Ⅰ型椭圆形甲片组成。正面左部由Ⅰ型蹄形甲片组成，自上而下存 5 排，叠压方式横向为从左向右叠压，纵向为从上向下叠压。正面右部有Ⅰ型椭圆形甲片残存。推测此为铠甲左半身的残部。

（20）标本 1：T7③：20，长 12、宽 25、厚 1.5 厘米，重 0.2 千克。从正面情况看，残块由Ⅺ型方形甲片组成。现存横向一排，存甲片 9 片。叠压方式为从左向右叠压。推测为铠甲左半身的残部（图版六四，3）。

（21）标本 1：T7③：21，残长 14、宽 10、厚 2.5 厘米，重 0.35 千克。从正面情况看，由Ⅰ型蹄形甲片组成。横排存 4 排，每排最多存 9 片。叠压方式为横向由右向左叠压，纵列由上向下叠压。推测此残块为铠甲右半身的残部（图版六四，4）。

（22）标本 1：T12③：22，残长 13、残宽 15、厚 1.5 厘米，重 0.55 千克。正面由Ⅰ型蹄形甲片组成，自上而下现存 6 排，叠压方式横向为从左向右叠压，纵向为自上而下叠压。顶端有Ⅺ型方形甲片一排。背面由Ⅰ型椭圆形甲片组成。推测为铠甲左半身的残部。

（23）标本 1：T12③：23，残长 12、宽 18、厚 1~2 厘米，重 0.35 千克。从正面情况看，残块由Ⅰ型蹄形甲片组成，自上而下存 7 排，每排最多存甲片 12 片，叠压方式为横向自左向右叠压，纵向为自上而下叠压。推测为铠甲左半身的残部。

（24）标本 1：T12③：24，残长 25、残宽 22、厚 3 厘米，重 2.5 千克。从正面情况看，残块由两种甲片组成，一类为方形甲片，另一类为长方形甲片。上端两排为方形甲片，每排最多存甲片 9 片，叠压方式为横向从左向右叠压，纵向为自上而下叠压。下端一排为长方形甲片，存 5 片，叠压方式为从右向左叠压，其上端叠压在方形甲片下面。推测为铠甲左半身的残部。

（25）标本 1：T12③：25，残长 34、宽 29、厚 7 厘米，重 3.4 千克。从正面情况看，残块由Ⅰ型蹄形甲片组成。叠压方式为横向从左向右叠压，纵向为自上而下叠压。推测此为铠甲左半身的残部。

（26）标本 1：T12③：26，残长 13、残宽 33、厚 5 厘米，重 3.25 千克。从正面看，残块由Ⅰ型椭圆形甲片组成，自上而下现存 7 排，每排最多存甲片 13 片。叠压方式是横向自左向右叠压，纵向为自上而下叠压。推测为铠甲左半身的残部。

11. 斧　5 件。双面刃。分五型。

Ⅰ型：1 件（7：T5③：7），背部长方形，刃部外拱，两角向外延长，背部平整，斧身中部有一长方形銎，銎内有腐朽的木柄痕迹。长 13 厘米，背宽 3.6、厚 2.5 厘米，刃宽 9 厘米，銎长 3、宽 1 厘米（图版六五，1）。

Ⅱ型：1件（5:T1③:32），背部略呈上大下小的梯形，弧肩，弧形刃。背部有一长方形銎，背与刃部交界处已断裂。长 12.6 厘米，背宽 4.6、厚 3.2 厘米，刃宽 8.8 厘米，銎长 3.3、宽 2.2 厘米（图六四，1；图版六五，2）。

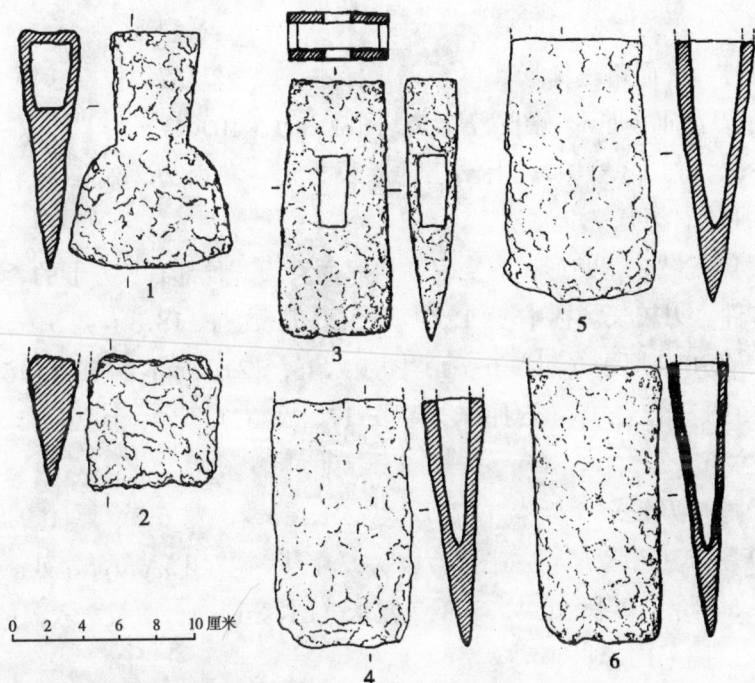

图六四 武库遗址出土铁斧、锛

1.Ⅱ型斧（5:T1③:32） 2.Ⅲ型斧（6:T3③:2） 3.Ⅴ型斧（7:T8③:5C） 4.Ⅰ型锛（7:T7③:6） 5.Ⅰ型锛（7:T6③:2B） 6.Ⅰ型锛（4:T22③:4）

Ⅲ型：1件（6:T3③:2），背部已残。长方形，刃部两侧垂直无弧度。长 7、宽 7.1、厚 2.6 厘米（图六四，2；图版六五，3）。

Ⅳ型：1件（7:T7③:5），平面长方形，空首，平刃，中部有一长方形銎。长 14.7 厘米，背宽 6.5、厚 3.5 厘米，刃宽 6.7 厘米，銎长 3.4、宽 1 厘米（图版六五，5）。

Ⅴ型：1件（7:T8③:5C），平面长方形，空首，平刃，中部有一长方形銎，与銎垂直方向有一横穿。长 13.4 厘米，背宽 5.2、厚 3 厘米，刃宽 5.9 厘米，銎长 3.8、宽 1.5 厘米，穿长 3.7、宽 1.5 厘米（图六四，3；图版六五，6）。

12．锛 7件。分三型。

Ⅰ型：4件。平面近长方形，空首，单面刃微弧。标本 7：T7③：6，一面光平。长 13.2 厘米，背宽 7.4、厚 3.4 厘米，刃宽 7 厘米，銎长 5.3、宽 1.8 厘米（图六四，4；图版六五，7）。标本 7：T6③：2B，长 14 厘米，背宽 7、厚 4.3 厘米，刃宽 8.2 厘米，銎长 5.2、宽 2.9 厘米（图六四，5；图版六五，8）。标本 4：T22③：4，刃部残。长 14.5 厘米，背宽 7.2、厚 3.4 厘米，刃宽 6.4 厘米，銎长 6、宽 2.3 厘米（图六四，6；图版六五，9）。

Ⅱ型：2件。平面略呈梯形，单面刃。标本 5：T2③：32，长 9.3 厘米，背宽 3、厚 0.3 厘米，刃宽 4.2 厘米（图六五，7；图版六五，10）。

Ⅲ型：1件（7：T8③：9），上端已残。长方形，单面刃。残长 8.4 厘米，背宽 7.4、厚 2.4 厘米，刃宽 7.9 厘米。

13．舌 4件。"一"字形，器身扁平，双面直刃，顶部有长方形的銎。分二型。

Ⅰ型：2件。刃较长。标本 5：T2③：11，刃部残。长 18.8、宽 5.6、厚 2 厘米，銎残长 17.2、宽 0.8 厘米（图六五，1；图版六五，12）。标本 5：T2③：15，首部有一圆形小孔。长 18、宽 5、厚 1.5 厘米，銎长 17、宽 0.7 厘米，孔径 0.5 厘米（图六五，2；图版六五，13）。

Ⅱ型：2件。刃较短。标本 1：T2③：7，长 13.4、宽 6.3、厚 1.9 厘米，銎长 12.6、宽 0.9 厘米（图六五，3；图版六六，2）。标本 7：T5A③：5，残。残长 12.5、宽 6.5、厚 2.5 厘米，銎长 11.7、宽 1.7 厘米（图六五，4；图版六六，1）。

14．铲 2件。分二型。

Ⅰ型：1件（4：T2③：17），镈形，空首，圆肩，首部较长。刃部残。长 10.2、残宽 8.9、首部宽 5.6、厚 2.6 厘米，銎长 4.4、宽 1.9 厘米（图六五，6；图版六六，4）。

Ⅱ型：1件（5：T1③：31），残。镈形，空首，圆肩，首部较短。长 9.6、首部宽 4.5、厚 3 厘米，刃部宽 10.2 厘米，銎长 3.3、宽 2 厘米（图六五，5；图版六六，3）。

15．铲形器 1件（5：T3③：29），形体较小，器身扁平，斜肩，刃部略呈弧形。长 7.8、刃宽 5.6 厘米（图六五，8；图版六五，4）。

16．凿 3件。分二型。

Ⅰ型：2件。长条形，断面长方形，空首，下部有窄刃。标本 5：T1③：34，长 18.5 厘米，首部宽 2.7、厚 2.7 厘米，刃宽 0.7 厘米（图版六六，8）。

Ⅱ型：1件（5：T2③：20），顶端为椭圆形帽，断面长方形，下部有刃。长 6.5、后部宽 1.7、厚 1.3 厘米，帽径 2.3 厘米，刃部宽 2.1 厘米（图版六五，11）。

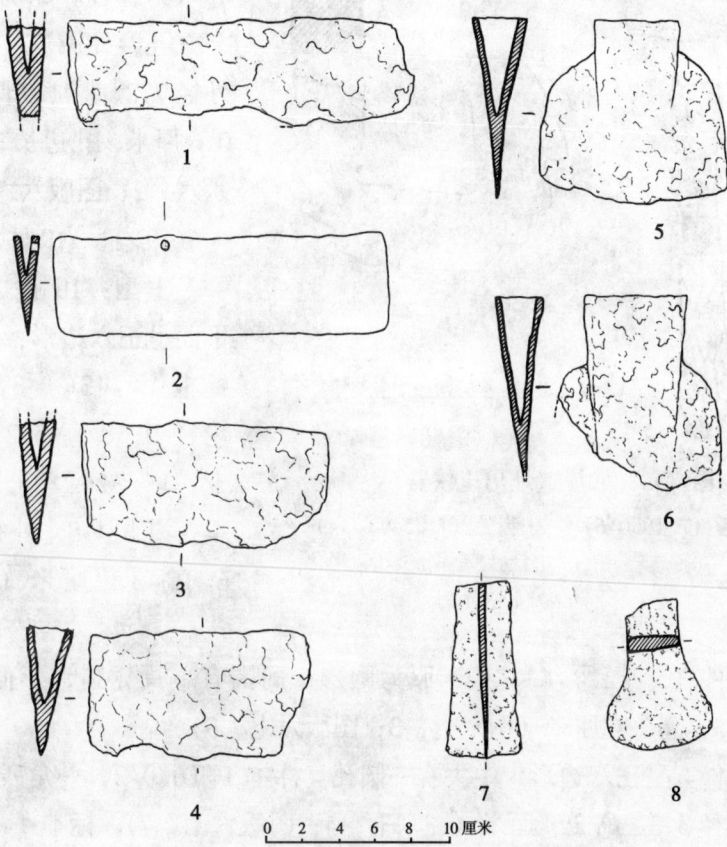

图六五　武库遗址出土铁器

1.Ⅰ型臿（5:T2③:11）　2.Ⅰ型臿（5:T2③:15）　3.Ⅱ型臿（1:T2③:7）
4.Ⅱ型臿（7:T5A③:5）　5.Ⅱ型铲（5:T1③:31）　6.Ⅰ型铲（4:T2③:
17）　7.Ⅱ型锛（5:T2③:32）　8.铲形器（5:T3③:29）

17. 锤　3件。分二型。

Ⅰ型：2件。形似腰鼓，作长方形銎以安木柄。标本5:T1③:40，锤宽10.8厘
米，两端径4.1、中腰径5厘米，銎长2.1、宽1.1厘米（图版六六，6）。标本5:T2
③:14，残宽10.1厘米，两端径4.3、中腰径5.3厘米，銎长3、宽1.6厘米（图版
六六，5）。

Ⅱ型：1件（7:T9③:6），形似短柱，断面近方形，后接铁柄，断面近方形。锤
长4.7、宽2.2、厚2.1厘米，柄残长10.7、宽1.3、厚1.1厘米（图六六，1；图版
六六，7）。

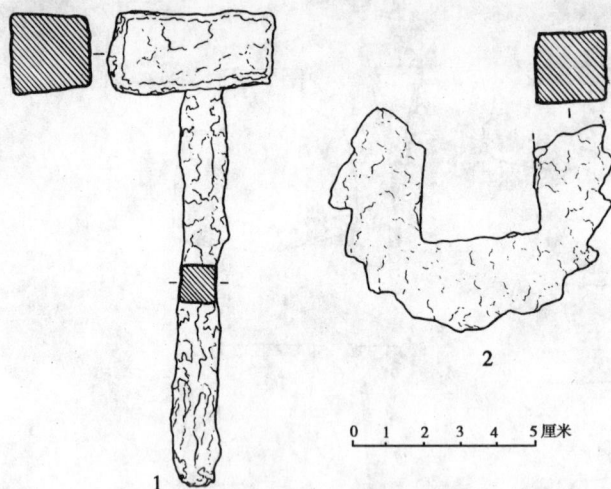

图六六　武库遗址出土铁器
1. Ⅱ型锤（7：T9③：6）　2. 齿轮（7：T5A③：14）

18．齿轮　1件（7：T5A③：14），残。原为圆形，内有一方孔，外圈有一圈锯齿。残外径7.8、厚1.9厘米，锯齿高0.6厘米，孔边长3.3厘米（图六六，2；图版六六，9）。

19．箍　19件。分四型。

Ⅰ型：10件。大小不等。平面呈正六边形，内有圆形孔。标本1：T13③：3，外径12.6、内径9.4、高5.2厘米（图六七，1；图版六七，1、2）。标本5：T2③：8，外径7.8、内径6、高3.5厘米（图六七，2；图版六七，3）。

图版六七，3）。

Ⅱ型：1件（5：T2③：6），残，原为圆形，周围有一周锯齿，形似齿轮。外径5.5、内径3.3、高2.6厘米（图六七，3；图版六七，9）。

Ⅲ型：5件。呈正八边形，中央有一圆孔。标本1：T6③：2，一角残，形似七边，外径5.4、内径3.3、高2.4厘米（图六七，4；图版六七，7）。标本4：T1③：8B，外径5.2、内径3.2、高2.3厘米（图六七，5；图版六七，8）。

Ⅳ型：3件。近长方形。由扁平长条弯曲成三边，最后一条边用断面方形的铁条连接而成。标本5：T3③：20，长9、宽5.4厘米（图六七，6；图版六八，6）。标本5：T2③：49，长10.7、宽8厘米（图六七，7；图版六八，5）。标本4：T1③：8C，残。残长13、残宽9.5厘米（图版六八，4）。

20．镳　1件（5：T2③：51），略作"S"形，两端似桨叶，中有二横穿孔。长20.5厘米（图六八，1；图版六七，4）。

21．门轴　3件。分二型。

Ⅰ型：2件。圆筒形，直壁，平底。标本1：T2③：6，直径8.3、高7.5、壁厚0.9厘米（图六八，2；图版六八，1）。标本7：T9③：7，上部稍残。直径9、高8厘米，壁厚1.1厘米（图六八，3；图版六八，2）。

Ⅱ型：1件（6：T3③：3），平面略呈"工"字形。中央有一圆形臼窝。长5.2、宽4.5、高2.3厘米，臼窝直径2.9、深1.7厘米（图六八，4；图版六八，3）。

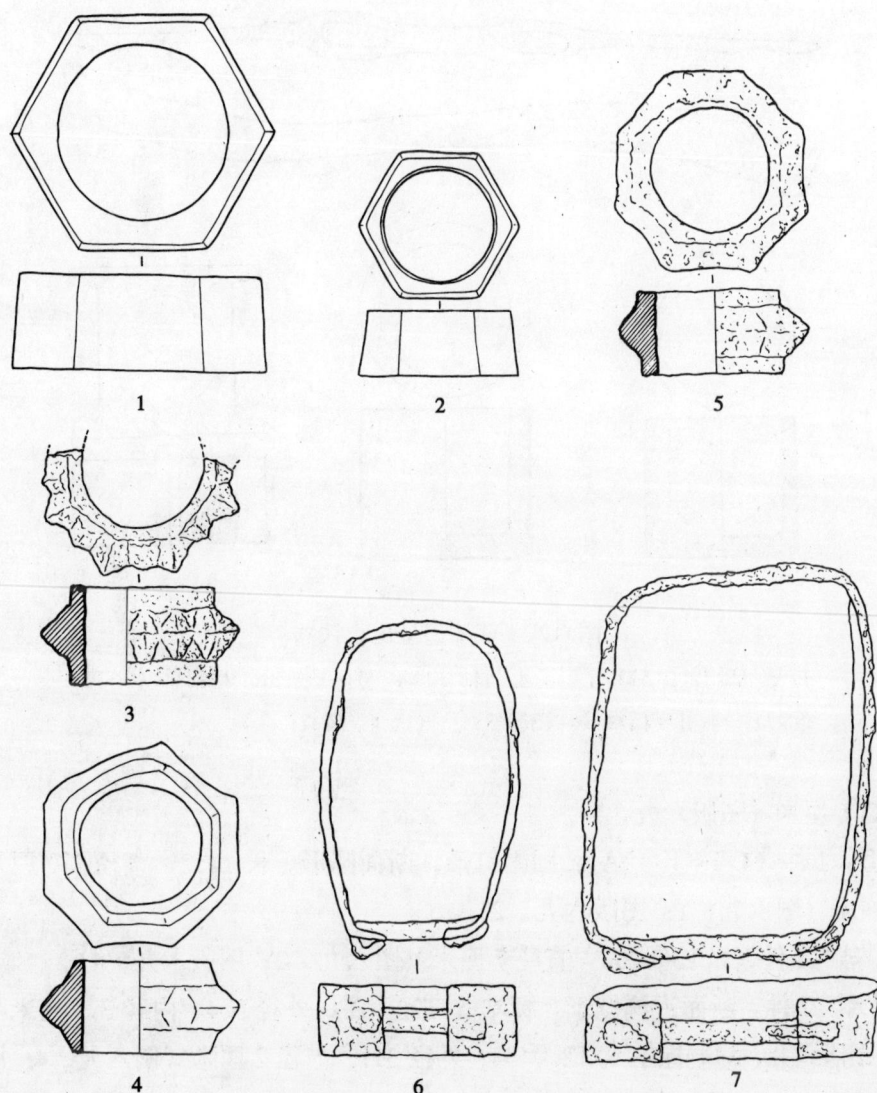

图六七　武库遗址出土铁箍

1．Ⅰ型（1：T13③：3）　2．Ⅰ型（5：T2③：8）　3．Ⅱ型（5：T2③：6）
4．Ⅲ型（1：T6③：2）　5．Ⅲ型（4：T1③：8B）　6．Ⅳ型（5：T3③：20）
7．Ⅳ型（5：T2③：49）（1、2为1/4；余为1/2）

22．铳　3件。分二型。

Ⅰ型：2件。断面圆形，中部稍粗，略呈纺锤形。一端平整，一端圆尖。标本7：
T9③：8，长12.65、最大径1.85厘米（图版六九，3）。标本7：T9③：104，长18.4、

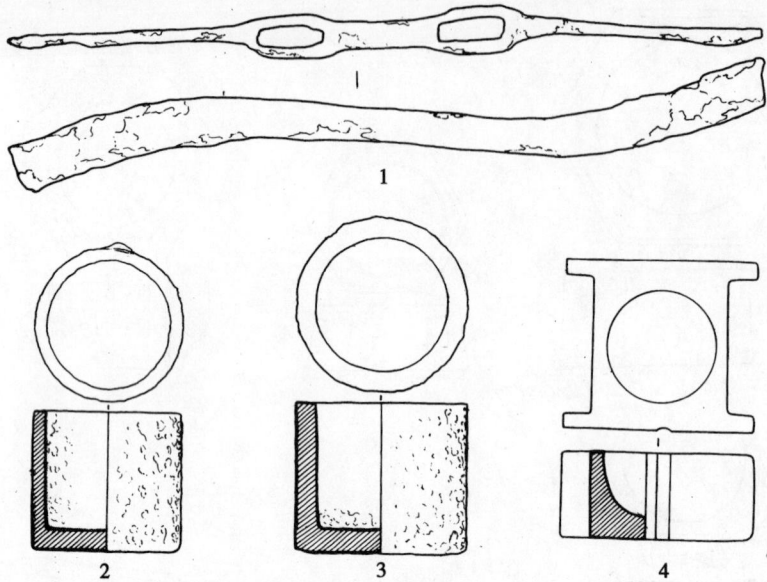

图六八　武库遗址出土铁器

1.镰（5:T2③:51）　2.Ⅰ型门轴（1:T2③:6）　3.Ⅰ型门轴（7:T9

③:7）　4.Ⅱ型门轴（6:T3③:3）　（1、4为1/2；余为1/4）

最大径2.6厘米（图版六九，1）。

　　Ⅱ型：1件（4:T4③:10A），圆帽钉形，断面圆形。长14.2、直径2.2厘米，帽径2.8厘米（图六九，1；图版六九，2）。

　　23.球　1件（1:T3③:6），直径7厘米（图六九，2；图版六九，4）。

　　24.环　7件。断面近椭圆形。标本5:T2③:27，外径5.4、内径3.3厘米（图六九，3；图版六九，5）。标本5:T2③:33，外径3.1、内径2厘米（图六九，4；图版六九，6）。标本7:T5A③:15，外径2.6、内径1.2厘米（图六九，5；图版六九，7）。

　　25.钩　1件（1:T1③:16），残。一端作钩状，一端弯曲成环形，断面呈方形。长3、径0.5厘米。

　　26.U形器　1件（7:T7③:37），器似"U"字形，两上端作圆环，背面出二短矩。长5.6、宽6厘米（图六九，6；图版六九，8）。

　　27."卜"字形器　1件（4:T1③:24），器似"卜"字形。长10.7、宽4.3厘米（图六九，7；图版六七，6）。

　　28.棍形器　1件（1:T4③:9A），长条形，两端各卷曲成环形。长47.5、宽1.1、厚0.6厘米（图版七〇，1）。

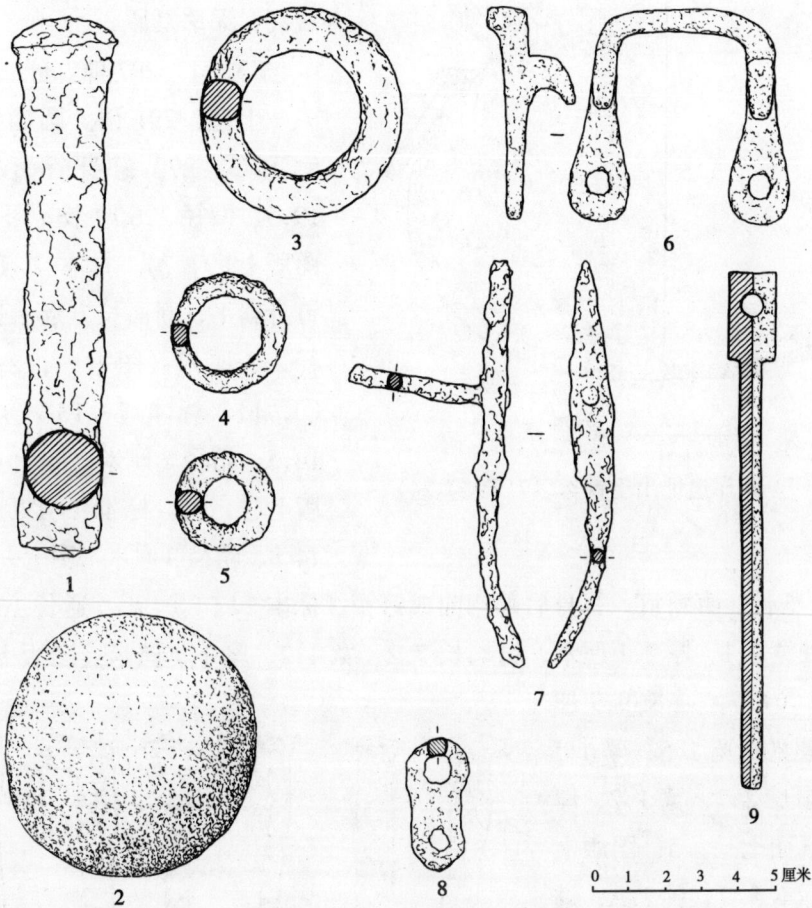

图六九 武库遗址出土铁器

1.Ⅱ型铳（4：T4③：10A） 2.球（1：T3③：6） 3.环（5：T2③：27）
4.环（5：T2③：33） 5.环（7：T5A③：15） 6.U形器（7：T7③：37）
7."卜"字形器（4：T1③：24） 8.双孔器（2：T1③：5） 9.长条形带孔器
（4：T3③：23）

29. 长条形带孔器 1件（4：T3③：23），长条形，顶端较粗，中央有一圆形孔。长13.6、孔径0.6厘米（图六九，9；图版六七，5）。

30. 双孔器 1件（2：T1③：5），形状近似椭圆形，两端各有一个环状孔。长3.5、孔径0.6~0.7厘米（图六九，8；图版六七，10）。

31. 釜 1件（7：T9③：24），侈口，折沿，圆肩，鼓腹，圜底。肩部有铺首衔环耳一对。口径26.2、腹径30.6、高22.9厘米（图七〇；图版六九，9）。

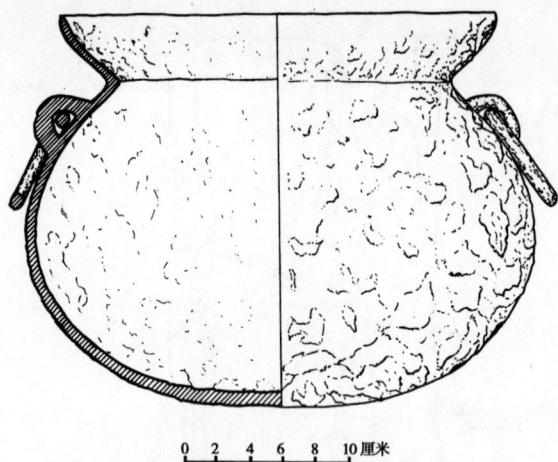

图七〇 武库遗址出土铁釜 (7:T9③:24)

32. 锅 1件 (5:T1③:43)，残甚，无法复原。

33. 钉 297件。分二型。

Ⅰ型：291件。圆帽钉。标本 5:T3③:27，钉身断面方形。长 19.5、帽径2.6厘米（图七一，1；图版七〇，2）。标本 7:T6③:35，钉身扁平，断面长方形。长 12、帽径2.3厘米（图七一，2；图版七〇，4）。标本 7:T5A③:35，长 14.5、帽径2厘米（图七一，3；图版七〇，3）。标本 1:T2③:10，长 14.8、帽径3厘米（图七一，4）。

Ⅱ型：6件。直角钉。钉身后部弯曲成钉帽。标本 1:T4③:9B，通长 16.3 厘米，钉身最宽处宽2.1、厚2.1厘米，钉帽长7.2、宽1.2、厚1.1厘米（图版七〇，5）。标本 5:T1③:27，通长 9.9 厘米，钉身最宽处宽1.5、厚1.5厘米，钉帽长2.7、宽1.2、厚1.2厘米（图七一，5；图版七〇，6）。标本 5:T1③:27A，通长 9.6 厘米，钉身最宽处宽1.1、厚1.3厘米，钉帽长3.5、宽1.3、厚1.3厘米（图版七〇，7）。标本 5:T1③:27B，通长 8 厘米，钉身最宽处宽1.4、厚1.1厘米，钉帽长3.2、宽1.1、厚1厘米（图七一，6；图版七〇，8）。

34. 铜镞范 1件 (4:T1③:4A)，残长6.15、宽4、厚2厘米，一面有铁范槽，槽长3.5、宽0.4厘米（图七二，1；图版

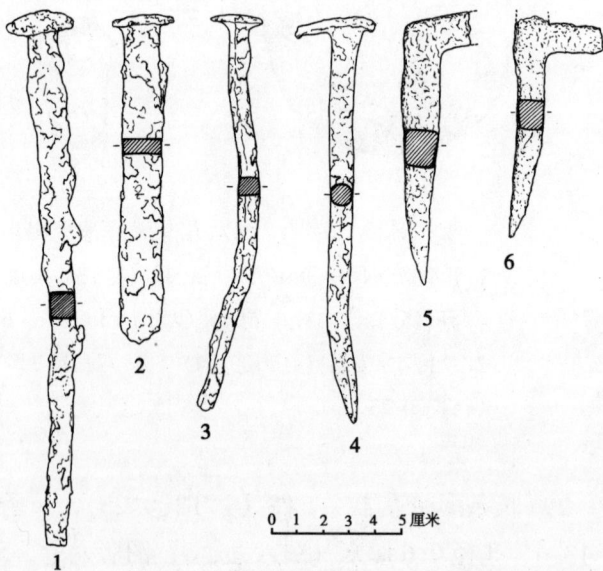

图七一 武库遗址出土铁钉

1. Ⅰ型 (5:T3③:27)　　2. Ⅰ型 (7:T6③:35)
3. Ⅰ型 (7:T5A③:35)　　4. Ⅰ型 (1:T2③:10)
5. Ⅱ型 (5:T1③:27)　　6. Ⅱ型 (5:T1③:27B)

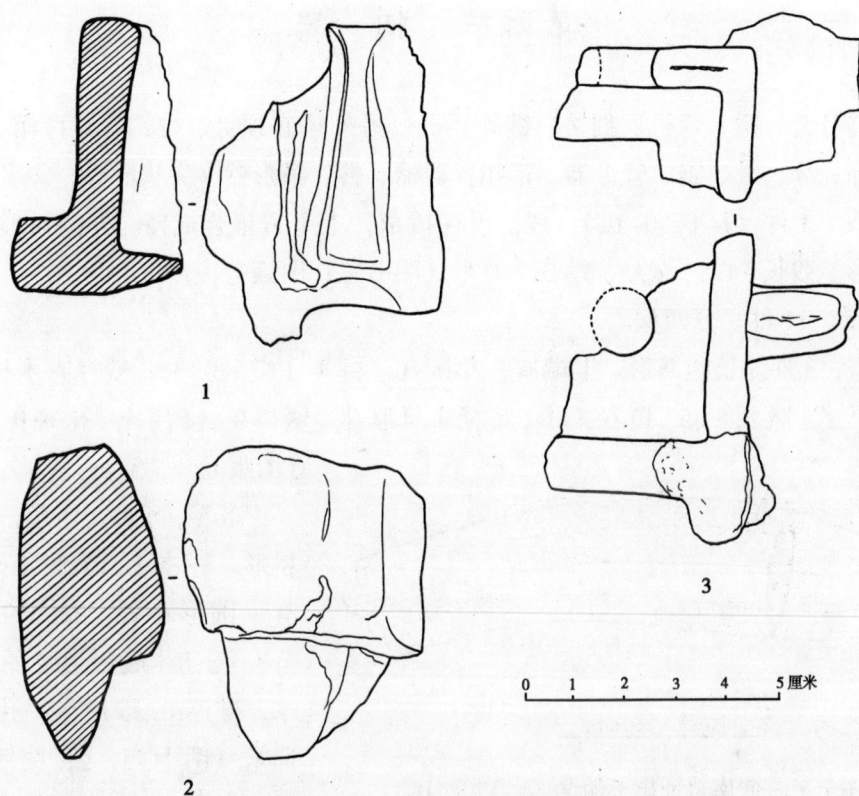

图七二　武库遗址出土铁范

1. 铜镞范（4:T1③:4A）　2. 铁镞范（4:T1③:4B）
3. 方形槽范（4:T1③:4F）

七〇，9）。

35. 铁镞范　1件（4:T1③:4B），残长5.9、宽3、厚3厘米（图七二，2；图版七〇，12）。

36. 铁塞子范　1件（4:T1③:4C），残长3、厚1.8厘米（图版七〇，14）。

37. 圆形槽范　1件（4:T2③:4D），残，残长5、宽4、厚2.5厘米（图版七〇，13）。

38. 方形槽范　2件。均为残块。标本4:T1③:4E，直径4.5、厚3厘米，槽宽4、深3厘米（图版七〇，10）。标本4:T1③:4F，长5.9、厚3厘米，槽宽6、深2.5厘米（图七二，3；图版七〇，11）。

第四节　铜　器

铜器有戈、镦、弩机、剑格、镞等兵器，另外还有顶针、带钩、盖弓帽、挂钩、球、车饰、环、管、釜、管形器、带扣、器柄、铃、箍形器、尖状器等。

1. 戈　1件（1:T7③:1C），残，仅存援部，上下刃聚合成锋。外援弧形，内援亦作弧形。残长14.5、宽3、厚0.7厘米（图七三；图版七一，1）。

2. 镦　11件。分四型。

Ⅰ型：3件。长圆筒形。上端有一小圆孔。标本1:T5③:31，残存有木秘痕迹，秘长7厘米。镦长8.5、口径3.6、底径3.4厘米，壁厚0.15厘米，孔径0.2厘米（图版七一，3）。

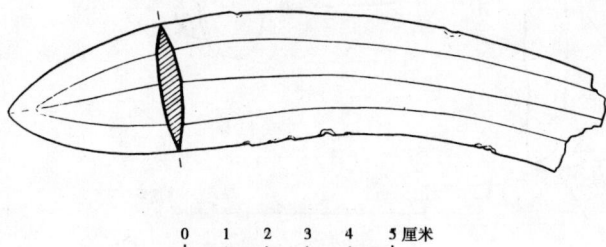

图七三　武库遗址出土铜戈（1:T7③:1C）

Ⅱ型：4件。筒形，断面呈桃形。标本1:T7③:1D，上部有一圆形小孔。长5.9、口径3.3～3.8、底径3.2～3.6厘米，壁厚0.25厘米，孔径0.3厘米（图七四，2；图版七一，2）。标本5:T2③:24，长5.5、口径3.4～3.6、底径3.5厘米，壁厚0.2厘米，孔径0.25厘米（图七四，1；图版七一，4）。

Ⅲ型：2件。较短圆筒形。标本5:T3③:1B，长3.8、口径2.7、底径2.6厘米，壁厚0.15厘米（图七四，3；图版七一，7）。标本1:T13③:2A，长5.1、口径2.7、底径2.6厘米，壁厚0.15厘米（图版七一，6）。

Ⅳ型：2件。形体较小，

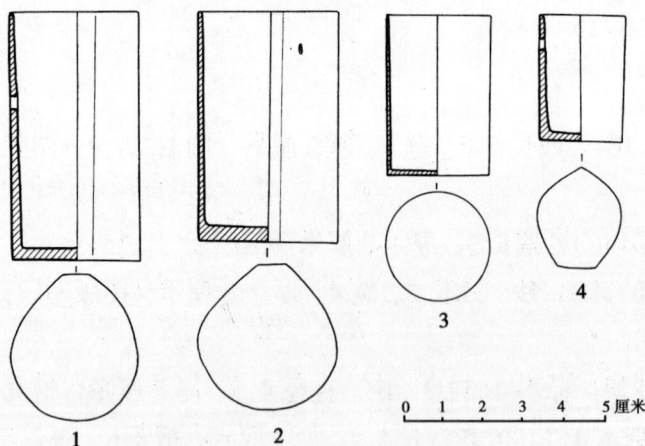

图七四　武库遗址出土铜镦

1. Ⅱ型（5:T2③:24）　2. Ⅱ型（1:T7③:1D）

3. Ⅲ型（5:T3③:1B）　4. Ⅳ型（1:T5③:32）

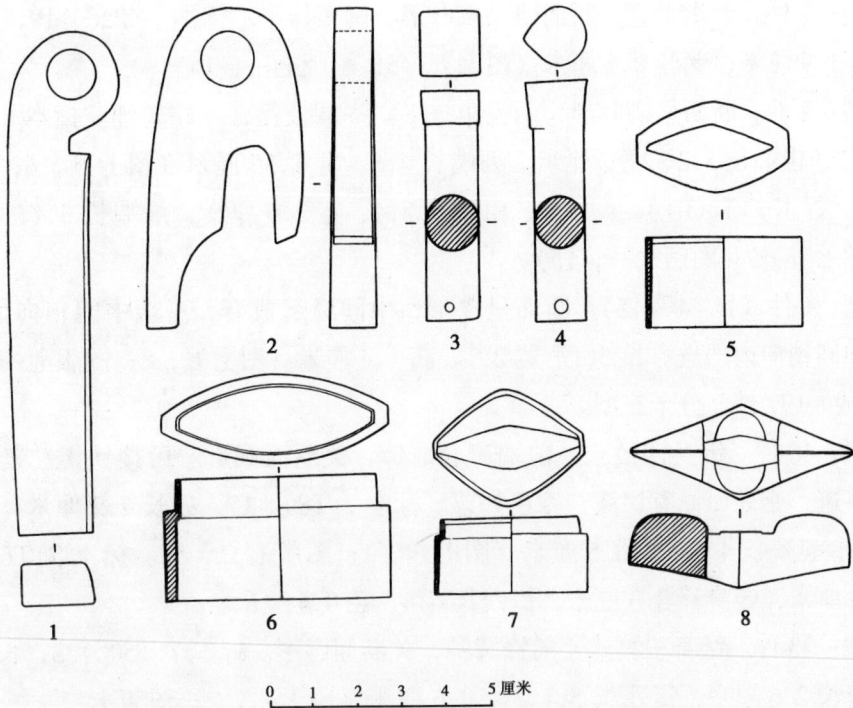

图七五 武库遗址出土铜弩机零件、剑格

1. 弩机悬刀（4：T4③：6A） 2. 弩机牙（1：T21③：2） 3. 弩机栓塞（5：T3③：
18） 4. 弩机栓塞（5：T2③：18） 5. Ⅰ型剑格（1：T2③：19） 6. Ⅱ型剑格（6：
T3③：4） 7. Ⅱ型剑格（1：T4③：4） 8. Ⅲ型剑格（1：T4③：5）

筒形，断面呈五边形。上部有一圆形小孔。标本1：T5③：32，长3、口径2.2～2.5、底径2.1～2.4厘米，壁厚0.2、孔径0.15厘米（图七四，4；图版七一，5）。

3. 弩机 6件。均为配件：悬刀1件、弩机牙2件、栓塞3件。标本4：T4③：6A，为悬刀。器身长条形，上端圆形，有销孔。长11厘米，最宽处宽2、厚1厘米，销孔径1厘米（图七五，1；图版七一，8）。标本1：T21③：2，为弩机牙。平面呈椭圆形，长径7.1、短径3.5、厚1.1厘米（图七五，2；图版七一，9）。标本5：T3③：18，为弩机栓塞。圆柱体，上有方形帽。通长5厘米，帽边长1.4、厚0.7厘米（图七五，3；图版七一，10）。标本4：T1③：21，为栓塞。一端有销孔。通长4厘米，帽边长1、厚0.5厘米（图版七一，11）。标本5：T2③：18，为栓塞。圆柱形。一端略大，有心形帽；另一端有销孔。通长5.3、径1.1厘米，帽径1.3～1.4、厚1厘米（图七五，4；图版七三，14）。

4. 剑格 5件。素面。分三型。

Ⅰ型：2件。两端平直，断面略呈柳叶形，两角抹平。标本 1：T2③:19，长 3.6、宽 2、高 1.9 厘米，壁厚 0.2 厘米（图七五，5；图版七一，14）。

Ⅱ型：2件。断面呈柳叶形，两锐角抹平。一端较粗，一端较细。标本 6：T3③:4，高 2.7、粗端长 5.2、宽 2 厘米，细端长 4.6、宽 1.55 厘米（图七五，6；图版七一，12）。标本 1：T4③:4，高 1.6、粗端长 3.4、宽 2.6 厘米，细端长 3.1、宽 2.15 厘米（图七五，7；图版七一，15）。

Ⅲ型：1件（1：T4③:5），断面呈菱形，中间隆起成脊，一端中间稍向前凸出，另一端中间稍向内凹进。长 5.1、宽 2.1、高 1.4 厘米（图七五，8；图版七一，13）。

5. 镞 197件。分十三型。

Ⅰ型：66件。镞身四棱式，前端聚合成锋，关断面圆形。后接铁铤。铤外面有木橐的痕迹，橐表面原有髹漆，漆色如栗。标本 7：T8③:17，残长 7.2 厘米，镞身长 2.5 厘米，铤残长 4.7、径 0.5 厘米（图七六，1；图版七二，5）。标本 7：T6③:10，通长 9.1 厘米，镞身长 2.3 厘米，铤残长 6.8、径 0.4 厘米。

Ⅱ型：33件。镞身三翼式，前锋圆钝，关断面圆形。标本 7：T5③:23，长 7.7 厘米，镞身长 2.6 厘米，铤残长 5.1、径 0.6 厘米（图七六，2；图版七二，4）。标本 7：T5③:27，长 37.5 厘米，镞身长 3.5、铤长 34 厘米（图版七二，7）。

Ⅲ型：10件。镞身三棱形，外缘作刃，向前聚合成锋，关断面圆形。后接铁铤。标本 7：T6③:11，通长 5.3 厘米，镞身长 5.1 厘米，铤残长 0.2、径 0.6 厘米（图七六，3）。

Ⅳ型：5件。镞身三棱形，外缘作刃，向前聚合成锋。镞身的一面中部有一三角形的浅槽。关断面圆形。后接铁铤。标本 5：T1③:9，通长 13.1 厘米，镞身长 5.1 厘米，铤残长 8、径 0.6 厘米（图版七二，1）。

Ⅴ型：8件。镞身三翼式，前锋尖锐，后端呈倒刺形，关断面圆形。镞身每面有一线形浅槽。标本 7：T9③:13，镞身长 4.2 厘米（图七六，4；图版七三，1）。

Ⅵ型：1件（7：T9③:14），镞身三翼式，后端镂空。镞身每面两翼之间有一三角形的镂孔。关断面圆形。镞身长 4.4 厘米（图七六，5；图版七三，2）。

Ⅶ型：45件。镞身三棱形，向前聚合成锋，前锋尖锐。关断面六边形。后接铁铤。标本 4：T1③:12，长 4.1 厘米（图七六，7）。标本 7：T8③:13，长 10.6 厘米，镞身长 4.3 厘米，铤残长 6.3、径 0.7 厘米（图七六，8；图版七二，2）。标本 5：T3③:8，长 20.6 厘米，镞身长 3 厘米，铤长 17.6、径 0.7 厘米（图版七二，10）。标本 7：T9③:17A，长 6.9 厘米，镞身长 2.9 厘米，铤残长 4、径 0.7 厘米（图版七二，6）。

Ⅷ型：3件。镞身三棱形，向前聚合成锋，前锋圆钝。镞身每面有一等腰三角形

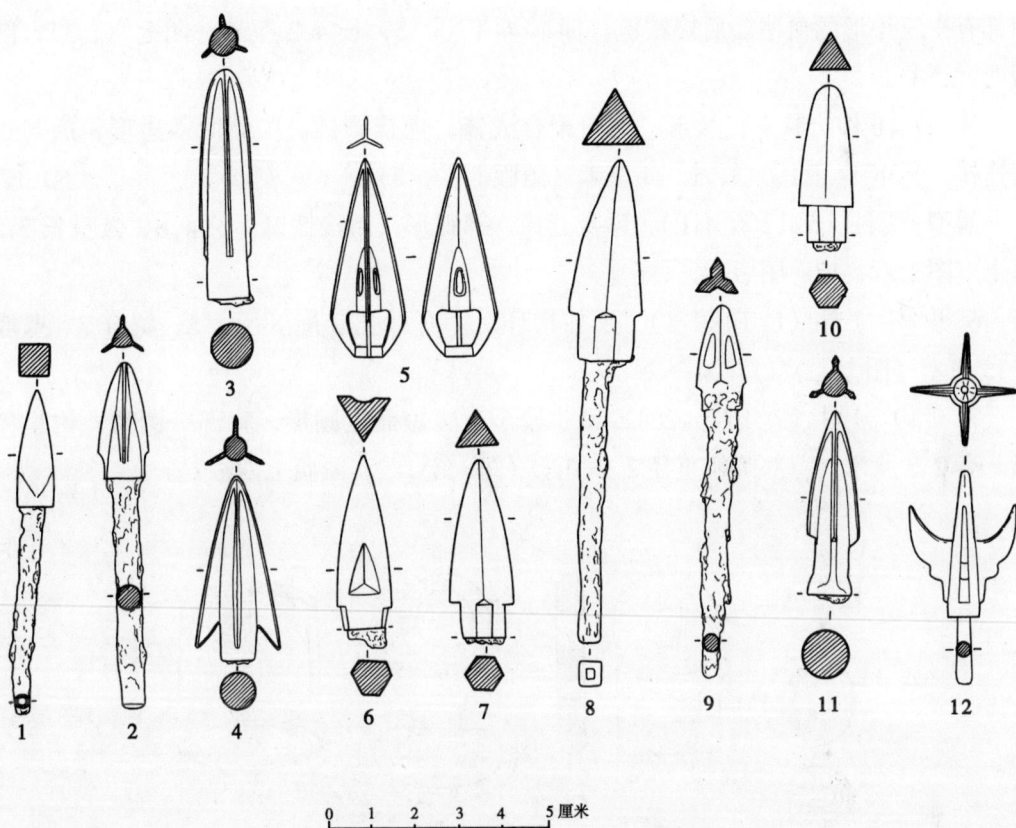

图七六　武库遗址出土铜镞

1.Ⅰ型（7:T8③:17）　　2.Ⅱ型（7:T5③:23）　　3.Ⅲ型（7:T6③:11）

4.Ⅴ型（7:T9③:13）　　5.Ⅵ型（7:T9③:14）　　6.Ⅹ型（5:T2③:5）

7.Ⅶ型（4:T1③:12）　　8.Ⅶ型（7:T8③:13）　　9.Ⅷ型（7:T7③:10）

10.Ⅹ型（5:T3③:30）　　11.Ⅺ型（4:T2③:5）　　12.ⅩⅢ型（5:T2③:41B）

的血槽。关断面六边形。后接铁铤。标本7:T7③:10，长8.2厘米，镞身长2.3厘米，铤残长5.9、径0.5厘米（图七六，9）。

Ⅸ型：6件。镞身三棱式，向前聚合成锋，前锋圆钝。关断面六边形。镞身每面中部有一三角形的小槽。后接铁铤。标本5:T2③:10A，长7.6厘米，镞身长3厘米，铤残长4.6、径0.6厘米（图版七二，3）。5:T1③:25，长13厘米（图版七二，9）。

Ⅹ型：2件。镞身三窄翼式，向前聚合成锋，前锋尖锐。关断面六边形。标本5:T2③:5，长4.3厘米，镞身长3.9厘米，铤残长0.4、径0.6厘米（图七六，6；图版七三，3）。标本5:T3③:30，镞身长4.2厘米（图七六，10）。

Ⅺ型：7件。镞身三棱形，向前聚合成锋，前锋尖锐，关断面六边形。镞身一面中部有一三角形的血槽。后接铁铤。标本4：T2③：5，长4.2厘米（图七六，11；图版七三，4）。

Ⅻ型：10件。镞身三棱形，向前聚合成锋，前锋圆钝。关断面六边形，后与铁铤连接。标本1：T21③：3，长14厘米（图版七二，8）。

ⅩⅢ型：1件（5：T2③：41B），镞身五锋，锋弧形，后接铁铤。长4.8、镞身长3.3厘米（图七六，12；图版七三，6）。

6.顶针　1件（1：T4③：1），形如指环，上有针孔3周。径1.8、宽0.7、壁厚0.15厘米（图七七，1）。

7.带钩　1件（7：T7③：28），尺寸较小，腹短而近圆形，背部一圆钮，钩呈鸟形。高2.3厘米，背部圆钮直径2.2厘米（图七七，2；图版七四，7）。

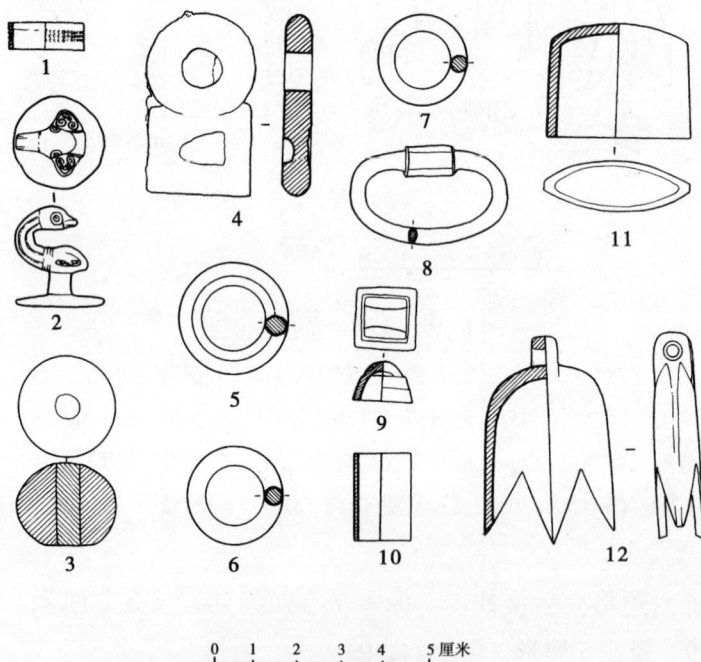

图七七　武库遗址出土铜器

1.顶针（1：T4③：1）　2.带钩（7：T7③：28）　3.球（5：T3③：25B）　4.带扣（5：T2③：30）　5.Ⅰ型环（1：T2③：2）　6.Ⅰ型环（4：T3③：3）　7.Ⅰ型环（4：T1③：25）　8.Ⅱ型环（4：T4③：2A）　9.饰件（4：T2③：19）　10.管（1：T1③：8）　11.器柄（1：T1③：2）　12.铃（5：T2③：50）

8. 盖弓帽 5件。分三型。

Ⅰ型：1件（1：T1③：4），圆筒形，顶端呈圆环状。中部一侧有一圆形穿孔。长7、径1.3厘米，孔径0.25厘米（图七八，1；图版七三，13）。

Ⅱ型：3件。圆筒形，顶端圆球状，并有一圆环。底端一侧有一圆形穿孔。标本1：T21③：8，顶端有一活动圆环。长9.8、径1.6厘米，孔径0.2厘米（图七八，2；图版七三，11）。标本1：T21③：12，长7.4、底部径1.7厘米，孔径0.2厘米（图七八，3；图版七三，12）。

Ⅲ型 1件（5：T1③：37B），圆筒形，顶端平，一侧伸出一钩。通长9.2、顶径1.3、底径1.4厘米（图七八，4；图版七三，17）。

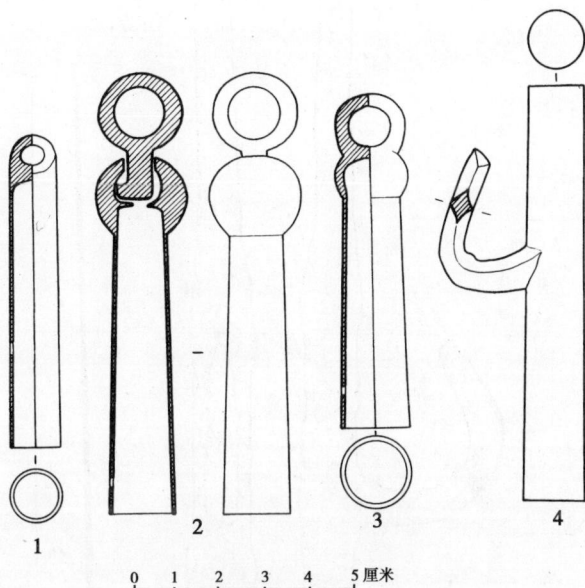

图七八 武库遗址出土铜盖弓帽
1.Ⅰ型（1：T1③：4） 2.Ⅱ型（1：T21③：8）
3.Ⅱ型（1：T21③：12） 4.Ⅲ型（5：T1③：37B）

9. 挂钩 1件（7：T5③：13），圆柱形，中部一侧伸出一钩。钩上下各有一圆形穿孔，孔的方向与钩一致。长23.2厘米，两端径0.9厘米，中部径1.5厘米，钩宽3.8厘米（图七九，1；图版七四，1）。

10. 球 1件（5：T3③：25B），近圆球状，稍扁。似为器盖的圆钮。径2.3、高1.9厘米（图七七，3；图版七三，7）。

11. 带扣 1件（5：T2③：30），一侧作圆形环状，另一侧作方形环状。长4.1、宽2.5厘米（图七七，4；图版七三，10）。

12. 环 13件。分二型。

Ⅰ型：12件。圆形，素面。标本1：T2③：2，外径2.5、内径1.5厘米（图七七，5；图版七四，3）。标本4：T3③：3，外径2.2、内径1.3厘米（图七七，6；图版七四，5）。标本4：T1③：25，外径2、内径1.2厘米（图七七，7；图版七四，6）。标本1：T1③：1，外径1.8、内径1.5厘米（图版七四，4）。

Ⅱ型：1件（4：T4③：2A），椭圆形，以断面椭圆形的铜条弯曲而成，结合处用铜片包裹。长径3.6、短径2.2厘米（图七七，8；图版七四，2）。

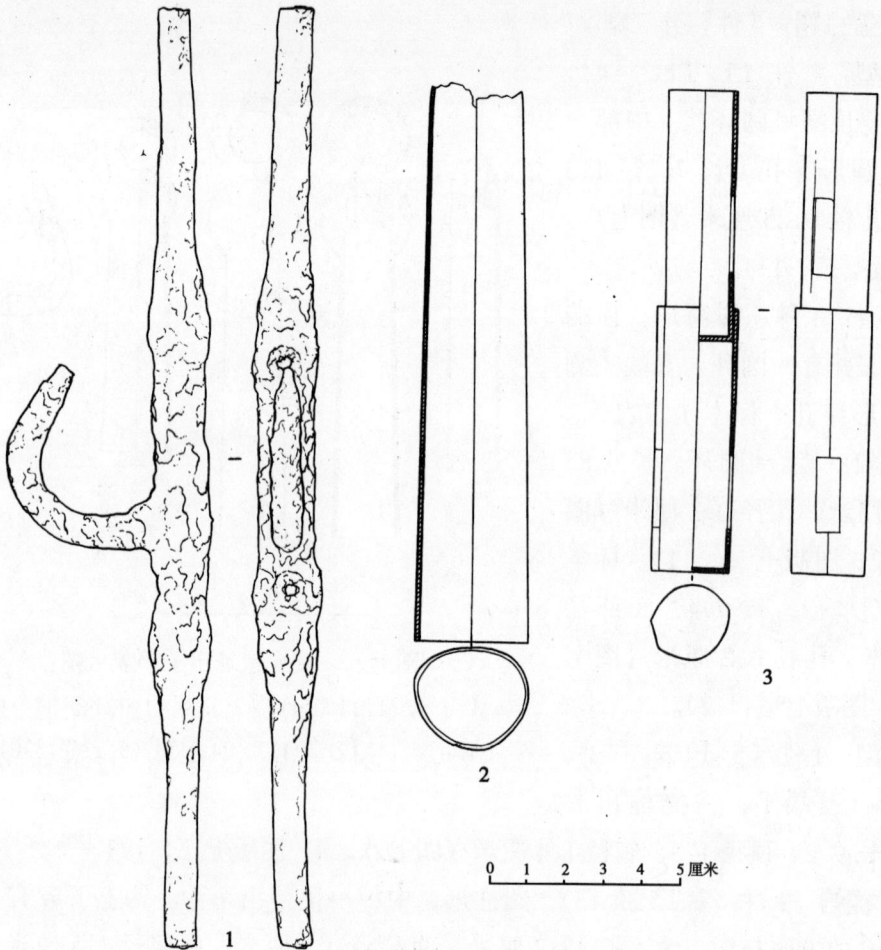

图七九　武库遗址出土铜器

1. 挂钩（7：T5③：13）　2. 管形器（5：T2③：1）　3. 管形器（1：T4③：2）

13. 管　1件（1：T1③：8），圆筒形。长2、径1.3、壁厚0.2厘米（图七七，10；图版七三，8）。

14. 釜　1件（7：T5A③：25），侈口，折沿，鼓腹，圜底。素面。口径22、高9.6厘米（图八〇；图版七四，8）。

15. 管形器　5件。圆筒状。标本5：T2③：1，长13.7、径2.9厘米（图七九，2；图版七三，15）。标本1：T4③：2，由两部分组成，上部较粗，下部较细。上、下部各有对穿的长方形销孔。长11.9、顶端径1.8～2、底径1.8厘米（图七九，3；图版七三，16）。

16. 饰件　4件。标本4：T2③：19，方台形，顶端有一小桥形钮。底边长1.4、高0.9

厘米（图七七，9；图版七三，9）。

17. 器柄 2 件。标本 1：T1
③：2，筒形，略呈圜底。断面椭
圆形。长径 3.3、短径 1.1、长
2.5 厘米（图七七，11；图版七
一，16）。

18. 铃 1 件（5：T2③：50），
顶上有钮，下缘呈三齿状。素面。
高 4.6、宽 3 厘米（图七七，12；
图版七三，5）。

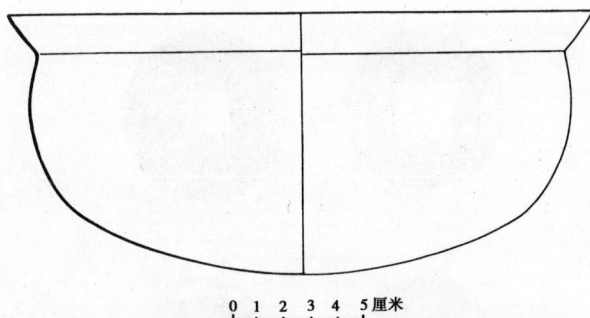

图八〇 武库遗址出土铜釜（7：T5A③：25）

19. 箍形器 1 件（1：T4③：6），圆筒形，顶端斜。高 4、径 3 厘米。

20. 尖状器 1 件（5：T2③：10B），圆柱形，顶端四棱锥形，后接铁杆。长 4.2
厘米。

第五节 钱 币

钱币种类有秦半两、汉半两、五铢、货泉、货布、布泉、大泉五十、大布黄千等。

1. 秦半两 2 枚。钱径约 3 厘米，厚 0.15 厘米。边缘上无周郭，正方形穿，穿
的两面俱无内郭。穿之左右有篆文"半两"二字。标本 7：T6③：17，钱径 3.2、肉厚
0.15 厘米，穿边长 0.9 厘米（图八一，1；图版七五，1）。

2. 汉半两 18 枚。正方形穿，穿的左右两边有篆文"半两"二字。分三型。

Ⅰ型：6 枚。钱径约 2.8 厘米，厚 0.15 厘米。内外无郭。标本 7：T7③：25，钱径
2.8、厚 0.15 厘米，穿边长 0.8 厘米（图八一，2；图版七五，2）。

Ⅱ型：9 枚。钱径约 2.5 厘米，厚 0.1 厘米。内外无郭。标本 5：T3③：14，钱径
2.5、穿边长 0.9、厚 0.1 厘米（图八一，3；图版七五，3）。

Ⅲ型：3 枚。钱体较小，较薄。标本 4：T4③：4A，钱径 1.8、穿边长 1、厚 0.1 厘
米（图八一，4；图版七五，4）。

3. 五铢 41 枚。分三型。

Ⅰ型：6 枚。正面外郭较宽，宽 0.25 厘米，无内郭。"五"字中间两笔较直，形
如两对角三角形；"铢"字之朱字头方折，金字头形为三角形。标本 4：T2③：14，钱
径 2.4、穿边长 0.8～0.9、钱厚 0.15 厘米（图版七五，9）。标本 5：T2③：17，钱径
2.3、穿边长 0.7～0.8、钱厚 0.1 厘米（图八一，5；图版七五，10）。

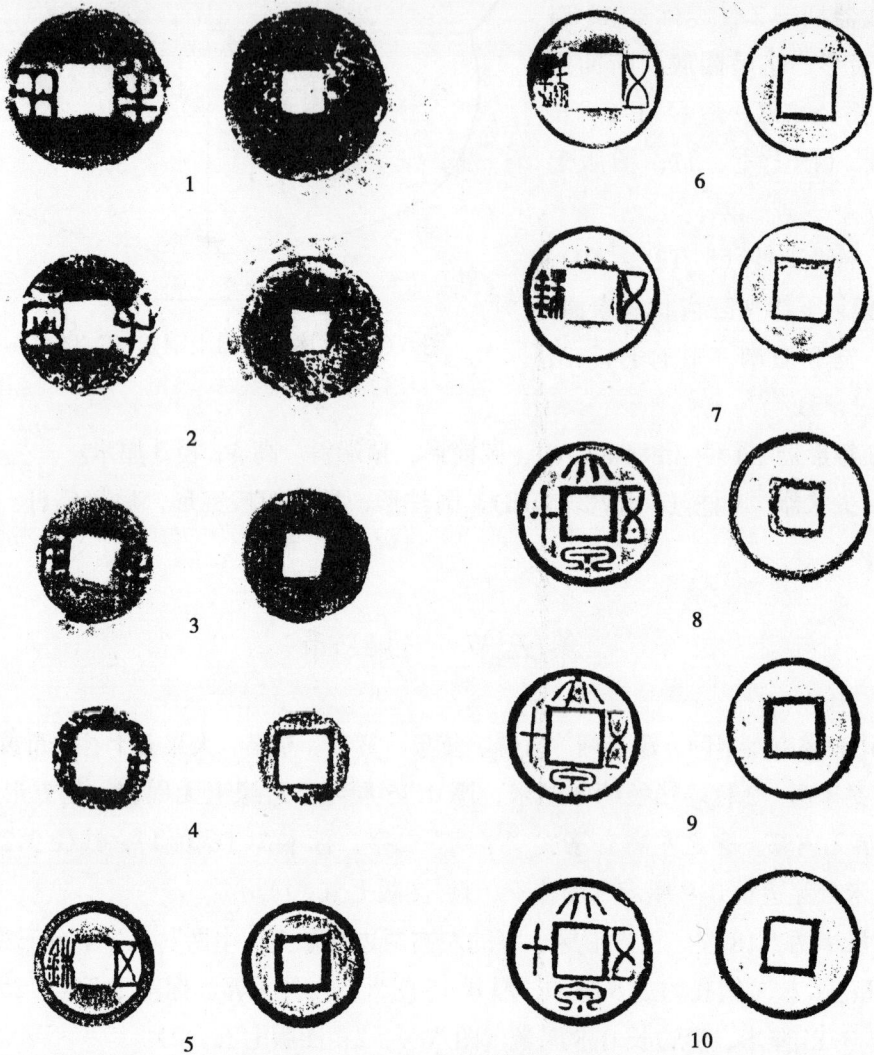

图八一 武库遗址出土铜钱

1.秦半两（7:T6③:17） 2.Ⅰ型汉半两（7:T7③:25） 3.Ⅱ型汉半两（5:T3③:14） 4.Ⅲ型汉半两（4:T4③:4A） 5.Ⅰ型五铢（5:T2③:17） 6.Ⅱ型五铢（5:T2③:26） 7.Ⅱ型五铢（7:T8③:3B） 8.Ⅰ型大泉五十（7:T5A③:28） 9.Ⅱ型大泉五十（4:T2③:11） 10.Ⅲ型大泉五十（7:T9③:5）

Ⅱ型：33枚。"五"字中间两笔弯曲，上下两横较长。"铢"字之朱字头圆折，金字头形为三角形。标本5:T2③:26，钱径2.6、穿边长1、钱厚0.2厘米（图八一，6；图版七五，6）。标本5:T2③:28，钱径2.6、穿边长1、钱厚0.2厘米（图版七五，7）。标本7:T8③:3B，钱径2.6、穿边长1、钱厚0.2厘米（图八一，7；图版七五，8）。

Ⅲ型：2枚。"五"字字形较宽，中间两笔弯曲较甚。"铢"字的朱字头方折，有的朱字头起笔高于金字头。标本5:T2③:25，背面穿上下各有一道横郭，向左连至外郭。钱径2.7、穿边长0.9~1.1、钱厚0.2厘米（图版七五，5）。

4. 大泉五十 94枚。钱正、背面都有内外郭，钱文为"大泉五十"。分三型。

Ⅰ型：78枚。钱径2.8、厚约0.25厘米。标本7:T5A③:28，钱径2.8、穿边长0.75、钱厚0.25厘米（图八一，8；图版七六，2）。

Ⅱ型：14枚。钱径2.8、厚0.3厘米以上。标本4:T2③:11，钱径2.8、穿边长0.8、厚0.35厘米（图八一，9；图版七六，3）。

Ⅲ型：2枚。钱体较小。钱径2.6、厚约0.25厘米。标本7:T9③:5，钱径2.6、穿边长0.8、钱厚0.25厘米（图八一，10；图版七六，1）。

5. 货布 2枚。标本7:T4③:15，首上有一圆形穿，穿及四周都有周郭，钱文为"货布"。长5.9、宽2.4、厚0.3厘米，足枝高3.9厘米（图八二，1；图版七六，9）。

6. 布泉 37枚。正方形穿，穿的左右有篆文"布泉"两字，钱的正背面都有内外郭。分二型。

Ⅰ型：12枚。穿较大，字体较细。标本5:T3③:21，钱径2.6、穿边长1、钱厚0.2厘米（图八二，4；图版七六，8）。

Ⅱ型：25枚。穿较小，字体较粗。标本4:T1③:14，钱径2.6、穿边长0.8、钱厚0.15厘米（图八二，3；图版七六，7）。

7. 货泉 9枚。穿的左右有篆文"货泉"两字。分四型。

Ⅰ型：1枚（7:T9③:3），钱较小，两面都有周郭，正方形穿，穿的两面都有郭。钱文笔画较细。钱径2.3、穿边长0.8、钱厚0.2厘米（图八二，5；图版七六，5）。

Ⅱ型：3枚。钱较厚重，两面都有周郭，正方形穿，穿的两面都有郭。钱文笔画较细。标本5:T3③:17，钱径2.4、穿边长0.7、钱厚0.35厘米（图八二，6；图版七六，4）。

Ⅲ型：4枚。钱体较小，较薄。钱及穿的两面都有郭。标本7:T6③:14，钱径2.2、穿边长0.65、钱厚0.15厘米。

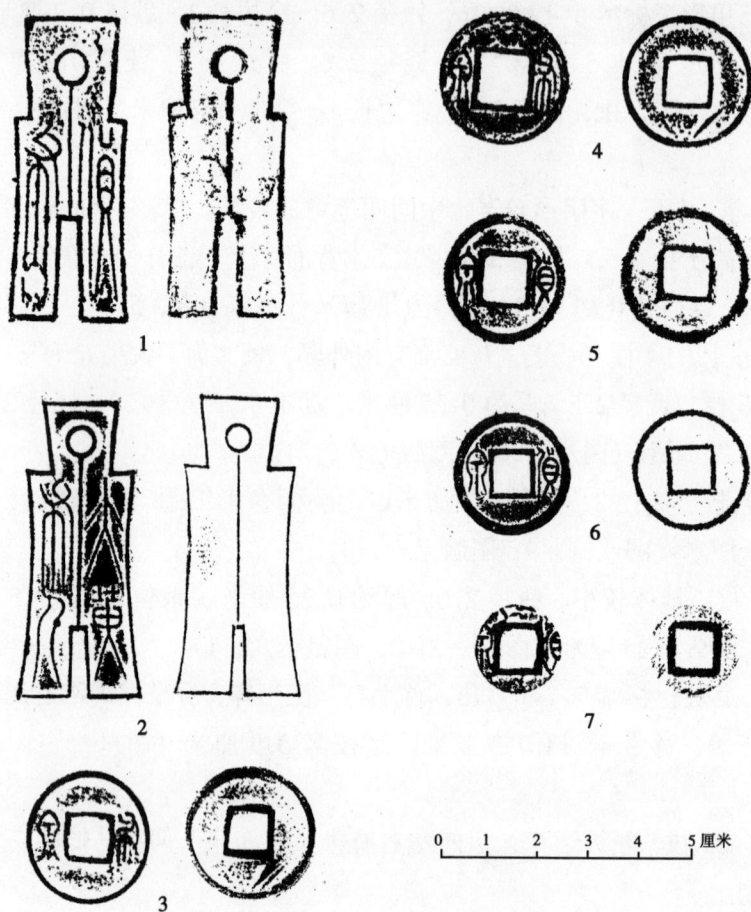

图八二　武库遗址出土铜钱

1. 货布（7：T4③：15）　2. 大布黄千（1：T6③：8）　3. Ⅱ型布泉（4：T1
③：14）　4. Ⅰ型布泉（5：T3③：21）　5. Ⅰ型货泉（7：T9③：3）　6. Ⅱ
型货泉（5：T3③：17）　7. Ⅳ型货泉（1：T13③：2B）

　　Ⅳ型：1枚（1：T13③：2B），钱体较薄，剪去周郭，穿之两面都有郭。钱径1.7、穿边长0.75、钱厚0.15厘米（图八二，7；图版七六，6）。

　　8. 大布黄千　1枚（1：T6③：8），首上有一圆形穿，穿之两面及钱两面之边缘都有周郭，钱的正面有篆文“大布黄千”四字。长5.6、宽2.6、厚0.3厘米，足枝高4.3厘米（图八二，2；图版七六，10）。

第六节 其 他

有土坯、草泥墙皮、骨签、蚌饰、鹿角、麋角、马牙等。

1. 土坯 出土数量较多，一般用于砌筑墙体。土坯一般长 31～40、宽 16～18、厚 5～7 厘米。标本 7：T21③：289，长 31、宽 17.5、厚 7 厘米（图版四一，3）。

2. 草泥墙皮 采集 2 件标本。标本 1：T2③：265，残长 26、宽 24、最大厚 9 厘米，可分二层，内层粗草泥层厚 6 厘米，外层细草泥层厚 3 厘米（图版四一，4）。标本 1：T1③：261，长 20、宽 14、厚 3 厘米，可分两层，内层粗草泥层残厚 1 厘米，外层细草泥层厚 2 厘米（图版四一，5）。

3. 骨签 发现于武库第四号建筑遗址北房（2 号房）内，有的有被火烧过的痕迹。

骨签用动物骨骼制成，制法是先将骨骼锯割成长条形薄片，再进一步打磨加工成各种形状。分二型（骨签型式见附录四）。

Ⅰ型 灰色或褐色，短而厚实，中部最宽，一侧作出月牙形缺口。分二亚型。

Ⅰa型：正面的上半部分偏右处纵向起脊，断面呈三角形，左侧的大部分斜面磨光后以备刻文，右侧的小部分斜面布满锯痕；正面的下半部分平面呈舌形，表面布满锯痕；缺口朝左。背面较平，多暴露出针眼状骨质，局部留有锯痕。长 5.8～6.4、最宽 1.6～2.1、最厚 0.4～0.7 厘米。

Ⅰb型：正面的上半部分偏左处纵向起脊，断面呈三角形，右侧的大部分斜面磨光后以备刻文，左侧的小部分斜面布满锯痕；正面的下半部分平面呈舌形，表面布满锯痕；缺口朝右。背面同Ⅰa型。长 5.6～6.7、最宽 1.8～2.2、最厚 0.4～0.6 厘米。

Ⅱ型 白色或淡黄色，长而轻薄，偏上部最宽，一侧作出圆形缺口。分二亚型。

Ⅱa型：正面的上小半部分平面呈舌形，表面弧起，磨光以备刻文；正面的下大半部分表面布满锯痕；缺口朝左。背面较平，有的凹下，布满锯痕。保存最长的残长 7.8 厘米，最宽 2～2.3、最厚 0.3 厘米。

Ⅱb型：基本同Ⅱa型，但缺口朝右。最宽约 2.3、最厚约 0.3 厘米。

骨签上大多无刻文，有刻文的共 31 件，其中 2 件刻文已无法辨认。分中央官署"考工"、"工官"、"（梗榆）力"、编号等几类释文于下（……表示多字不清；□表示一字不清；☑ 表示残断）。

中央官署"考工"类 1 件：

Ⅰb型 4：T4③：1 鸿嘉元年考工制作工

　　　　　　　寿王缮嗇夫霸佐
　　　　　　　咸主丞惲掾放省　　　　　（图版七七，1）

"工官"类　13件：
　　Ⅰa型　4∶T4③∶4B　元年颍川工官令广……
　　　　　　　　　　　……工……　　　　（图版七七，2）
　　Ⅱa型　4∶T4③∶7　三年颍川工官丞□工
　　　　　　　　　　　□冗工玄黄造　　　（图版七七，3）
　　Ⅱa型　4∶T4③∶9　六年颍川工官□
　　　　　　　　　　　……□　　　　　　（图版七七，4）
　　Ⅰa型　4∶T4③∶3　□年颍川工官令國丞
　　　　　　　　　　　……工從之造　　　（图版七八，1）
　　Ⅰa型　4∶T4③∶12　□□颍川工官令□丞□
　　　　　　　　　　　……工□造　　　　（图版七八，2）
　　Ⅱb型　4∶T4③∶6B　三年河南工官令……
　　　　　　　　　　　□……　　　　　　（图版七八，3）
　　Ⅱa型　4∶T4③∶10B　五年河南工官长令丞□□
　　　　　　　　　　　……國　　　　　　（图版七九，1）
　　Ⅰa型　4∶T4③∶11　元始□年武威工官……□
　　　　　　　　　　　……掾林主……
　　　　　　　　　　　……省　　　　　　（图版七九，2）
　　Ⅱb型　4∶T4③∶23　东平工官六十六　　（图版七九，3）
　　不明　4∶T4③∶27　五年河内工□
　　　　　　　　　　　……□　　　　　　（图版七九，4）
　　Ⅰa型　4∶T4③∶2B　……丞□□□
　　　　　　　　　　　……工□造　　　　（图版七九，5）
　　Ⅱa型　4∶T4③∶5　□工官丞凌□
　　　　　　　　　　　□工應工弱造　　　（图版八〇，1）
　　不明　4∶T4③∶13　□……滔
　　　　　　　　　　　□……　　　　　　（图版八〇，2）

"（梗榆）力"类　10件：
　　Ⅱb型　4∶T4③∶14　梗榆力二百圧　（图版八〇，3）
　　Ⅱb型　4∶T4③∶15　梗榆力二百斤　（图版八〇，4）

Ⅱb型　4：T4③：16　梗榆力二囿☒　　　　（图版八〇，5）

Ⅱb型　4：T4③：17　梗榆☒　　　　　　　（图版八〇，6）

Ⅱb型　4：T4③：19　力二百斤　　　　　　（图版八〇，7）

Ⅱb型　4：T4③：24　☒力二百斤　　　　　（图版八一，1）

Ⅱb型　4：T4③：25　力二百斤　　　　　　（图版八一，2）

Ⅱb型　4：T4③：22　☒力三石　　　　　　（图版八一，3）

Ⅰb型　4：T4③：28　三石　　　　　　　　（图版八一，4）

Ⅰb型　4：T4③：8　第千八百卅五

　　　　　　　　　　力二百☒　　　　　　（图版八二，1）

编号类　3件：

　　不明　4：T4③：18　☒四千七百☒　　　（图版八二，2）

　　Ⅱb型　4：T4③：20　☒三☒　　　　　（图版八二，3）

　　Ⅱb型　4：T4③：21　☒卅四　　　　　（图版八二，4）

其他　2件：

　　Ⅱb型　4：T4③：26　三……　　　　　（图版八二，5）

　　不明　4：T4③：29　☒省　　　　　　　（图版八二，6）

分类简单考释如下。

考工室为少府属官（《汉书·百官公卿表》），武帝太初元年更名考工，有令丞。《后汉书·百官志》："（太仆属官）考工令一人，六百石。本注曰：主作兵器弓弩刀铠之属。"

鸿嘉为成帝的年号，此时官署称"考工"，与文献记载一致。考工主作兵器，其中弓弩是其主要产品，出土或传世汉弩机多有考工制造的铭文。这件"考工"骨签记录的兵器即应是弩。作为中央官署的考工所属的兵器作坊应在都城长安之中或附近。

参与管理、督造兵器的考工官吏有掾、丞、佐、啬夫。

西汉中央政府在地方郡县设有一些工官，管理各类作坊，生产各种物品。《汉书·地理志》记载在河内郡的怀、河南郡、颍川郡的阳翟、南阳郡的宛、济南郡的东平陵、泰山郡、广汉郡、广汉郡的雒、蜀郡的成都等地设有工官，这些地方应是各有其特色物产。工官的产品以兵器为主。未央宫中央官署建筑遗址出土的骨签，内容主要为河南、南阳、颍川三工官生产弩矢产品的记录。《汉书·食货志》："边兵不足，乃发武库工官兵器以澹之"。《汉书·周亚夫传》："居无何，亚夫子为父买工官尚方甲楯五百被可以葬者。"

这批骨签中出现的工官除了常见的河内、河南、颍川工官外，还有东平工官和武威工官。东平工官或即济南郡的东平陵工官。武威工官文献中不见记载，该骨签资料说明西汉中央政府在武威郡也设置了工官，其产品有弩等兵器。这批工官骨签记录的兵器都应是弩。

参与管理、督造兵器的各工官官吏有长、令、丞、掾等。

工官类骨签除了"元始"一例外，均无年号，只有纪年。纪年有元年、三年、五年、六年。根据已有的研究成果，这些纪年都应在武帝正式设置年号以前。

汉代弩的强度用石、钧和斤来计量。1石＝4钧＝120斤。"力"类骨签记录的应是弩。"力"类骨签均以斤（二百）或石（三）作为计量单位。

所谓"梗榆"，依许慎《说文解字》和段玉裁《说文解字注》，为榆树的一种，又叫山枌榆、刺榆，木甚坚韧。这里应是指制弩的材料为"梗榆"，或者因此用以称呼这类弩。

编号类骨签记录的应是兵器的编号，一般一件器物一个编号。

其他的骨签，因残存刻字较少，从数字等内容看，可能属于前几类骨签。

骨签记录的兵器主要是各种强度的弩，完整的记录应包括生产的时间、所属官署、督造的各级官吏、强度和编号等内容，所以，骨签可能是一组数枚配套使用的。从骨签的型式结合刻文内容来看，Ⅰa型和Ⅱa型骨签记录的内容都是各工官的情况，而Ⅰb型和Ⅱb型骨签记录的内容大多是强度和编号（"考工"和"东平工官"骨签除外），所以，我们推测Ⅰa型和Ⅰb型、Ⅱa型和Ⅱb型骨签是两两配套使用的。骨签的作用除了能起到加强质量的跟踪管理外，对于生产技术要求高、威力大的弩，从生产、流通、收藏、保管到使用，也能起到严密控制的作用。

4. 蚌饰　1件（1:T4③:10），平面呈椭圆形，一面平整，另一面中部凹进，上部及下部居中位置各有纵列2孔。长径3.7、短径2.5、厚0.8厘米，孔径0.15厘米。

5. 鹿角　35件。一端有切割痕迹。标本1:T3③:49，长16.6厘米（图八三，1；图版八三，1）。标本6:T3③:41，长16.2厘米（图八三，2；图版八三，2）。标本6:T3③:41A，长14.7厘米（图八三，3；图版八三，3）。标本6:T3③:53，为一根鹿角从中劈开的一半，一端有切割的痕迹。长12.8厘米（图八三，4；图版八三，4）。

6. 麋角　8件。一端有切割的痕迹。标本6:T1③:51A，长22厘米（图版八三，5）。标本6:T1③:51B，长18厘米（图版八三，6）。标本6:T1③:51C，长17厘米（图版八三，7）。标本6:T1③:51D，长14.3厘米（图八三，5；图版八三，8）。

7. 马臼齿　7件。标本6:T3③:55，长8.1、宽3、厚1.7厘米（图八四，1；图版八三，9）。标本6:T3③:55A，长8.1、宽2.9、厚1.9厘米（图版八三，10）。标本6:T3③:55B，长7.1、宽3.2、厚1.7厘米（图八四，2；图版八三，11）。标本6:T3③:55C，长8、宽3.5、厚2.7厘米（图八四，3；图版八三，12）。

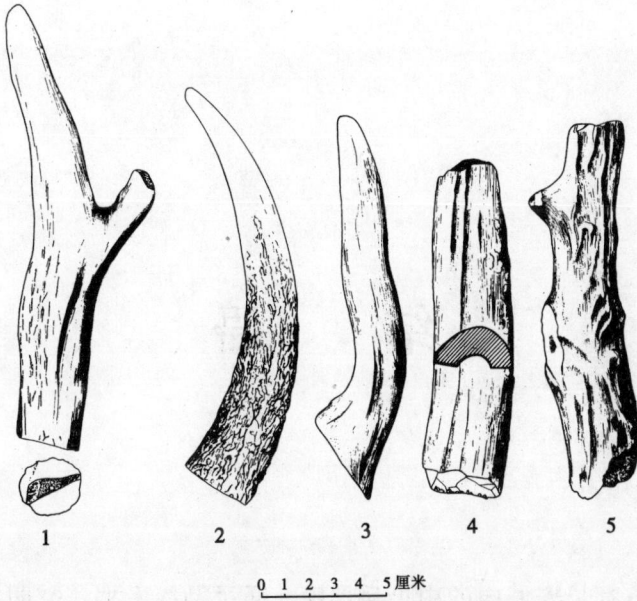

图八三 武库遗址出土鹿角、麋角
1. 鹿角（1:T3③:49） 2. 鹿角（6:T3③:41） 3. 鹿角（6:T3③:41A）
4. 鹿角（6:T3③:53） 5. 麋角（6:T1③:51D）

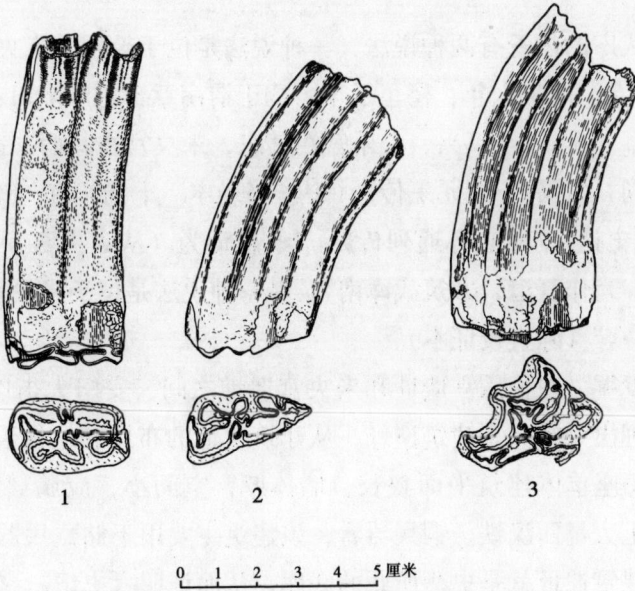

图八四 武库遗址出土马臼齿
1. 6:T3③:55 2. 6:T3③:55B 3. 6:T3③:55C

结　语

武库是西汉首都长安城内的中央兵器库。通过勘探发掘，究明了武库遗址的位置、规模、建筑形制与布局，获得了一大批铁、铜兵器的实物资料，对研究我国西汉兵器史、军事史等具有重要意义。

一　武库的位置

文献记载武库的位置有两种说法，一种说法是位于长乐、未央二宫之间。《史记·樗里子传》："（秦）昭王七年，樗里子卒，葬于渭南章台之东。曰：'后百岁，是当有天子之宫夹我墓。'……至汉兴，长乐宫在其东，未央宫在其西，武库正直其墓"（中华书局本。下同）。《汉书·楚元王传》（中华书局本。下同）和《论衡·实知篇》也有类似的记载。《史记·刘敬叔孙通列传》："孝惠帝为（从未央宫）东朝长乐宫，及间往，数跸烦人，乃作复道，方筑武库南"。另一种说法是位于未央宫中。《三辅黄图》："武库，在未央宫"（陈直校证本）。

通过勘探发掘，在长乐宫遗址和未央宫遗址之间、安门大街以西82米的一片高地上发现并清理出一组大型建筑遗址，从建筑遗址的布局和结构看，7座单体建筑围成2个院子，每座单体建筑平面狭长，墙体厚，空间小，应属"库"一类的建筑特征；从遗址出土大量西汉铁、铜兵器看，该建筑主要用于储藏兵器，与武库的用途一致，说明这组建筑遗址就是史籍所载的武库，从而证明《史记》、《汉书》等文献记载是正确的，武库不在未央宫内，而在长乐宫与未央宫之间。武库遗址南距汉长安城南墙约1810米。

二　武库的修建与毁废

关于武库始建年代，文献记载有两种说法。《汉书·高帝纪》："（高祖七年）二月，至长安。萧何治未央宫，立东阙、北阙、前殿、武库、太仓"。而《史记·高祖本纪》："（高祖八年）萧丞相营作未央宫，立东阙、北阙、前殿、武库、太仓"。

未央宫于高祖九年建成。《汉书·高帝纪》："九年冬十月，淮南王、梁王、赵王、楚王朝未央宫，置酒前殿"。《史记·高祖本纪》："（九年）未央宫成"。若从《史记》所载高祖八年始建，未央宫前后只建设了 1 年即告完成，未免过于短促。长乐宫是利用秦兴乐宫改建而成，前后也还用了 2 年时间。《汉书·高帝纪》："（五年）后九月，徙诸侯子关中。治长乐宫"。《史记·高祖本纪》："（七年）长乐宫成"。所以，未央宫应以《汉书》所载高祖七年始建、前后用 2 年多时间建成为宜。武库与未央宫是同期规划建设的工程，故其始建时间从《汉书·高帝纪》，为高祖七年，即公元前 200 年。

武库遗址出土砖、瓦等建筑材料中，有的具有西汉早期的特征，如Ⅰ型、Ⅱ型筒瓦等，出土钱币中有秦半两（西汉初年沿用）和西汉半两，这些与史籍记载武库的始建年代是一致的。另有一些建筑材料具有西汉中、晚期的特征，如Ⅲ型、Ⅳ型筒瓦等，出土钱币中有西汉五铢，说明建筑在西汉长时期的使用中经历过维修。遗址还出土多种新莽时期的钱币，如大泉五十、货泉、货布、布泉和大布黄千，说明建筑一直沿用到新莽时期。《后汉书·刘玄刘盆子列传》："初，王莽败，唯未央宫被焚而已，其余宫馆一无所毁。宫女数千，备列后庭，自钟鼓、帷帐、舆辇、器服、太仓、武库、官府、市里，不改于旧。"

由第一、三、四、五、七号建筑遗址发现大量烧成红色的土坯（包括土坯墙壁），房内地面上堆积着大量灰烬、炭屑等情况推测，武库是被大火焚毁的。出土遗物均属西汉时期（包括新莽）。《汉书·王莽传》："二年二月，更始到长安，……岁余政教不行。明年夏，赤眉樊崇等众数十万人入关，立刘盆子，称尊号，攻更始，更始降之。赤眉遂烧长安宫室市里，害更始。民饥饿相食，死者数十万，长安为虚，城中无人行。"因此，武库可能焚毁于更始末年的赤眉之手。

三　武库遗址的建筑规模与形制布局

武库建筑遗址外围设围墙，平面呈长方形，东西长 710、南北宽 322 米。东墙上有一门道，向东可通安门大街。西墙上可能也有门道，已不存。南墙东段上有一门道，是东院的南门道。南墙西段上也应有西院的南门道，已不存。北墙上有无门道不明。

武库共有 7 座建筑遗址，由南北向隔墙分成东、西两个院子，隔墙上应有门道，已不存。东院分布 4 座建筑遗址（一～四号）：第一号遗址在北面，南墙上开门道；第二、三号遗址在南面，与第一号遗址南北相对，门道在北墙上；第四号遗址在西面，东墙上开门道。西院分布 3 座建筑遗址（五～七号）：第五号遗址在东北，西墙上开门道；第六号遗址在西北，东墙上开门道，第五、六号遗址东西相对；第七号遗址在南面，南、北墙上都有门道。

武库 7 座建筑遗址平面均呈长条形，大小不等，多以隔墙分成若干间房。建筑墙体夯筑，土坯包砌，外抹草泥，表面平整。一面或两面墙上开有门道，有的遗址还在门道旁设守卫用房。房内地面也用草泥抹成。一般各遗址的正面沿墙有廊道，廊道外有散水。

第七号建筑遗址规模最大，东西长 234、南北宽 45.7 米。由 3 条南北向隔墙分成 4 个房间，每条隔墙上有二门道，连通东西相邻的房间。每个房间南北墙上各开二门道，南墙西门道旁设守卫用房。每个房间内有 4 条南北向墙垛。房内础石基本清楚。

第一号建筑遗址东西长 196.8、南北宽 24.2 米。由 1 条南北向隔墙分成 2 个房间，每个房间南墙上有二门道。

第四号建筑遗址南北长 202、东西宽 24.6 米。由 1 条东西向隔墙分成 2 个房间，每个房间东墙上有二门道。该遗址的规模、建筑形制与第一号建筑遗址相近。

第三号建筑遗址东西长 155.5、南北宽 24.4 米。由 1 条南北向隔墙分成 2 个房间，每个房间北墙上有一门道。该遗址的建筑形制与第一号建筑遗址相近。

第五号建筑遗址南北长 122、东西宽 21 米。由 2 条东西向隔墙分成 3 个房间，房间西墙上设门道。

第六号建筑遗址南北长 130、东西宽 21.6 米。由 2 条东西向隔墙分成 3 个房间，房间东墙上设门道。该遗址的建筑形制与第五号建筑遗址相同。

第二号建筑遗址规模最小，东西长 90.4、南北宽 24.1 米。北墙上应有门道。

四　武库遗址出土的兵器

武库遗址出土的兵器以铁兵器为主，有刀、矛、剑、戟、镞、镦等，其中以镞最多，有 1000 多件。这批铁兵器数量多，种类全，形式多，质量高。据测定，矛含碳 0.45%～0.6%，镞含碳 0.45%～0.9%，刀含碳 0.9% 左右（附录一）。除戟、铠是熟铁外，其余都是以炒钢为原料，说明我国西汉时期已经有了成熟的炒钢技术。武库遗址出土铁兵器是研究我国汉代冶金技术水平的重要实物资料。史籍记载，汉武帝实行盐铁官营，在全国40个郡设置了49个铁官（《汉书·地理志》），大量铁兵器的使用也是西汉冶铁手工业兴盛局面的生动表现。

武库遗址出土铜兵器不多，仅有戈、镞、弩机零件等，反映出西汉时期铁兵器取代铜兵器处于主导的地位。

第一号建筑遗址出土兵器有铜戈、铜镞、铁铠甲、铁刀、铁矛、铁戟等，其中铁铠甲最多。第七号建筑遗址出土兵器有铜镞、铜剑格、铁刀、铁矛、铁剑、铁戟、铁镞等，其中铁镞最多。这一情况反映出武库各库房可能是分类储存兵器的。

《后汉书·舆服志》记载："轻车，古之战车也。洞朱轮舆，不巾不盖，建矛戟幢麾，辐车轵弩服。藏在武库"。武库遗址出土的一些车器（如铜盖弓帽等）或者即是所藏战车遗留下来的部件。另外，遗址还出土了一些马具（如铜带扣、铁镳等），可能是装备战车或骑兵所用战马的部件。1993年江苏省连云港市东海县温泉镇尹湾村6号西汉墓出土的一枚"武库永始四年兵车器集簿"木牍，记载了西汉东海郡的武库藏有各种兵车器240种共计23268487件，其中仅车就有多种，也有马具[1]。

张衡《西京赋》："武库禁兵，设在兰锜"。兰锜，即承放各种兵器的架子。因武库建筑被烧而毁，兵器架子的形制已不可知。

五　武库遗址出土的铁铠甲

武库第一号建筑遗址出土残铠甲4万多片，还有锈蚀在一起的残铠甲块。铠甲片不仅数量多，形制也较全，分大型、中型、小型（鱼鳞甲）等。专家对残鱼鳞甲做了复原研究（附录二）。

西汉铁铠甲在全国各地有不少考古发现，如内蒙古自治区呼和浩特市二十家子汉代城址外窖穴内出土一领铁铠甲[2]，福建崇安汉城遗址发现36片铁甲片[3]，河南洛阳西郊3023号西汉晚期墓出土一领铁铠甲[4]，河北满城中山靖王刘胜墓出土铁铠甲一

① 连云港市博物馆等：《尹湾汉墓简牍》，中华书局，1997年。
② 内蒙古自治区文物工作队：《呼和浩特二十家子古城出土的西汉铁甲》，《考古》1975年4期。
③ 福建省文物管理委员会：《福建崇安城村汉城遗址试掘》，《考古》1960年10期。
④ 中国科学院考古研究所洛阳发掘队：《洛阳西郊汉墓发掘报告》，《考古学报》1963年2期。

领①, 广州西汉南越王墓出土铁铠甲一领② 等。从武库储藏的铁铠甲以及全国各地发现的铁铠甲资料来看, 西汉时期铁铠甲的使用已很普遍, 成为主要的防护装备。《史记·卫将军骠骑列传》: "骠骑将军 (霍去病) 自四年军后三年, 元狩六年而卒。天子悼之, 发属国玄甲军, 陈自长安至茂陵"。用身穿铠甲的军队送葬, 也反映出西汉时期铁铠甲普遍使用的情况。陕西咸阳杨家湾 4 号西汉墓附近的从葬坑中出土有彩绘陶俑 2500 余件, 其中 40% 是铠甲俑③。这一组陶俑正是象征着身披"玄甲"的军队, 应是当时军阵真实形象的模拟, 是研究西汉铁铠甲形制的珍贵资料。

六 武库的管理制度

据《汉书·百官公卿表》, 中尉 (武帝太初元年更名执金吾) 属官有武库令, 下有三丞。少府属官有若卢、考工室 (武帝太初元年更名考工) 令丞。注若卢, 一说主藏兵器, 一说为狱令, 主治库兵将相大臣; 考工, 主作器械。《汉书·田蚡传》: "(蚡) 尝请考工地益宅, 上怒曰: '遂取武库!'" 说明考工与武库关系密切。

《后汉书·百官志》: "(太仆属官) 考工令一人, 六百石。本注曰: 主作兵器弓弩刀铠之属, 成则传执金吾入武库, 及主织绶诸杂工。左右丞各一人"。此虽为东汉官制, 应承自西汉制度。

《汉书·董贤传》: "下至贤家童仆皆受上赐, 及武库禁兵, 上方珍宝"。《汉书·毋将隆传》: "时侍中董贤方贵, 上使中黄门发武库兵, 前后十辈, 送董贤及上乳母王阿舍。隆 (时任执金吾) 奏曰: '武库兵器, 天下公用, 国家武备, 缮治造作, 皆度大司农钱。……汉家边吏, 职在距寇, 亦赐武库兵, 皆任其事然后蒙之。……臣请收还武库'"。

《汉书·刘屈牦传》: "(戾) 太子亦遣使者矫制, 赦长安中都官囚徒, 发武库兵。"

《汉书·食货志》: "边兵不足, 乃发武库工官兵器以澹之"。

从这些文献记载可以看出: 武库由中尉 (武帝太初元年更名执金吾) 下属的武库令丞掌管。武库所藏兵器由少府属官考工室 (武帝太初元年更名考工) 令丞督造, 并交由执金吾 (武帝太初元年前为中尉) 藏入武库, 出土"考工"骨签资料印证了有关的文献记载。另外,"工官"类骨签资料说明武库所藏兵器中有相当一部分是各工官

---

① 中国社会科学院考古研究所、河北省文物管理处:《满城汉墓发掘报告》, 文物出版社, 1980 年。
② 广州市文物管理委员会、中国社会科学院考古研究所、广东省博物馆:《西汉南越王墓》, 文物出版社, 1991 年。
③ 陕西省文物管理委员会、咸阳市博物馆:《陕西省咸阳市杨家湾出土大批西汉彩绘陶俑》,《文物》1966 年 3 期。

的产品。武库的兵器精良，属于国家武备，直接由皇帝掌控，即使贵如太子也不能调用。武库兵器用于平定内乱，也用于武装边兵，抗击外侵，对于稳定、巩固西汉封建统治，保卫边境安全起着积极的作用。武库兵器一般不得用于赏赐，即使被送权贵，也要遭到大臣的反对。

西汉除京师长安有中央武库外，在洛阳等地还有地方性武库。《史记·吴王濞列传》："愿大王所过城邑不下，直弃去，疾西据洛阳武库，食敖仓粟，阻山河之险以令诸侯，虽毋入关，天下固已定矣。"不过，地方性武库的遗址尚未被发现。

汉长安城武库遗址出土部分铁器的鉴定[①]

杜葂运　韩汝玢

　　西汉朝廷拥有不少手工业，制造的成品专供皇室及军事上使用。管理各种手工业的官府，最重要的是管理皇帝私人财产的少府。少府属官有考工，掌管制造弓、弩、刀、甲等兵器。制成后的刀、甲等兵器藏在武库。武库是汉高祖七年（公元前200年）修建的。吕雉改库名曰灵金藏。惠帝即位，以此库藏禁兵器，名曰灵金内府。武库遗址的位置在古代文献中有记载，其遗址与中国社会科学院考古研究所汉城工作队几次发掘实地勘察的结果一致，在今西安市郊区大刘寨村东面高地上，在汉长安城内的中南部[②]。武库遗址范围内挖得建筑遗址七处。

　　武库遗址规模相当大，由于存放不同类型的兵器，在建筑形制上略有区别，已发掘的第一遗址中，有大量铁铠甲，其中一块重约七八十斤。可能是几领铠甲。第七遗址出土大量铁镞，约计1000余件。这可能反映当时武库各个库房是分类存放武器的。已发掘出土的铁兵器有剑、刀、矛、戟和斧等，也有铜武器戈、镦、铜镞和铜剑格等。从数量来看是以铁武器为主，铜武器次之。工具有铁锛、铁凿、铁锤等，是当时武库内的修理用具。生活用具有铜釜、铁釜、铁钉等。这也说明铁器的使用在当时有更进一步的发展。武库遗址出土有王莽时期的货币，如大泉五十、货布、货泉和布泉，证明武库是在王莽末年战争中被焚毁的。

　　我们选择武库出土的部分铁兵器，计铁镞7件、矛1件、戟1件和刀3件进行了金相鉴定。铁镞（7：3：1）顶端为圆柱形，较完整，残长都在10厘米左右，头部与顶

---

① 该文原载《考古学集刊》（第三集），中国社会科学出版社，1983年。本文标本、图版编号均为原刊时编号，本书未选登其图版，请参见原文。

② 中国社会科学院考古研究所汉城工作队：《汉长安城武库遗址发掘的初步收获》，《考古》1978年4期。

部为一体，金相组织是珠光体和铁素体，含碳在 0.45%～0.6%，其组织如图版肆拾，1。铁镞（7:3:3）含碳在 0.7%～0.9%（图版肆拾，2）。图版肆拾，3 是铁镞（7:3:4）的非金属夹杂物，以细长变形量较大的硅酸盐为主，沿加工方向排列成行。铁矛（7:3:4）已锈蚀，全长 8.6 厘米，脊部微凸无棱，其金相组织见图版肆拾，4，含碳在 0.45%～0.6%。铁戟（7:3:1）器形完整，戟身扁平，前后端呈尖状"卜"字形，通长 14.7、内长 7.8 厘米，金相组织是铁素体。铁刀三件均残断，7:3:3，刀长 9.7 厘米；7:3:4，刀长 7.8 厘米，其金相组织是片状珠光体，碳化物部分球化，估计含碳在 0.9% 左右。刃部未经淬火处理。根据夹杂物的分布及类型判定这批铁器除铁戟、铁铠甲是熟铁外，其余都是以不同含碳量的炒钢为原料做成的。

我国古代盛行过多种生铁炼钢方法，炒钢是其中的一种，以生铁为原料，用空气氧化脱碳的炒钢技术的发明，是炼钢史上的一次革命。它可以用生铁炒出来的熟铁为原料，经过渗碳锻打成钢，又可以有控制地把生铁炒到需要的含碳量，然后反复加热锻打成钢制品，从而省去渗碳工序，使钢的组织更加均匀，质量得到明显提高。

炒钢技术始于西汉，到东汉已相当普及。首先在山东临沂出土的永初三十炼环首钢刀，经金相鉴定，发现其夹杂物与块炼渗碳钢夹杂有明显差别[①]。以后相继在洛阳出土的西晋徐美人刀、南京出土的汉代铁刀、北京顺义出土的东汉铁块、南阳出土的东汉铁刀、徐州出土的东汉五十炼钢剑、陕西后川出土的西汉铁剑等许多铁器中，发现它们的夹杂物均属同一类型。其共同特点是：（1）它们没有块炼渗碳钢，特有的大块氧化亚铁——铁橄榄石硅酸盐共晶夹杂，这种大块共晶夹杂是块炼铁固有特点，在加工成块炼钢后仍然保留。（2）炒钢的夹杂是以硅酸盐夹杂为主，也有少量的氧化亚铁，硅酸盐夹杂虽较多，但大都细薄而分散，变形量较大，分布比较均匀。这与块炼渗碳钢中以氧化亚铁夹杂为主、分布极不均匀的情况有明显的差别。（3）块炼渗碳钢中含锰、磷、硅元素分布不均匀，在基体中可发现高磷、高锰区，说明铁的基体从未经过熔化。（4）炒钢中变形量较大的细长硅酸盐夹杂，经电子探针检验其成分，含硅较多，含铁较少，这是生铁冶炼温度较块炼铁高所致，并含少量钾、镁等元素，是在炒钢过程中接触耐火材料带入的。

欧洲用炒钢法冶炼熟铁，18 世纪中叶始于英国，一直使用到 1930 年左右。我国早在公元前 2 世纪以前，就发明了这种技术，较欧洲早 1800 年以上。这是因为我国生铁发明和使用较早和社会生产发展需要的必然结果。武库出土的铁兵器为研究两汉时期冶金技术的发展提供了珍贵的实物资料。

---

① 北京钢铁学院 李众：《中国封建社会前期钢铁冶炼技术发展的探讨》，《考古学报》1975 年 2 期。

汉长安城武库遗址出土残鱼鳞铁甲复原

中国社会科学院考古研究所考古科技中心

本文所用残铁甲资料,是 1975～1980 年中国社会科学院考古研究所汉长安城工作队于汉长安城武库遗址进行考古发掘获得[①]。这个武库为西汉时期的国家级重要兵器库,始建于公元前 200 年,废毁于王莽末年,前后使用了 200 余年。这批残铁甲标本出土于武库内第一号遗址中,地点集中,数量颇多,从工地运回时大都分装于蒲草编织袋内,总重上千千克。残甲多为锈蚀较重的黄褐色较小残块,个别的块头很大,最大一块重 66.75 千克,然而未见一领完整者。残块上甲片的形式多种式样,层层叠叠,保存着丰富的组合结构形态。因此,这批标本为研究西汉时期铁铠甲的种类和形制,提供了非常多的新物证,是一批很重要的考古学研究资料。

在武库出土的大量铁甲残块中,形形色色的甲片及其各种各样的组合形式,充分表明西汉时期制作的铠甲类型繁多、工艺精湛。今从中选出 13 块同类典型标本残块,残体的正反两面定为 A、B 面,通过考察分析,并对一些标本进行了适当清理,最后完成了一种具有代表性铠甲的整体复原,现简要报道如下:

一 对典型标本的分析

1. 1:T7②:1B (图版六二,1)   残块纵长 22、横宽 23、厚 4 厘米,重 1.6 千克。

A 面显露出由两种甲片组合成的局部。

第一种甲片定为 I 型,属蹄形小片 (图一,1),片形上方下圆,纵长 2.3、横宽

---

① 中国社会科学院考古研究所汉城工作队:《汉长安城武库遗址发掘的初步收获》,《考古》1978 年 4 期。

1.8、厚约 0.2 厘米。片上穿有 7 孔，上部居中一孔，两侧及下部居中各开一对纵列孔，孔径约 1.8 毫米（为正文部分Ⅰ型蹄形甲片，见表，下同）。此种甲片分布于 A 面右部（左右方位为面向甲片而言，下同），甲片组合关系清楚，均为背面朝外，包括残甲片在内，共有Ⅰ型片 119 片，组成 14 个横排，横排上保存甲片数量 5~13 片不等。考察该甲片的正面编排情况应是：各横排上，甲片一律由左往右依次叠压，即编绳通过相邻侧边孔眼上下重合而连缀。各排甲片间的纵向编排，一律由上而下依次叠压，相邻甲片上下对齐成列，上排片下部一对纵列孔与下排片上部之一孔叠合连缀。甲片组合之后，表面呈现出鱼鳞状的排列，形成相对固定的板状结构，故此甲属于鱼鳞甲类型（图二，1）。

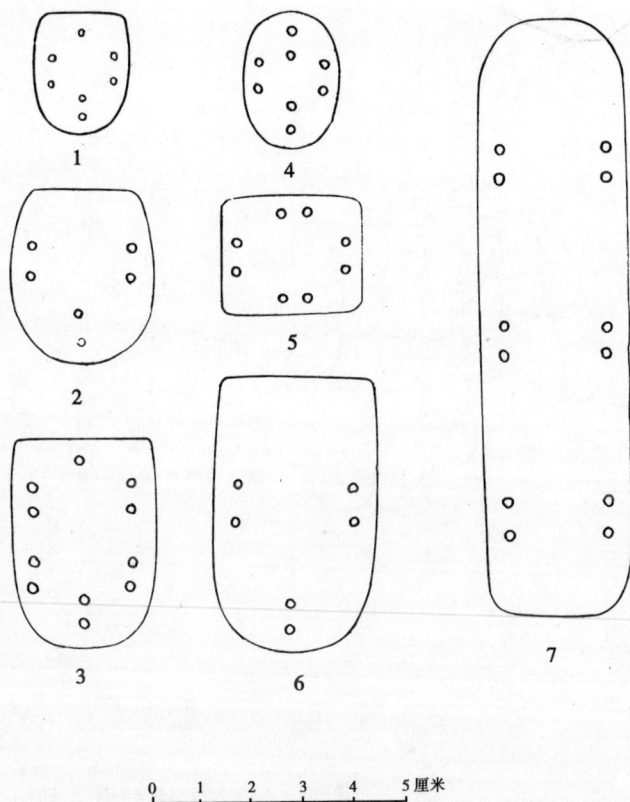

图一 鱼鳞甲上所见甲片类型

1.Ⅰ型 2.Ⅱ型 3.Ⅲ型 4.Ⅴ型 5.Ⅳ型 6.Ⅱ′型 7.Ⅵ型

与正文铠甲片型式对照表

附录二	正文
Ⅰ型甲片	Ⅰ型蹄形甲片
Ⅱ型甲片	Ⅴ型蹄形甲片
Ⅱ′型甲片	Ⅴ型蹄形甲片
Ⅲ型甲片	Ⅺ型蹄形甲片
Ⅳ型甲片	Ⅳ型方形甲片
Ⅴ型甲片	Ⅰ型椭圆形甲片
Ⅵ型甲片	Ⅺ型方形甲片

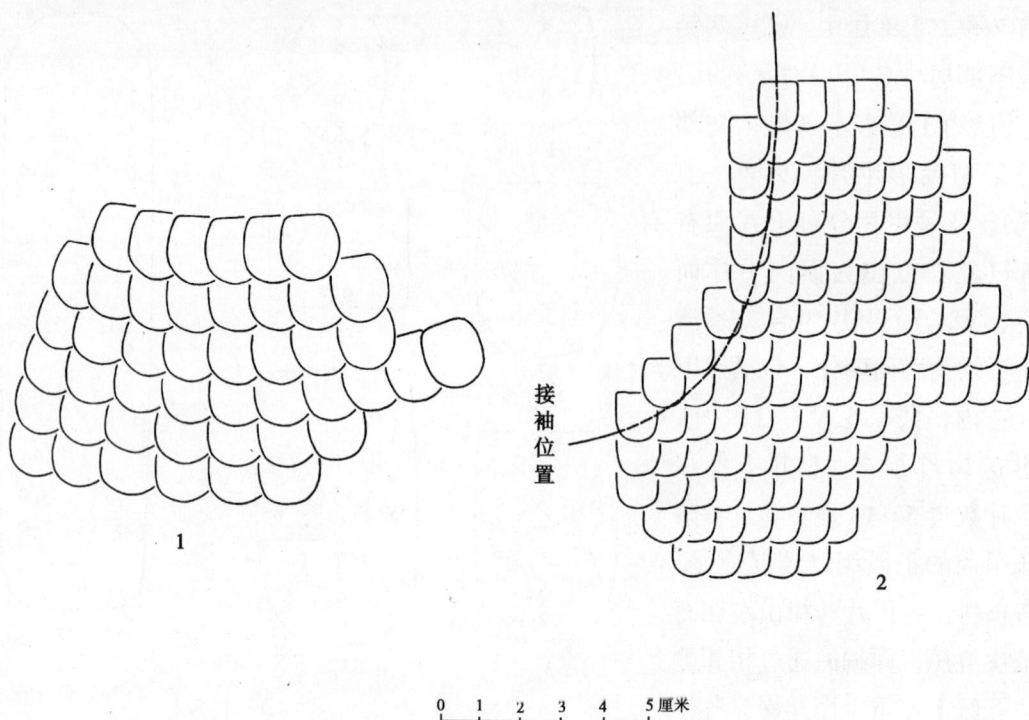

图二　1:T7③:1B残甲 A 面甲片组合局部
1. 左侧面箭袖残存（从正面看）　2. 右侧身甲后背残存（从正面看）

　　根据汉代铁铠甲身甲上甲片排列组合的一般规律，甲片的排列情况多是纵向从上往下、横向从前往两侧后顺序叠压，从而形成甲体上的甲片左右基本对称的编排次序。据以上规律判断，此块残甲 A 面上Ⅰ型甲片的局部残存，当属于铁铠甲上的左半身局部。

　　我们将在残甲 A 面上显露出来的另一种甲片定为Ⅱ型。该片片体较大，亦属蹄形（图一，2），片形则是下圆上方，纵长 3.2、横宽 2.75、厚约 0.15 厘米。片上穿有 6 孔，下部居中和两侧腰部各设一对纵列孔，孔径约 0.15 厘米（为正文部分的Ⅴ型蹄形甲片）。Ⅱ型甲片分布的范围在 A 面的右侧，甲片均为背面朝上，顶边向左，甲片的组合关系尚属清楚，显露部分包括残片在内计有 45 片，组成 6 个横排，排上甲片数量 6~10 片不等。分析其正面的编排次序，应是横排片一律从右往左压，各排甲片的纵向关系是上下成列，自上而下叠压，组合后的Ⅱ型甲片，亦类似鱼鳞状排列，排与排间的连缀较宽松，使甲片可作上下伸缩运动，形成可以缩合形式的结构

（图二，2）。

据已往对出土的汉代铠甲的复原研究，判断Ⅱ型甲片所组成的铠甲局部当属箭袖或甲裙上的残存。根据Ⅱ型甲片与Ⅰ型甲片编连的相对位置关系，确定两者应属同一个体。由于Ⅱ型片连接于Ⅰ型片的一侧而不在其下端，进而可确认Ⅱ型片构成的部分属于箭袖而不是甲裙。又由于判定Ⅰ型片的组合局部属于铠甲的左半身，因而推断Ⅱ型片所在的位置属于铠甲的左袖，进一步从残甲的正面来分析，箭袖残存部分位于身甲的左侧，又反过来可以推断Ⅰ型片的组合局部属于铠甲的左后身而不是左前身。经过以上这样一番分析和推论，最后确定了此块残甲，是属于铠甲的左侧背部并连接了左侧箭袖的一部分残存。这个残存的铠甲局部，使我们得以直观地从内面了解身甲背部与箭袖连接处局部甲片的具体组合结构，表明铠甲的后背为上窄下宽，其下段向两外侧递加甲片，故而身甲上形成接近圆转角的袖窿，以便于装接箭袖。

在此块残甲的背面——B面，除有少量Ⅰ、Ⅱ型零星散片外，没有显示更多的对此领铠甲复原有直接价值的资料，故而从略。

2．1∶T7③∶2B（图版六二，2）　此块残甲为多层甲片重叠体，残长30、宽21.6、厚8厘米，重5.5千克。

A面主要由与前述形状尺寸相同的Ⅰ型甲片组成，同属鱼鳞甲的残部。甲片均正面朝上，组合关系整齐清楚，包括伤残甲片在内，计由181片构成了13个横排，排上保存甲片数量4～20片不等，均由左向右叠压，甲片的纵列情况是上排压下排（图三）。依一般规律判断，此局部应属铠甲的左半身残存。

此层残甲除右侧上部基本是原边外，其余周边已残断。右侧边上部表面上有向内凹曲的长条片缀连其上，右边中下部亦有不甚规整的长方片缀合其上，推测这种现象或与铠甲之修补加工有关。右上部构成之圆弧状，应属身甲与箭袖或披膊相连接之部位，由于此弧形边缘处于残甲局部之右上侧，判断此局部应为甲体之前身近于左胸范围之残存。

进而观察，在此长条、长方片下部之右侧，有三片较大的上方下圆的Ⅲ型甲片作规整的纵向排列。Ⅲ型甲片约长3.9、宽2.8、厚0.12厘米，片上穿有11孔：上部居中1孔，两侧各两对纵列孔，下部居中一对纵列孔（为正文部分的Ⅺ型蹄形甲片）（图一，3）。Ⅲ型甲片与其左旁Ⅰ型甲片之关系，因被"修补片"（?）所掩盖，暂时难以了解清楚，从其相对的位置推测，此Ⅲ型甲片的组合局部可能属于甲体左肋部之结构，是否为原制作时的设计安排，有待进一步的证实，此种结构或可视为铠甲局部复原的一种方案。

关于1∶T7③∶2B侧面和B面显露的情形：

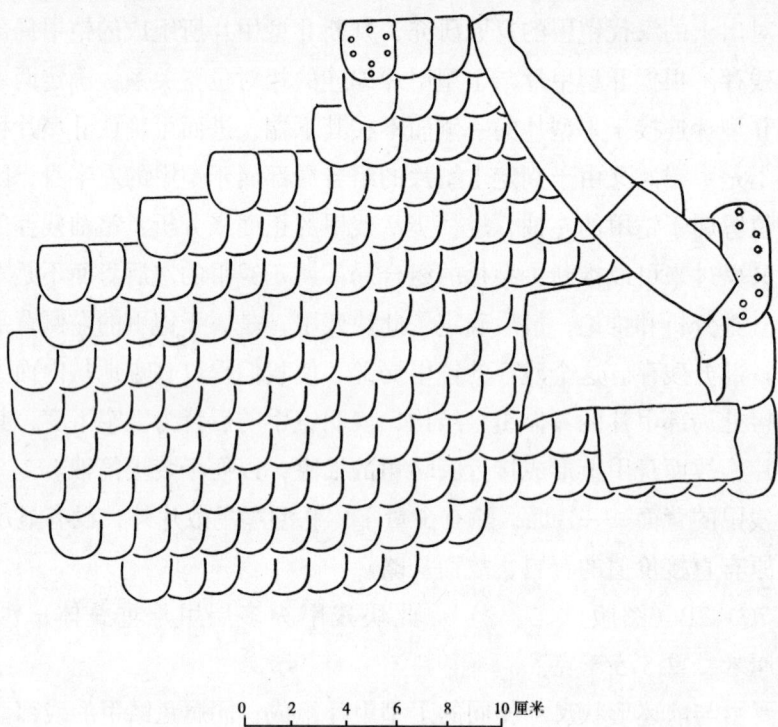

图三 1:T7③:2B残甲A面前身左侧及左肋局部

　　A面表层之下第二层的右侧，显露出一部分与A面上完全相同的Ⅰ型甲片组合结构，甲片的背面朝上，与上层甲片的背面相对，甲片的编排情况以至于所显示的方位均与上层者相对应，亦属铠甲左半身的某局部，且与上层者可能为同一个体（局部残甲块上下层为同一个体者不乏其例，后面将作重点介绍），鉴于上层残甲局部属左胸，且已至袖窿，据其相对位置关系判断，二层之此局部当为铠甲背部左侧残存。

　　表层下端的第二层，除一较大残片间隔外，显露着一些上圆下方穿有6孔的Ⅱ型甲片组成的残甲局部，该甲片多背面朝上，并往下右方倾斜，保存有顶端朝左的6个横排，各排自上而下顺序叠压，最上一排可见6片，其正面甲片编连情况，一律自左往右叠压，纵列则是下排压上排，处于半缩合状态。Ⅱ型片的尺寸：长约3.16、宽2.68、厚0.1厘米，与1:T7③:1残块A面上的Ⅱ型甲片大小相近，编排情况及保存排数也相同，应属于箭袖的残存。

　　表层左下角侧面，显露着不少于5排侧立着的Ⅱ型甲片。甲片的顶边朝上，正面向外。甲片长3.2、宽2.7、厚约0.12厘米。甲片横排编连均是自左往右顺次叠压，横排上甲片数量可见3~10片不等,应属于箭袖之残存,再往后则被一些宽度不小于5.5厘米的较大型卷曲着的甲片所遮掩。

A面右侧第二层,露出部分较大型甲片,其中有的片形近于长方,四角抹圆,长约8、宽约6.3厘米,沿朝外两侧边居中各开一对孔眼。

A面上端第二层,除个别零散Ⅱ型片外,多为一些大型残片,有的残片长度不小于11厘米。

B面之残甲,重重叠叠可见10余层,多数为Ⅰ型甲片,间有Ⅱ型甲片。最外一层Ⅰ型甲片长1.87、宽1.5厘米。甲片背面朝上并有断裂,其表面为土锈覆盖而较模糊,残存有10排,最宽处14.5厘米,当有13片之多。甲片正面之编排为横向右压左,纵向上压下,故应属铠甲之右半身残存。

其余夹层间之残片颇杂乱,一时尚难理清。此残块很厚重,将来能够揭开,或通过x光透视等手段加以逐层了解,相信能够获得更多的有价值资料。

3. 1:T7③:3B(图版六二,3) 此块残甲形体扁而平,长24、宽23、厚0.6~2.5厘米,重1.15千克。

A面主要由Ⅰ型甲片组成,居中纵向一行则由Ⅲ型甲片构成。残甲表面平整,结构清楚,甲片排列十分明了。

A面上Ⅲ型甲片造型大小与1:T7③:2的A面右下侧之Ⅲ型残存片相同。

整个A面以当中为界,将其分为左右两部分,左半部Ⅰ型各排甲片左压右,右半部Ⅰ型片之编排则与之相反,为右压左。当中交会处则与Ⅲ型甲片相连,每一Ⅲ型甲片的长度和孔眼安排,正好与其两侧的双排Ⅰ型甲片相配合,全部甲片的纵向排列,一律自上而下叠压。根据一般规律判断,此种左右对称的组合形式,显然属于铠甲后背的局部结构。包括残片在内,共保存有Ⅰ型甲片225片,当中Ⅲ型甲片组成的纵列,为7片(图四,1)。

B面右侧为正面朝上的Ⅰ型甲片组成的身甲局部(图四,2),可见残存八排甲片,横排上显露最多者为9片,各排上甲片均是左压右,故属于铠甲的左半身残存。

通贯左侧边处,亦为Ⅰ型甲片组成的残部,甲片顶边一律朝左,可见5排,下半多被另一些甲片所掩盖,各排片均是右压左,属于铠甲右身之残存,与A面右侧的左半身片相一致,可能有一定联系。

中部一带,除个别零散Ⅱ型片外,主要由一种略大的下圆上方的Ⅱ型较长片(亦属正文部分的Ⅴ型蹄形甲片)所组成,甲片排列尚有一定规律,一律正面朝下,顶边向左。甲片长5.3、宽3.3、厚约0.1厘米。甲片上穿6孔:下部中间纵列2孔,两侧各一对纵列孔。其编排情形:纵向为4排,排上最多者存7片,自左而右依次叠

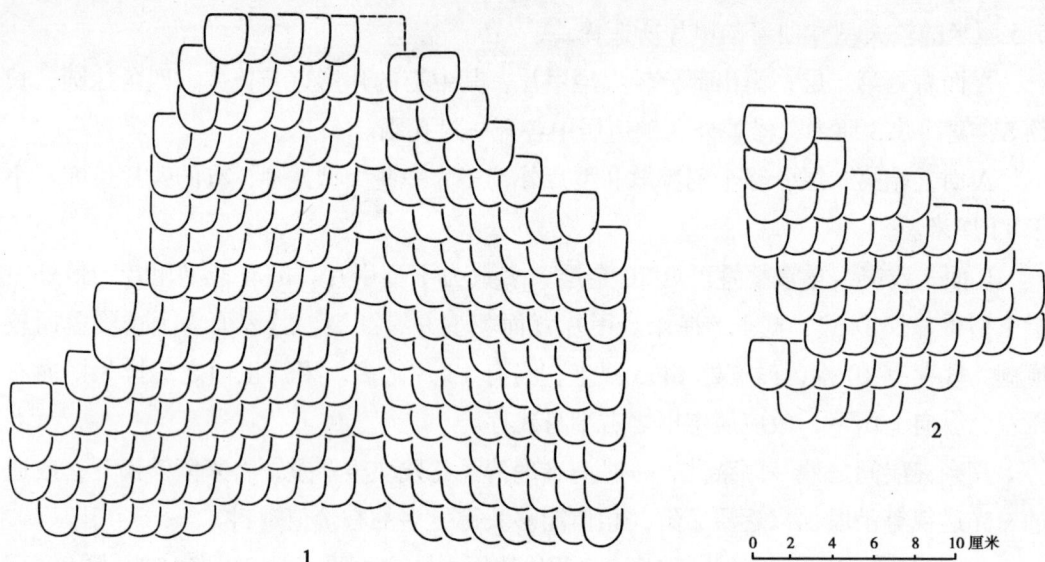

图四　1:T7③:3残甲组合局部
1.A面身甲后背局部　2.B面侧

压（图五）。根据下文中一些Ⅱ′型甲片出土情况及片上所开孔眼判断，这些甲片组成为可以上下缩合的局部，当属铠甲的底裙。

4.　1:T7③:4（图版六二，4）　此块残甲扁平，长23、宽24、厚约3厘米，重1.2千克。

A面为单一残甲局部，是由Ⅰ、Ⅱ、Ⅲ、Ⅴ（属正文部分Ⅰ型椭圆形甲片）四型甲片缀合而成。甲片正面朝上，排列整齐有序。

Ⅴ型甲片为椭圆形，长2.3、宽1.7、厚0.1厘米。甲片上穿8孔，上部及下部居中和两侧各开一对纵列孔（图一，4）。Ⅴ型片分布于残块上端之右部，只有1个横排，排上仅存9片，自左向右顺次叠压，与之相邻的下排则是与Ⅰ型甲片相结合。

Ⅰ型片分布于残块左部，造型与1:T7③:3的A面者相同，残存13个横排，排上最多者可见8片，一律右压左，甲片的纵向编排，均自上而下叠压。据此排列特点，此残部当属铠甲的右半身。

另外，在Ⅰ型片组合的2~5排左侧，发现Ⅲ型残甲片2片，做上下排列，并与相邻Ⅰ型片上之左边孔相连缀，参考1:T7③:3的A面情况，可知此Ⅲ型片处已至后身的正中线（图六，1）。

Ⅱ型甲片分布于残块右部Ⅴ型甲片左侧，甲片顶边朝左，呈几个叠合的弧形带

状排列（图六，2）。竖排上的
甲片上压下，最多者残留有 10
片，各排甲片缩合较紧，横排
甲片的编排是右压左，最右一
排至边缘，为箭袖下口，最左
边一排紧连于Ⅰ型甲片组合体
上。据以上结构特点，判断Ⅱ
型甲片范围是属于铠甲箭袖残
部，因位于右身的右侧，故属
右箭袖，而其左Ⅰ型片的范围
则是铠甲的后背右半身残存。
Ⅴ型甲片位于Ⅰ型片之顶上，
其右基本与右箭袖等平，判断
属于后领口残留。

　　综合以上各情况：1∶T7③∶
4 的 A 面上残甲，保存了右箭
袖上完整的几个横排局部，还
保存了铠甲后背上部完整的右
半边，上及领口、右边箭袖，
因而这块残甲在铠甲的复原上
具有特殊重要的作用。

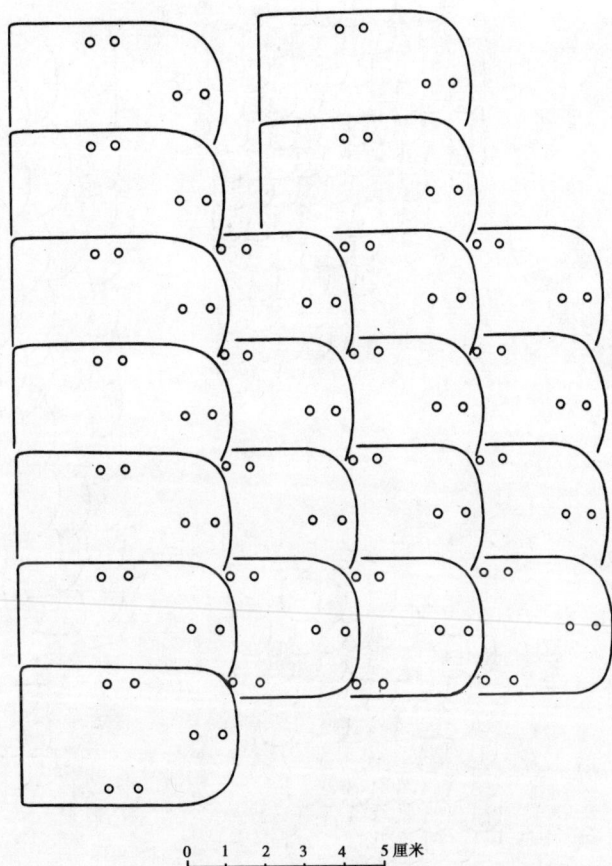

图五　1∶T7③∶3 残甲 B 面Ⅱ′型甲片残存组合局部

　　1∶T7③∶4 残甲的 B 面，显现出主要以正面朝上的Ⅰ型甲片构成的两层残部。上
半部表层的一组Ⅰ型片排列比较紊乱模糊，甲片顶端一律朝右，排与排间有些扭曲变
形，大体可以辨明保存 9 个横排，排上最多存 10 片，甲片都是右压左，纵列均为上
压下，故属于右半身残部（图六，4）。下半部的另一组Ⅰ型甲片部分被压在前者之
下，排列比较清楚，甲片顶端一律朝左，可见 13 个横排，排上最多存 13 片，横排片
右压左，纵列上压下，亦属于铠甲右半身之残部（图六，3）。

　　在 B 面的左下部边缘处，还有 4 片正面朝上的Ⅱ型残片迹象，并与下面的Ⅰ型片
相连接，Ⅱ型中的其中 3 个残片说明两个问题：一是甲片横向编排右压左，二是下排
片反压在上排片之上。据此可推知，此Ⅱ型片之残余属铠甲的右身腹部与右肋并连接
箭袖下角部位。B 面下部一组残存的右半身甲片也随之确定了具体属于右腹及右肋
残部。

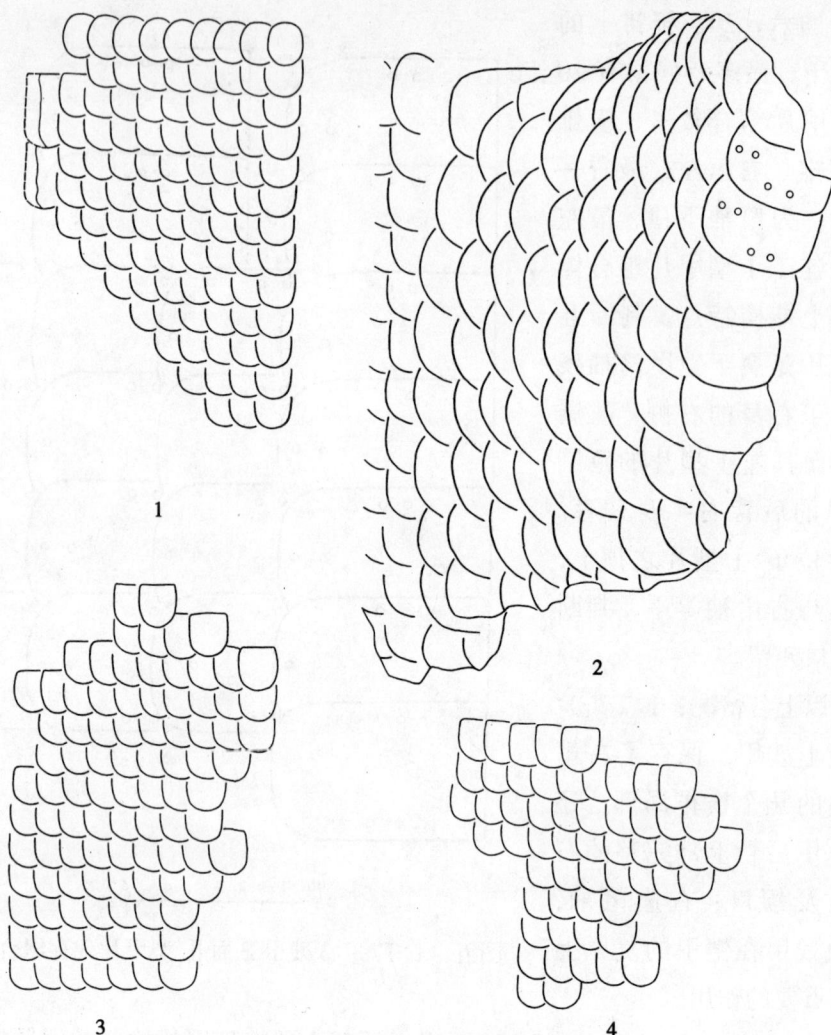

图六　1:T7③:4残甲甲片组合局部

1.左侧身甲后背局部　2.右侧箭袖残存　3.B面下部身甲局部

4.B面上部身甲局部（1、3、4为1/4，2为1/2）

5. 1:T7③:5B（图版六三，1）　此块残甲扁平，长22、宽23、厚3厘米，重1.1千克。

A面甲片排列较为整齐清楚，基本由Ⅰ、Ⅱ、Ⅴ型甲片组合而成。值得注意的是在上端右侧还保存着12片长方形残片（图七）。

Ⅰ型片分布在残块右侧，残存6排，自上而下顺次叠压，横排上显露最多者仅7片，自右向左叠压，据此排列特点，判断属铠甲左身之残部。

Ⅱ型片位处残块左部，约占表面的三分之二，与Ⅰ型片相连接，甲片一律顶边朝左，形成 9 个横排，排上片保存最多者 10 片，为左压右。甲片的纵列是左压右，即左边一排已至边缘，在最右边一排与 I 型片连接处的上部，另有 2 片 II 型片补入。据以上组合特点，可确定 II 型片组成之局部属于铠甲箭袖残存，其右侧与左身片相连，故属左袖，而 I 型片者则属铠甲后背左部残存。

　　以上 1：T7③：3、1：T7③：4、1：T7③：5 三块残甲上的箭袖局部表明，右箭袖上横排片是自右而左叠压，左箭袖之横排片自左向右叠压，成为一般的组合规律。这种编排形式，与满城刘胜墓出

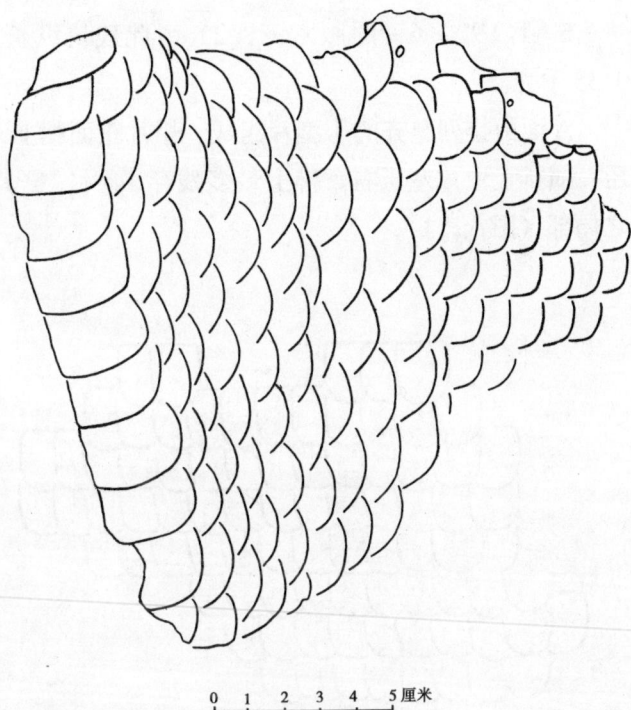

0　1　2　3　4　5厘米

图七　1：T7③：5B残甲 A 面甲片残存组合

土的铠甲箭袖上不分左右的横排片一律由右往左叠压的组合方式有所区别。

　　V 型片计有 6 片，其中 4 片残缺，形成一个横排，排上片左压右，连接于 I 型片顶排之上，左侧一片被压在袖片之下，此与 1：T7③：4 的 A 面右背后领甲片的结构相同，证明后领左右两侧的甲片编排为对称形式。

　　A 面上端右侧可见 4 片体近长方形的残片，定为 IV 型（属正文部分 IV 型方形甲片），构成上下两排，上排右残片叠压在左残片之右边上，下排 2 片叠压方式亦相同，下排片之上边叠在上排片底边之上，此组片之下部被 V 型和 I 型片所压，其左部则被 II 型片叠压。根据此种残片的造型和处于铠甲后背领口左端并与箭袖相连的特点，有理由判断这一局部是属于铠甲左肩的残存，可惜片型不够完整，但仍可了解其组合情形及片形为长方体，此肩片横长 2.5～3.35 厘米不等，纵宽约 2.5 厘米，片上孔眼模糊不清。此 IV 型片大致与山东临淄齐王随葬坑出土铁铠甲上的肩片相似。片上的穿孔，据编排规律定为 8 孔，片形复原如图一，5。

　　B 面上甲片重叠散乱，上半部属 II 型片，背面朝上，顶边居下，横排右压左，纵列上压下，当为箭袖残存。下部一些 I 型片组合局部，据编排形式可定为铠甲右半身

残存，或与A面之左背局部有联系，为铠甲之右胸。

　　6. 1:T9③:6（图版六三，2）　此残块纵长12、横宽18，厚1～2厘米，重0.35千克。

　　A面由排列整齐的Ⅰ型片组成，甲片正面朝上，残存计有9排，自上而下依次叠压，横排上甲片左压右，排上最多残存14片。据其编排特点，判断属于铠甲左半身之局部（图八，1）。

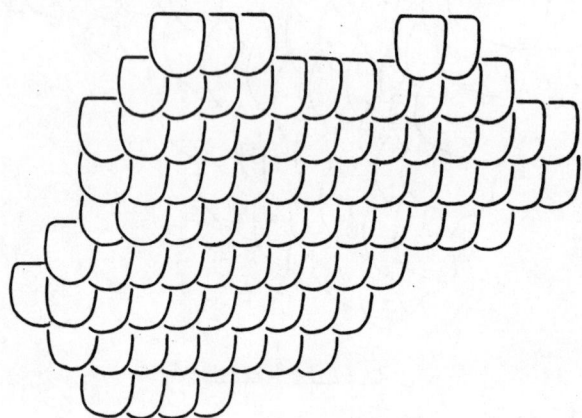

1

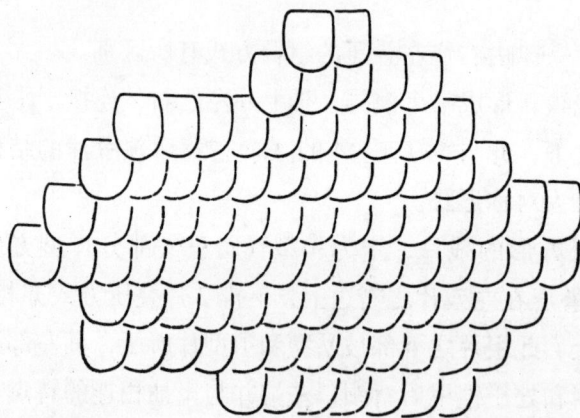

2

```
0   2   4   6   8   10厘米
```

图八　1:T9③:6　残甲甲片组合局部
1.A面身甲残部　2.B面Ⅰ型甲片组合局部
（虚线处为被遮掩部分）

　　B面可见重叠的两层残甲，底层为Ⅰ型片组合，结构与A面者相同，亦属左半身之残存（图八，2）。上层则由一种上方下圆近于Ⅱ型而形体较长大的甲片组成，定为Ⅱ′型（图一，6）。甲片纵长5.2、宽3.15、厚0.15厘米，上穿6孔：下部居中及两侧中腰部各开一对纵列孔（属正文部分Ⅴ型蹄形甲片）。残存的Ⅱ′型甲片背面朝上，构成3个横排，其正面的编排情形为横排片右压左，纵列则上压下，形成可以伸缩的组合结构。据此特点判断，此局部当属铠甲垂缘——甲裙的残存（图九）。

　　7. 1:T9③:7（图版六三，3）　此残甲块凸凹不平，片体为青灰色，似与火焚有关。长16、宽11、厚约4厘米，重0.6千克。

　　据甲片的编排情形判断，A面之表层上残留有铠甲的后背局部，是由Ⅰ、Ⅲ型两种甲片组成（图一〇，1）。Ⅲ型片居

中，Ⅰ型片分列两旁。其正面编排
方式是：残存的Ⅲ型4片甲片组成
上压下的纵列，Ⅰ型片残存上压下
的7个横排，甲片自两侧向当中顺
序叠压（图一〇，2）。此一铠甲后
身中部残存，与1∶T7③∶3所处之
局部相当，只是甲片正面朝下，恰
好补充了从背面直观其结构情形的
不足。

　　A面表层之下，是数层杂乱的
Ⅰ型片残存，大都背面朝上，多属
左半身者。

　　B面上甲片更为残乱。除Ⅰ型
甲片外，还有Ⅱ型及一些难以确定

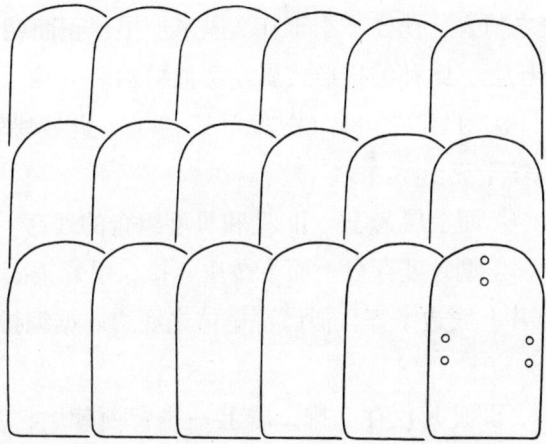

图九　1∶T9③∶6残甲 B 面局部甲片结构（裙）

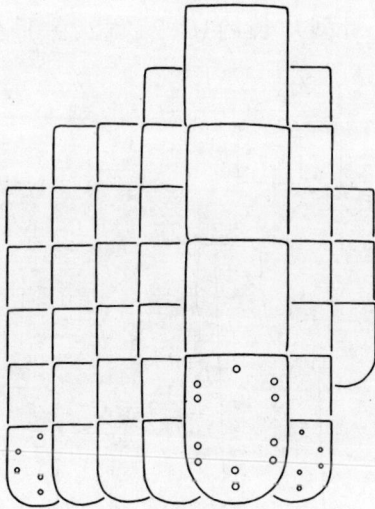

1

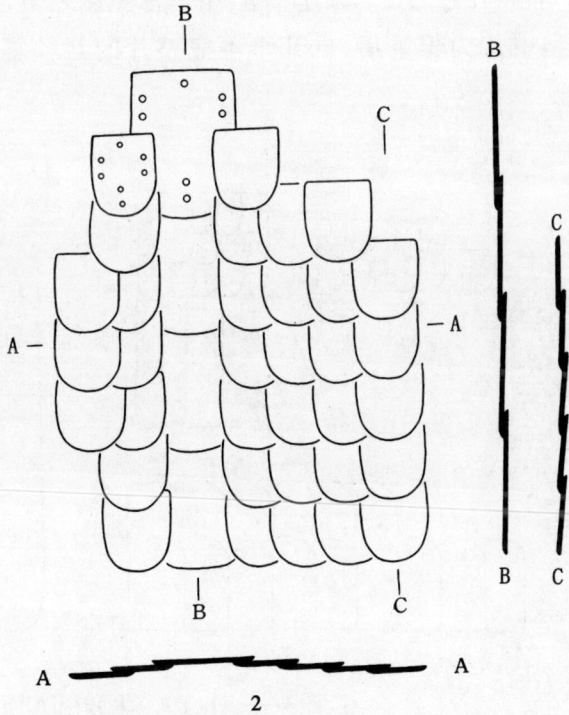

2

图一〇　1∶T9③∶7残甲甲片组合形式

1.A面现状（原甲背面向外）　2.正面复原情形及剖面（原甲正面向外）

片形的残片。此部分Ⅱ型片与1:T7③:5的A面上Ⅱ型片尺寸相同，只是片上的孔眼较之稍大，孔径不小于0.2厘米。甲片正面朝上，横排片左压右，纵向残存7排，为下压上，此种编排形式属左箭袖结构。

8. 1:T9③:8B（图版六三，4）　此残块较厚重，长32、宽22、厚约7厘米，重2.35千克。

A面上层为Ⅰ、Ⅱ′型和Ⅵ型组合的残存。

Ⅰ型片残存自上而下叠压3排，甲片正面朝上，横排上右压左，最下一排保存有15片，底边平齐，似已至甲体之底边。据编排特点可确定属于右半身残存（图一一，1上）。

Ⅱ′型片仅存2排，居上一排背面朝上，顶端向下，上部多压在Ⅰ型片局部上，左下部则压在居下一排之Ⅱ′型片之下，此排残存9片，从正面看，甲片横排为右压左。居下一排甲片为正面朝上，残存8片，顶端向下，横向编排右压左。据此现状分析，Ⅱ′型片残存的两排应属铠甲垂缘（即甲裙）之残部。其正面朝上的一排与残甲右半身的底边接近，另一排与之相连自下翻转了上去，故形成背面朝上顶端向下的现象，然而，两排仍保持着甲片上下垂直排列的相对位置关系（图一一，1下）。

值得注意的是，在Ⅰ、Ⅱ′型甲片左侧之下，显露出正面朝上的Ⅵ型甲片残存，此型甲片为长条形，据几个不完整片的互补复原，Ⅵ型片长约10.2、宽2.9、厚约

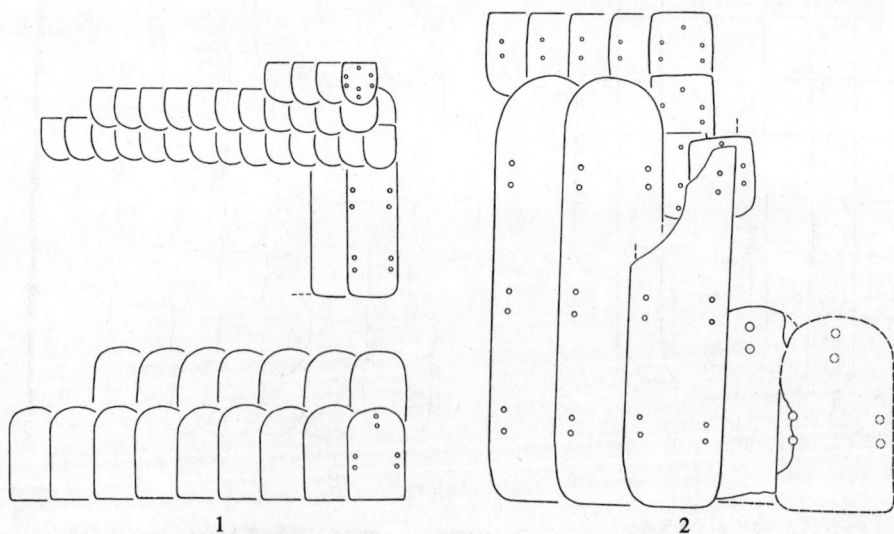

图一一　1:T9③:8残甲A面甲片组合局部

1.A面Ⅰ、Ⅵ、Ⅱ′型甲片残存组合局部　2.A面右下部Ⅰ、Ⅵ、Ⅱ′型甲片背面组合残存（1为1/4；2为1/2）

0.2 厘米，片上两侧各开三对纵列孔（图一，7）。横排片自右而左叠压。Ⅵ型片的顶部，整齐地被压在Ⅰ型片组成的身甲底边之下，说明以上三种甲片有着特定的连接关系。

A面下部，亦为一组Ⅰ、Ⅵ型片组合残存，甲片正面朝下。Ⅵ型片残长为 10.2 厘米，横向排列有 11 片，为右压左，顶部被前述之一组Ⅵ型片所重叠，顶部之下则有背面朝上的 3 排Ⅰ型残片被压。在此组Ⅵ型片右下角之外侧，显露有与之相连的右压左的Ⅱ′型两个残片，当属甲裙之残余（图一一，2）。据以上情形判断，下部的Ⅰ、Ⅵ、Ⅱ′型片与上部右侧显露的Ⅵ型片可能属于同一铠甲个体面被翻卷起来，又上下错位了的相关的局部。

B面的情况是Ⅰ、Ⅲ型片组成的铠甲残存，表面不平整，甲片的排列状态也不规整。在这面保存的Ⅰ型甲片最长处有 15 个横排，纵列片上压下，横向编排则是自两侧向当中的一列Ⅲ型片依次叠压聚拢。Ⅲ型片纵列编法与Ⅰ型片相同。据以上特点，可确定此一局部属铠甲后身的残存。此局部与 1∶T7③∶3 之 A 面显示的局部属同类铠甲残部。残存部分面积虽然较大，只是上下左右不着边，故而在复原中的作用较小。

9. 1∶T9③∶9（图版六四，1） 此残块扁平，A、B 两面为同一铠甲个体之残部，甲片的正面朝外，残块长 12、宽 17、厚 1～2 厘米，重 0.35 千克。

A面由Ⅰ、Ⅱ两型甲片组成。甲片形状大小皆与 1∶T7③∶1 标本相同。Ⅰ型片分布于左下部，残存自上而下叠压的 7 个横排，最多排上保存有 10 片，甲片横编为左压右，故属铠甲左半身（图一二，1 下部）。Ⅱ型片位于残块右上部，顶边朝下，与Ⅰ型片相连，残存有自外而内缩合的 5 排，排上最多可见 6 片，甲片右压左（图一二，1 上部），其右侧向下卷曲。据编排特点，可判断为铠甲左箭袖残存。Ⅱ型片组合残部位于Ⅰ型片右上侧，故判断Ⅰ型片的组合局部当为铠甲前身与左肋处之残存。

B面上保存的Ⅰ型片较少，而以Ⅱ型片居多。Ⅰ型片残存分布于下部，可见 2 排，编排情况与 A 面者同，属铠甲左半身的左肋残部。Ⅱ型片计有 8 排，排上保存甲片多者 8 片，均顶边朝上，左侧向下卷曲与 A 面者相连接，编排方式一致，亦属左箭袖残部（图一二，2）。

10. 1∶T9③∶10 残块扁平，纵长 20、宽 26、厚 2.5 厘米，重 0.75 千克。

A面显示出两类铠甲的残存。下部最上层为大型长片组成的札甲残存，本文从略。上部则为正面朝上的 4 片Ⅵ型残片与Ⅱ′型片的组合残存。Ⅱ′型片呈 3 排组合，位置有些错动，最上一排存 5 片，自左而右叠压，中排与下排各显露 3 片，编排方式与上排相同，其原来排列当与现状相反，此因绳朽和过度缩合所致。在此Ⅱ′型片上部，露出了残缺的Ⅵ型片左压右的组合（图一三）。

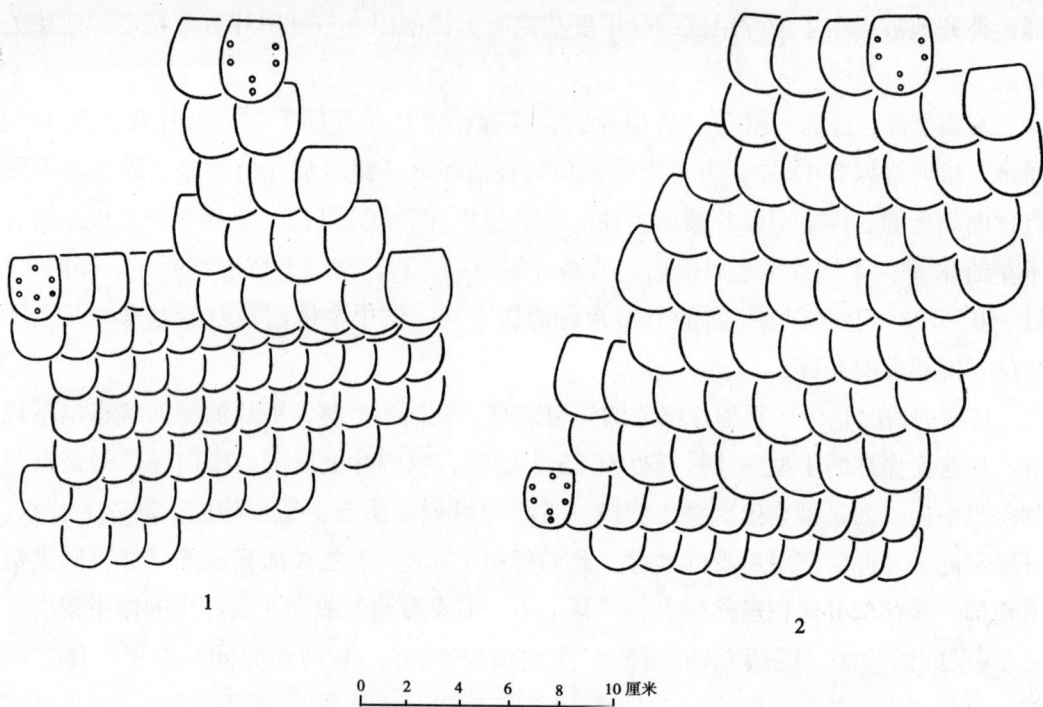

图一二　1：T9③：9残甲Ⅰ、Ⅱ型甲片局部组合形式
1.A面　2.B面

B面则是残乱不堪，多属背面朝上的Ⅰ型片构成的铠甲右半身残存。

11．1：T6③：11（图版六四，2）　此残块长34、宽29、厚约7厘米，重3.4千克，为多层残甲叠合体。

A面为背面朝上的残甲局部，系由Ⅰ、Ⅱ′、Ⅵ型三种甲片组成。

Ⅰ型甲片分布于上部，排列整齐，残存7个横排，排上最多者可见18片，叠压方式是左压右，故属铠甲的右半身残存。其最下一排已至底边，自下数之两排被Ⅵ型片之顶部所遮盖，而从正面看，情形则恰好相反——Ⅰ型片的最下两排压在Ⅵ型片组排顶部之上。Ⅵ型片分布于A面残甲的中腰，甲片之近半数残碎，其余一半完整，甲片长短宽窄及孔眼安排与1：T9③：8之A面者相同，体之下两端均明显地略向后折曲（回顾前述之Ⅵ型片，也都有此现象），此型甲片组合为一横排，其正面顶部被Ⅰ型片组合体之下缘所压，对应Ⅰ型片的编排作自左而右整齐有序的叠压。这些有规律的编排，有力地说明Ⅵ型片的组合局部当为铠甲底边的延续，构成身甲的一个组合部分。

Ⅱ′型片位于 A 面残甲之下部，排列
亦很齐整，与Ⅰ、Ⅵ型甲片上下相对应，
共保存 3 排，最上一排 13 片，甲片的正
面编排形式是左压右，与Ⅰ、Ⅵ两型片的
横排叠压顺序相同，下面两排与上排情形
相同，只是保存甲片较少。三排甲片纵列
则是下压上，形成可以上下伸缩的甲裙结
构特征。Ⅰ、Ⅵ型片属于铠甲右半身下部
的残存，这里的Ⅱ′型片亦属于与之连贯
的同侧身甲裙的残存。

以上三种甲片的具体组合方式之正面
如图一四。

通过此块残甲局部的分析，判明了Ⅵ
型甲片的铠甲上的特定的组合位置，也确
定了由Ⅱ′型甲片组合的甲裙的造型。在
此件小叶鱼鳞甲的总体复原中，突破了最
后一关，从而在 1∶T9③∶8、10 上，Ⅱ′型

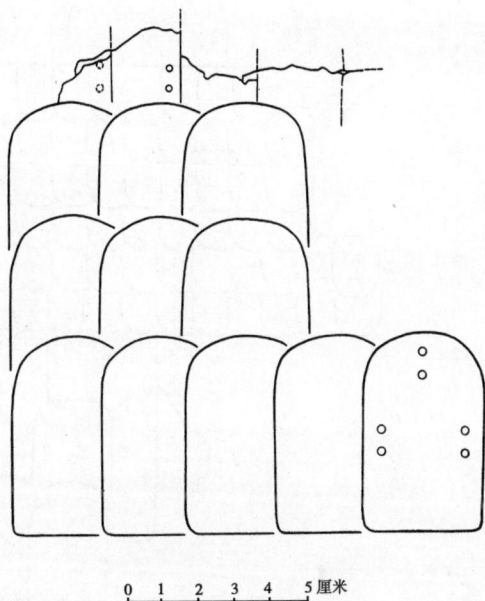

图一三　1∶T9③∶10 残甲 A 面Ⅵ、Ⅱ′型
甲片局部组合

与Ⅵ型片共存之谜也迎刃而解了。然而Ⅱ′型片组成甲裙的横向编排方式，有的向左
压，有的向右压，并未按照严格规律与Ⅰ型片左右半身的编排次序相一致，这也许是
此类型铠甲结构的一个局部特点。

B 面上的甲片较零散，大多缺少编排规律，片型以Ⅰ、Ⅱ型为主。右侧约占四分
之一的面积，为正面朝上的Ⅰ型片，顶边朝左，残存 6 排，排上最多者 10 片，甲片
左压右，故属铠甲左半身残存，在排间拉裂的缝隙处，透出下层偏斜而背面朝上的Ⅰ
型片组合局部，亦属左半身残存。在 B 面左侧中部，有一弧面长梯形片，长 11.8、
底宽 5.5、顶宽约 4 厘米，可能属于铁胄之残存片。

12. 1∶T6③∶12　这是一个不大的残块，长 16、宽 11、厚 3 厘米，重 0.4 千克。

A 面为背面朝上的Ⅰ、Ⅵ两型甲片的组合残存。Ⅵ型片保存 5 片，正面横向组合为右
压左，Ⅰ型片组合的下部被Ⅵ型片压住，排上最多者 8 片，从正面看横排甲片右压左，
纵列为上压下，可知为铠甲的右半身残存（图一五）。Ⅵ型片与Ⅰ型的联合形式，为 1∶T9
③∶11 残块上明确的Ⅰ、Ⅵ型片共同组成身甲底缘的认识，于此又得到印证。

B 面为正面朝上的Ⅰ、Ⅱ型组成的铠甲局部，Ⅰ型片存 5 排，自上而下叠压，
最多一排残存 7 片，横向一律右压左，属左半身局部。Ⅱ型片位于Ⅰ型片上部，残存

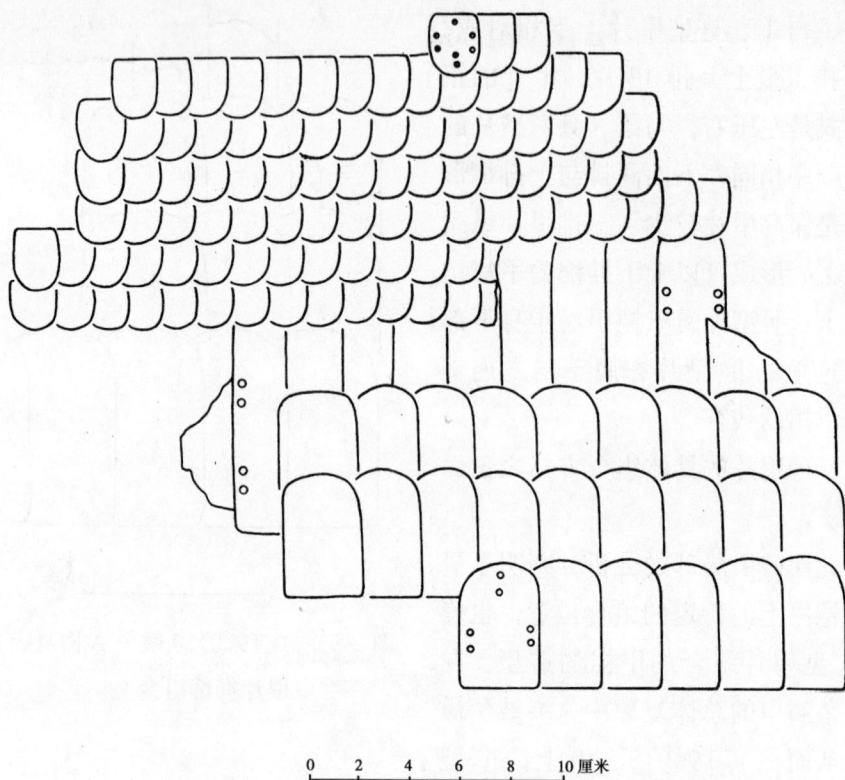

0 2 4 6 8 10厘米

图一四　1:T6③:11 残甲 A 面甲片组合局部

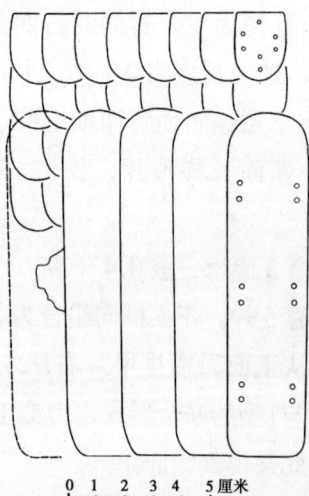

0 1 2 3 4 5厘米

图一五　1:T6③:12 残甲 A 面
Ⅰ、Ⅵ型甲片组合局部

6排，横排甲片均右压左，为一残存箭袖。因连于左身，故属左侧箭袖，因残袖位于Ⅰ型片上部，故该残块应为左肋局部。值得注意的是，在此残块上，左身片与左箭袖上甲片的横向编排方式并不一致，这说明左右箭袖上甲片的横向组合方法既有对称者，也有不对称而一顺者，这与满城西汉刘胜墓出土铁甲上的箭袖片的组合情形刚好一致。

13．1:T6③:13　此块残甲横长33、纵宽18厘米，重3.5千克。

A面主要为Ⅰ、Ⅱ′、Ⅵ型三种甲片构成。Ⅰ型片分布于上部，背面朝上，残余5排，排上存2~10片不等，均左压右，属铠甲左半身。Ⅵ型片为一横排，残存 12 片，通贯于 A 面中部，背面朝上，右压左，与 I 型片之编排方式相反，其正面当与 I 型片相连缀，顶部被压在 I 型片之下，共同组成铠甲左半身底缘之局部，Ⅱ′型片分为两组，一组位于 A 面之左下角，连接于 Ⅵ 型片下部，作缩合状，残存约 3 排，横向甲片左压右，当为甲裙之残余（图一六，1）。另一组于 A 面右侧，四排相叠压作缩合状（图一六，2），当为残裙保存排数之完整者。此局部正面朝上，横向片一律左压右，片形大小与另一组相同，或与前者为同一个体。联系前述 1:T7③:3 之 B 面上曾出现的Ⅱ′型片的纵向 4 排的情况，为确定甲裙的结构形式又增添了一个依据，身甲底缘与甲裙的结构复原如图一六，3。

A 面之下为多层 I 型片残存，多属铠甲右半身片。

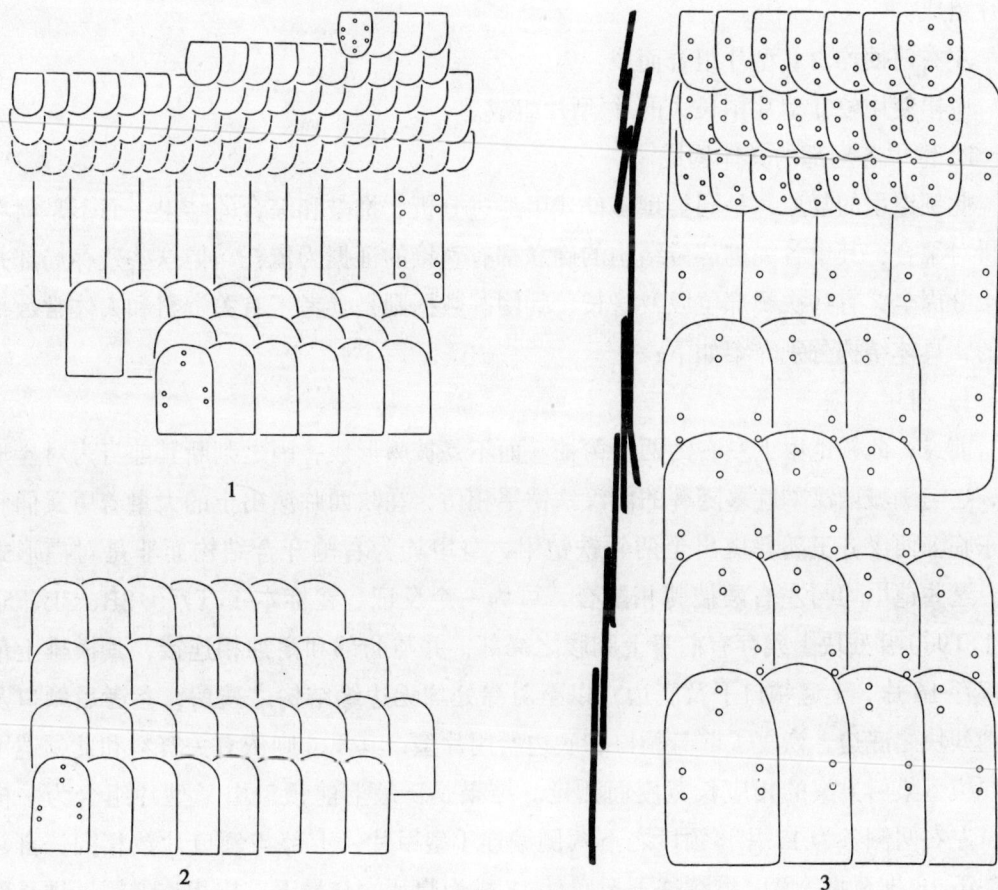

图一六　1:T6③:13 残甲甲片组合局部

1.A 面（原背面朝外，此图翻正）　I、Ⅵ、Ⅱ′型甲片组合方式复原示意图　2.A 面残存Ⅱ′型甲片组合形式图　3.身甲底缘与甲裙局部结构复原示意图（1、2 为 1/4，3 为 1/2）

B面上可辨识者有Ⅰ、Ⅱ型片，多已残乱。

二　铠甲的整体复原

铠甲的整体结构包括身甲、箭袖、甲裙三个部分。身甲又分为前身、后身、两肩及左右肋几个部位。前引13件典型标本，在这些残存的局部上，反映出了此领铠甲各部分的基本结构特点（见附表一），从而为铠甲的整体复原准备了必要的条件。

1. 各型甲片在铠甲上所处的部位

身甲共用五种甲片组成。主体部分由大量的Ⅰ型片组成，后背正中一列用的是Ⅲ型片，身甲的底边一周为Ⅵ型片连成，前后领口则由一排Ⅴ型片构成，两肩部各为Ⅳ型片组成。

左右箭袖均由Ⅱ型片组合而成。

甲裙使用较Ⅱ型片稍长大的Ⅱ′型片组成。

2. 铠甲各局部的具体构成

此领铠甲的复原，是同类型多件残甲经过分析、推敲和综合的结果，而不是简单的拼对聚合，其中各关键部位结构的确立都有直接的证据为依托，但这些残存局部并不十分周全，有些次要部位以及身长、胸围等数据则是参考了有关资料和人体常数推定的，具体结构分别介绍如下：

1) 身甲

前身，此领铠甲上左右为两个箭袖，而不是披膊形成，因之判断其前身为对襟形式，这与满城西汉刘胜墓随葬的西汉铁铠甲相仿，在陕西临潼出土的大量着甲武俑和山东临淄西汉齐王随葬坑出土两领铁铠甲，身甲均为右侧开合结构而非是对襟形式的，这些铠甲均与左右两披膊相配合，可为一个反证。在标本1:T7③:2B、3B、5B和1:T9③:9残块上残存有前身上胸腹之局部，并与肋部和箭袖相连接，其横排上最多仅存16片，上起领口下及底边，以至对襟处均无边缘结构之残留，参考后领口及其他残块之底边，恢复了前身领口和底边所用片型，其尺寸则依有关资料和此领铠甲复原模型最后方案的相应长宽度而测定。结果是：最上前领口由Ⅴ型片组合为一横排，左右两侧各为17片，领口之下两侧编连Ⅰ型甲片，上部与领口片数相同，自领口往下13排至腹等宽，继续往下至底计18排为腹片，与最下一排相连者用一排Ⅵ型片，始达身甲之底边。以编制的原大模型度量，前身由领口至底边，纵列31排片的长度共为59厘米，宽度共为38厘米，共用甲片1044片。

左右两肋，依据对标本1:T7③:2B、3B、4，1:T9③:9，1:T6③:12各残块的分

析确认，肋部为Ⅰ、Ⅵ型两种甲片组成，横向各与前身腹部两侧边相连接，呈长方形块，纵列 17 排，长 37 厘米，横向每排 15 片，宽 16 厘米，共用甲片 530 片。

后身，上段为背，下段属腰，据对标本 1：T7③：1B、3B、4、5B，1：T9③：7、8B各残块的分析，复原背部近于梯形，腰部为长方形，通贯居中一列甲片为Ⅲ型片，此外，后领口一横排为Ⅴ型片。后身纵向共 37 排，上部 18 排为背，其下 19 排属腰。后背顶排为领口，由 29 片组成，下部为 37 片，紧连后背之下的腰部横排亦多为 37片，唯底边Ⅵ型片因体较宽而仅用 21 片，后身之组合共用甲片 1117 片。

两肩，据标本 1：T7③：5B 残块显示，由Ⅳ型甲片组成，左右两肩呈对称组合，纵列甲片 3 行，宽度为 9 厘米，长度推定 15 厘米，两边各用甲片 32 片。

2）甲裙

据对标本 1：T7③：3B，1：T9③：6、8B、10，1：T6③：11、13 之分析，确定甲裙由Ⅱ′型片所组成，可分作左前侧、右前侧及后部三段，横向总宽度与前后身和两肋的底边总宽度之和相等。按所编模型统计，横向通宽用Ⅱ′型片数为 65 片，横长约 115 厘米，至于甲裙纵向排数，多数标本仅保存有 3 排，因而可能属下一种通常的结构形式。3 排片组编起来的长度约为 11 厘米，用甲片数为 195 片。如与满城西汉刘胜墓铁甲之甲裙相比，其长度显得略短，似依 1：T6③：13之 A 面右侧一组残裙为准，定为纵列 4排的结构更为适当。

3）箭袖

据对标本 1：T7③：1B、4、5B，1：T9③：7、9，1：T6③：12 等分析，两箭袖之结构大多左右对称，系由 9 个从大到小的环围组成，靠肩部则另加 3 排垫片，以便与身甲连接（图一七）。复原结果，两袖各用Ⅱ型甲片 363 片。

在以上各部位具体结构确定的基础上，最后完成整领铠甲的复原（图一八）。总体用各型甲片情况见附表二。

三　甲片的组编方式

在多数身甲残块的表面，均隐约

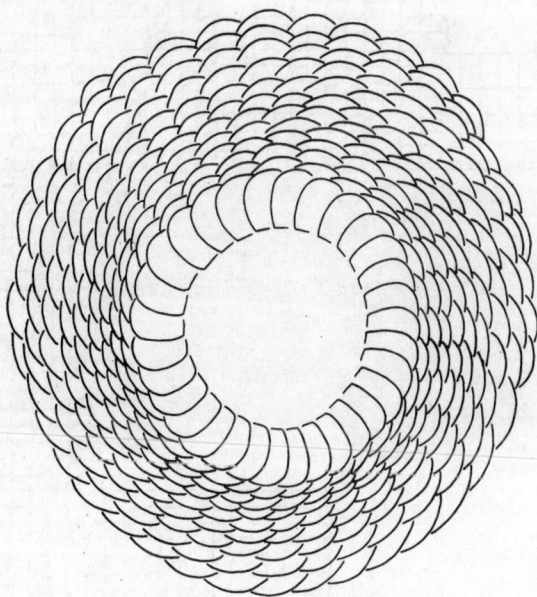

0 2 4 6 8 10厘米

图一七　左箭袖复原图

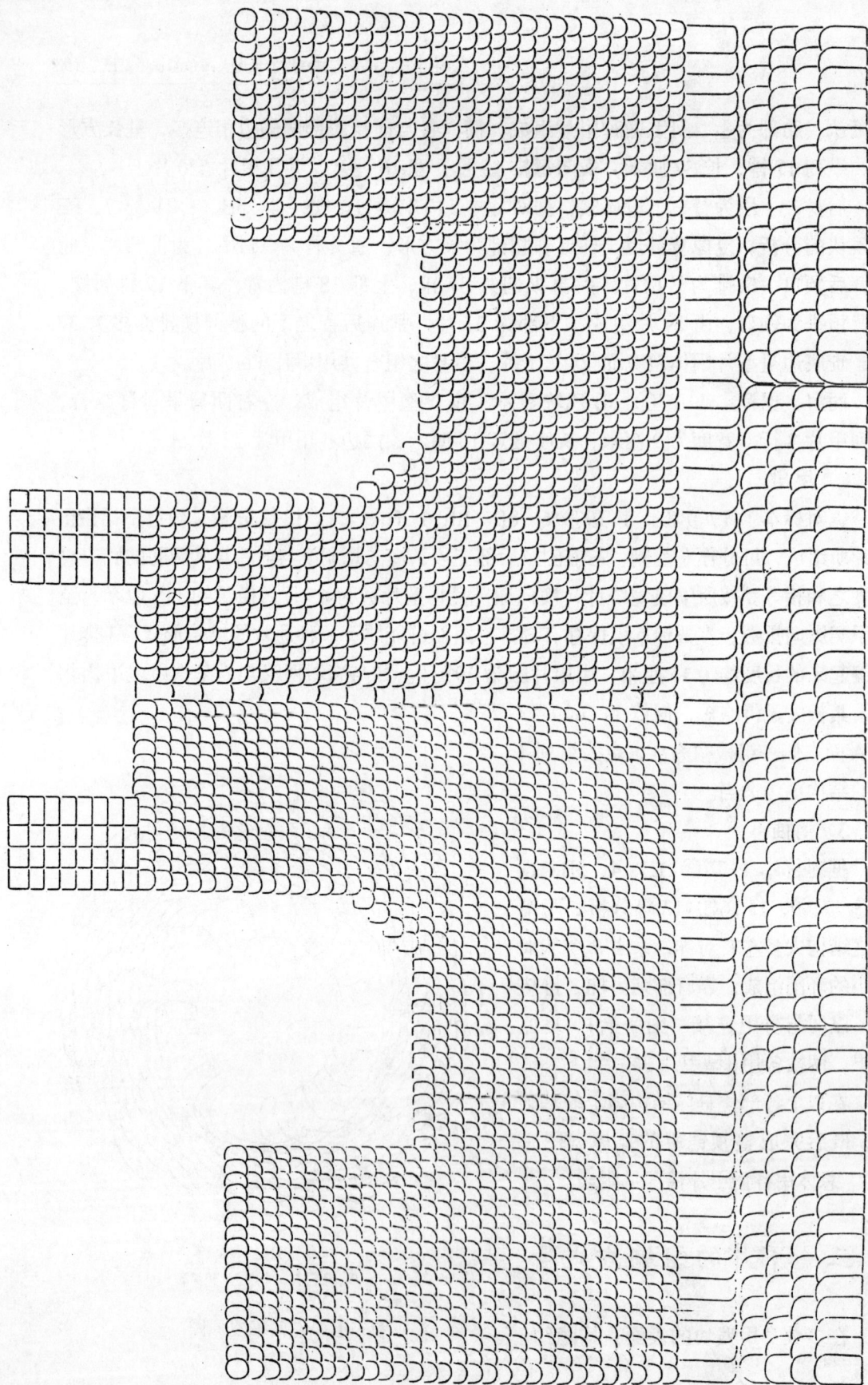

图一八　复原主体铠甲展开图(约 1/5)

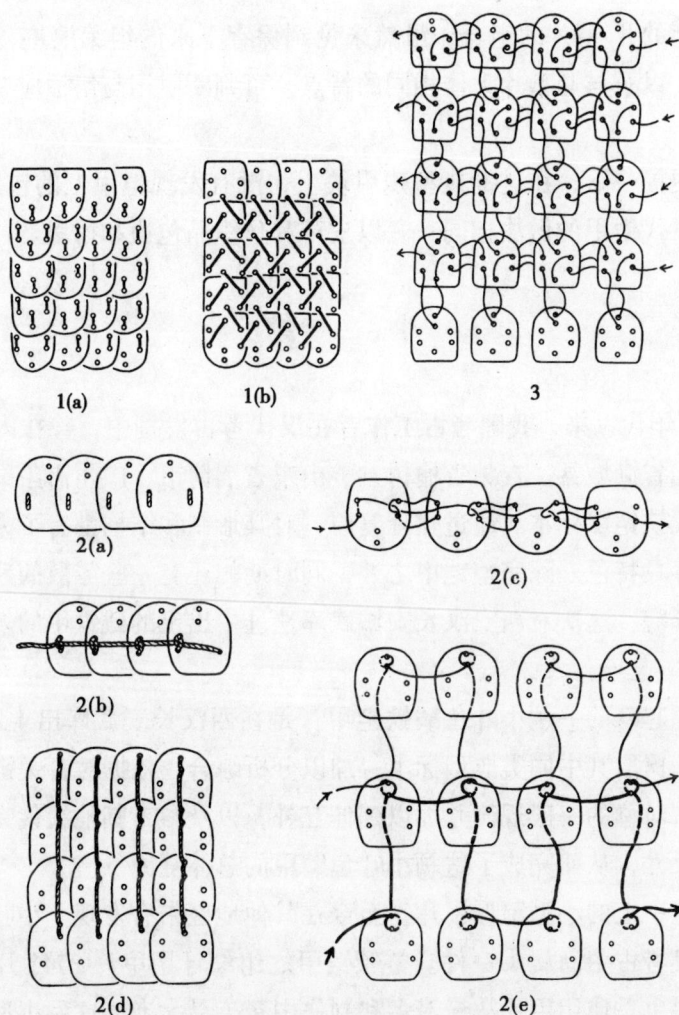

图一九　甲片组编方式示意图

1. I型甲片组编方式（a. 正面　b. 背面　c. 编绳走向）　2. II型甲
片组编方式（a. 横排正面　b. 横排背面　c. 横排编绳走向　d. 纵
连绳痕　e. 纵连编绳走向）　3. I型甲片"连横合纵式"组编方式

可见甲片组编的痕迹，标本 1:T7③:2B 之 A 面之左侧下层，显现了身甲背面局部的
组编痕迹，通过观察分析，得知甲片组编所用材料为麻绳，甲片的组合方式，确认为
"纵横累加式"（图一九，1、2），组合甲片为板状固定式结构。

　　残存箭袖上的组编痕迹比较明显，从外表看，相邻上下各排甲片上多有纵向麻绳
痕迹，缀合后的各排甲片组成可以上下自由缩合的结构，属于"连横合纵式"的组编

方式，其具体编排方法如图一九，3。

至于甲裙上的Ⅱ′型片的组合，虽然未见到保存下来的组编痕迹，根据片上孔眼的数量及分布，以及与Ⅱ型片大体相同的特点，可判断甲裙与箭袖应有着一致的组编方法。

另外，顺便提一下，在这批典型残甲块上，没有发现铠甲上的包边、衬里迹象，推测当与其他汉代铠甲的做法相同——以皮革和丝织品包边和衬里。

小　　结

20世纪60年代以来，我国考古工作者在汉代考古发掘中，曾在内蒙古自治区呼和浩特市、河北省满城县、吉林省榆树县、山东省淄博市、广州市象岗山等地发现过一些完整的汉代铁铠甲标本。通过整理复原，对其形制和结构都有了大体的了解，可谓同条共贯、各具特色。除完整铠甲之外，同时期的还有一些零散的残甲片出土，已难恢复其原来形貌，这次对西安汉长安城武库遗址中出土的残铁甲的复原，是一次新的尝试。

本文中复原起来的一领小叶鱼鳞铁铠甲，是在西汉长安武库出土的大量残甲中，经过仔细挑选，提取其中同类典型标本，加以分析综合，依据对各关键部位残存的论证，利用其左右对称的一般规律并加以延伸互补，以及参考其他汉代完整铠甲的造型确定出甲体的尺寸，从而完成了这领小叶鱼鳞甲的总体复原。

这领武库铠甲上的小型蹄形甲片，至今在其他地区未有发现，小叶鱼鳞甲的复原在西安地区汉代考古中尚属头一件。整领铠甲之组编计用甲片3741片之多，这在已往发现的铠甲中也是使用甲片数量最多和制作中费工最大者。这种小型甲片制作得很规范整齐，在甲片的组合结构上也有其独特之处，此种铁甲出土于西汉都城长安的国家级兵器库中，应属于实战中使用的防御型武器，因而具有很重要的学术研究价值。

在武库遗址出土的大量残铠甲中，这种小型片残甲的数量，占有较大比例，因而说明在武库废弃之前，在库存各种铠甲中，这种小叶铁甲必然为数较多。该武库毁于王莽末年兵乱，故推测这种小叶鱼鳞甲盛行的年代，可能是在西汉后期。

武库出土的残铁甲，数量和品种很多，内容非常丰富，大有潜力可挖，对于这批重要标本，应加强保管，进一步整理和研究，以充分发挥其作用，取得更多的科研成果。

执笔　白荣金

附表一　　　　　　　典型残甲所存铠甲局部登记表

编号	面属局部存	身甲									箭袖			甲裙			
		前胸	后背	腹	腰	肋	肩	领	底边	不确定	左	右	不确定	前左	前右	后部	不确定
1:T7③:1B	A		✓(左半身)								✓						
	B									✓(右半身)			✓				
1:T7③:2B	A	✓			✓	✓											
	B									✓			✓				
1:T7③:3B	A		✓														
	B右侧	✓			✓												
	B左侧二层									✓							
	B中部												✓				✓
1:T7③:4	A		✓				✓					✓					
	B上部									✓							
	B下部二层			✓	✓												
	B左下												✓				
1:T7③:5B	A		✓			✓	✓				✓						
	B	✓										✓					
1:T9③:6	A									✓							
	B底层		✓														
	B上部															✓	
1:T9③:7	A		✓														
	B下层									✓							
	B											✓					
1:T9③:8B	A上层								✓	✓							✓
	A下层															✓	
	B		✓	?													
1:T9③:9	A	✓			✓						✓						
	B									✓	✓						

续表

片存编号	局部面属	前胸	后背	腹	腰	肋	肩	领	底边	不确定	左	右	不确定	前左	前右	后部	不确定
1:T9③:10	A								✓								✓
	B									✓							
1:T6③:11	A								✓	✓							✓
	B									✓			✓				
1:T6③:12	A								✓	✓							
	B					✓					✓						
1:T6③:13	A								✓	✓						✓	✓
	A下层									✓							
	B									✓			✓				

附表二　　　　铠甲各局部用甲片型式及数量统计表

部位			I	II	III	IV	V	VI	VII	合 计
身甲	前身	左胸	204				17			1044
		右胸	204				17			
		左腹	289					12		
		右腹	289					12		
	后身	背	524		9		30			1117
		腰	524		9			21		
	肋	左	255					10		530
		右	255					10		
	肩	左				32				64
		右				32				
筩袖	左			363						726
	右			363						
甲裙	前左								68	260
	前右								68	
	后								124	
总　　计			2544	726	18	64	64	65	260	3741

武库遗址出土遗物标本登记表

器 型	质地	数量	标 本 号	图 号	图 版 号
素面方砖	陶	4	1:T1③:247		三一, 1
几何纹方砖	陶	9	6:T3③:255, 5:T2③:254		三一, 2
方格纹方砖	陶	6	1:T3③:256, 1:T1③:243		三一, 3、4
绳纹方砖	陶	1	1:T2③:257		三一, 5
Ⅰ型条砖	陶	3	1:T13③:5		
Ⅱ型条砖	陶	1	5:T2③:4		
门臼砖	陶	4	7:T6③:251, 4:T22③:252		三一, 6; 三二, 1
异形砖	陶	1	4:T1③:253		三三, 4
Ⅰ型板瓦	陶	27	7:T6③:188		三二, 2
Ⅱ型板瓦	陶	26	1:T1③:183		三二, 3
Ⅲ型板瓦	陶	25	6:T1③:186, 7:T9③:187, 5:T1③:184, 5:T1③:185		三二, 4、5
Ⅳ型板瓦	陶	102	1:T1③:182		三二, 6
戳印文字板瓦	陶	14	4:T2③:173, 1:T1③:172, 1:T1③:162		三三, 1、2、3
Ⅰ型筒瓦	陶	2	1:T1③:220, 7:T5③:200		
Ⅱ型筒瓦	陶	65	7:T5A③:211, 7:T2③:201, 1:T2③:213, 6		三三, 5、6、7

续表

器　型	质地	数量	标　本　号	图　号	图　版　号
Ⅲ型筒瓦	陶	23	7：T9③：203，7：T9③：206，5：T1③：218，7：T5③：205		三四，1、2、3
Ⅳ型筒瓦	陶	25	7：T4③：208，7：T7③：204，1：T6③：222		三四，4、5、6
戳印文字筒瓦	陶	11	1：T1③：195，7：T8③：199，4：T1③：196		三五，1、2、3
素面瓦当	陶	13	6：T1③：63，5：T2③：60		三五，4
葵纹瓦当	陶	1	7：T6③：56		三五，5
朱雀瓦当	陶	1	1：T1③：44		三五，6
Ⅰ型云纹瓦当	陶	27	5：T2③：38		三五，7
Ⅱ型1式云纹瓦当	陶	1	5：T1③：36		三六，1
Ⅱ型2式云纹瓦当	陶	2	4：T2③：88		三六，2
Ⅱ型3式云纹瓦当	陶	2	5：T1③：39		三六，3
Ⅱ型4式云纹瓦当	陶	4	7：T7③：55		三六，4
Ⅲ型云纹瓦当	陶	1	6：T1③：46		三六，5
Ⅳ型1式云纹瓦当	陶	1	5：T2③：40		三六，6
Ⅳ型2式云纹瓦当	陶	2	1：T1③：31		三七，1
Ⅴ型云纹瓦当	陶	1	5：T1③：37A		三七，2
Ⅵ型云纹瓦当	陶	20	5：T1③：70，7：T7③：71	三二，1、2	三七，3、4
Ⅶ型1式云纹瓦当	陶	58	6：T2③：63，5：T1③：66，7：T1③：64	三二，3	三七，5
Ⅶ型2式云纹瓦当	陶	1	7：T5③：53		三七，6
Ⅶ型3式云纹瓦当	陶	2	7：T6③：51		三八，1

续表

器　型	质地	数量	标　本　号	图　号	图　版　号
Ⅷ型1式云纹瓦当	陶	5	7:T8③:49, 6:T1③:45		三八，2
Ⅷ型2式云纹瓦当	陶	39	5:T1③:57, 5:T1③:42, 4:T2③:33	三二，4	三八，3、4、5
Ⅷ型3式云纹瓦当	陶	5	5:T2③:41A		三八，6
Ⅸ型云纹瓦当	陶	1	4:T1③:35		三九，1
Ⅹ型云纹瓦当	陶	1	5:T3③:48		三九，2
Ⅺ型云纹瓦当	陶	1	7:T8③:52		三九，3
Ⅻ型云纹瓦当	陶	1	6:T2③:43		三九，4
ⅩⅢ型云纹瓦当	陶	1	6:T1③:47		三九，5
ⅩⅣ型云纹瓦当	陶	1	4:T2③:34		三九，6
"维天降灵"十二字瓦当	陶	8	7:T8③:1, 7:T8③:2	三三，1	四〇，1、2
"千秋万岁"瓦当	陶	12	7:T8③:3A, 7:T5A③:6, 7:T1③:4, 7:T1③:24, 7:T8③:5A	三三，2	四〇，3
Ⅰ型"长乐未央"瓦当	陶	1	7:T7③:12		
Ⅱ型"长乐未央"瓦当	陶	20	5:T1③:9, 5:T2③:7, 5:T3③:34	三四；三五，1	四〇，4
"长生无极"瓦当	陶	14	5:T1③:13, 5:T1③:14, 7:T7③:16, 1:T8③:16, 7:T9③:17	三五，2	四〇，5
"长生未央"瓦当	陶	13	7:T6③:19, 7:T5③:20	三六，1	
"与天无极"瓦当	陶	2	7:T8③:23A	三六，2	四〇，6
"永□无□"瓦当	陶	1	7:T8③:5B		
"疆"字瓦当	陶	1	7:T8③:26		
Ⅰ型陶水管	陶	1	6:T3③:291		四一，1

续表

器　　型	质地	数量	标　本　号	图　号	图　版　号
Ⅱ型陶水管	陶	1	6:T3③:290		四一,2
Ⅰ型罐	陶	1	5:T3③:5	三七,1	四二,1
Ⅱ型罐	陶	1	1:T1③:7	三七,2	
Ⅲ型罐	陶	1	5:T3③:10	三七,3	四二,2
Ⅰ型双耳罐	陶	1	5:T3③:25A	三七,4	四二,3
Ⅱ型1式双耳罐	陶	1	1:T2③:1A	三七,5	四二,4
Ⅱ型2式双耳罐	陶	1	7:T9③:21	三八	
Ⅱ型3式双耳罐	陶	1	1:T2③:1	三七,6	
Ⅱ型4式双耳罐	陶	1	5:T3③:2	三七,7	四三,1
罐口沿残片	陶	5	1:T1③:47, 1:T1③:53, 1:T1③:41, 1:T1③:43	三九,1、2、3、4	
壶	陶	2	2:T1③:9, 1:T12③:7	四〇,1、2	四三,2、3
盆	陶	2	1:T1③:61, 1:T1③:49	三九,5;四〇,3	四三,4
双耳盆	陶	1	5:T1③:11	四〇,4	四四,1
盘	陶	1	4:T1③:19		四〇,5
1式碗	陶	2	5:T1③:15, 7:T5③:13	四一,1、2	四四,2、3
2式碗	陶	3	1:T1③:14, 1:T1③:17, 1:T13③:12	四一,3、4、5	四四,4、5
瓮	陶	1	5:T1③:53	四二	
鼎足	陶	1	5:T3③:1A		
纺轮	陶	3	1:T21③:27, 4:T1③:5	四三,1、2	四五,1、2

续表

器　　型	质地	数量	标　本　号	图　号	图　版　号
球	陶	28	7:T9③:20, 3:T1③:1, 6:T3③:5, 6:T3③:5A, 2:T1③:41, 5:T3③:22	四三, 3、6、8、5、7、4	四五, 3、5、7、6、4、8
母范	陶	1	6:T3③:29	四三, 9	四五, 9
饰件	陶	1	6:T3③:1	四四	四五, 10
俑	陶	1	6:T3③:11	四五	四五, 11
玉雕	玉	1	7:T5A③:29	四六, 1	四六, 1
玉环	玉	1	1:T3③:3	四六, 2	
玉饰件	玉	1	6:T3③:1	四六, 3	
穿孔器	石	2	7:T7③:29, 5:T3③:4	四六, 4、5	四六, 2
铲	石	1	6:T3③:40	四七	四六, 3
范	石	2	6:T2③:39, 6:T1③:30	四八, 1、2	四六, 4、5
纺轮	石	1	7:T8③:23B	四六, 6	
Ⅰ型磨石	石	8	6:T3③:105, 5:T1③:134		四六, 6、7
Ⅱ型磨石	石	4	6:T2③:111	四九, 1	四六, 9
Ⅲ型磨石	石	3	6:T1③:120, 6:T3③:101, 6:T3③:141, 6:T2③:112	四九, 2	四六, 8、11、12、13
Ⅳ型磨石	石	23	5:T3③:131, 6:T1③:122		四七, 2、3
Ⅴ型磨石	石	33	5:T2③:123, 5:T3③:129, 5:T2③:124, 6:T1③:103		四七, 4、5、6; 四六, 10
Ⅵ型磨石	石	1	6:T1③:117		四七, 1
Ⅶ型磨石	石	3	6:T3③:109, 6:T2③:110, 6:T3③:116	四九, 3	四七, 7、8、9
Ⅷ型磨石	石	44	6:T1③:106, 5:T1③:126, 6:T1③:104, 1:T2③:118	四九, 5、4	四七, 10、11、12、13

续表

器　　型	质地	数量	标　本　号	图　号	图　版　号
Ⅰ型剑	铁	1	7:T2③:1	五〇，1	四八，1
Ⅱ型剑	铁	7	7:T5A③:8	五〇，2	四八，3
Ⅲ型1式剑	铁	1	7:T2③:2	五〇，3	四八，6
Ⅲ型2式剑	铁	2	4:T1③:11，7:T5A③:7	五〇，4、5	四八，4、5
Ⅰ型长刀	铁	6	5:T1③:4，5:T2③:44，7:T4③:16，7:T9③:9，7:T8③:8	五一，1	四九，1、2、3、4、8
Ⅱ型长刀	铁	9	7:T9③:12，7:T5③:12，7:T7③:2，5:T2③:52	五一，2、3	四九，7、6；四八，2
Ⅲ型长刀	铁	1	7:T9③:11		四九，5
Ⅰ型短刀	铁	10	5:T1③:5，7:T8③:12，5:T1③:16，7:T7③:3，7:T2③:43	五一，4、5、6	五〇，1、2、4；四九，9
Ⅱ型短刀	铁	1	5:T1③:6	五一，7	五〇，3
Ⅰ型小刀	铁	5	5:T1③:45，5:T1③:28，5:T3③:7，5:T1③:3	五二，1、2、3、4	五〇，5、6、7、8
Ⅱ型小刀	铁	4	7:T5③:9，5:T1③:30，5:T1③:2	五二，5、7、6	五〇，9、10、11
Ⅰ型戟	铁	1	7:T5A③:1	五三	五一，1
Ⅱ型戟	铁	6	7:T6③:21，7:T6③:23，7:T6③:2A，7:T9③:10		五一，2、3、4
Ⅰ型矛	铁	9	1:T5③:2，5:T1③:7，1:T5③:3，1:T5③:1		五二，1、2、6、8
Ⅱ型矛	铁	2	1:T5③:5，1:T5③:4		五二，3、4
Ⅲ型矛	铁	1	7:T2③:3		五二，7
Ⅳ型矛	铁	3	1:T5③:7		
Ⅴ型矛	铁	2	4:T1③:9，6:T1③:1	五四	五二，9、5
Ⅵ型矛	铁	1	7:T8③:7		

续表

器　型		质地	数量	标　本　号	图　号	图　版　号
Ⅰ型镞		铁	3	5:T1③:38，1:T2③:4，4:T1③:8A	五五，1、2、3	五二，13、14、11
Ⅱ型镞		铁	1	1:T6③:1	五五，5	五二，10
Ⅲ型镞		铁	3	4:T2③:8	五五，4	五二，12
Ⅰ型1式镞		铁	1014	7:T7③:15，7:T2③:12，7:T7③:13	五六，1、2、3	五三，1、2、3
Ⅰ型2式镞		铁	5	4:T2③:7E，4:T2③:7D，4:T2③:7C，4:T2③:7B，4:T2③:7A		五三，7、8、9、10、11
Ⅱ型镞		铁	105	1:T21③:14，1:T2③:9，7:T2③:5，7:T7③:20，4:T2③:13	五六，4、5、6	五三，4、5、6、15
Ⅲ型镞		铁	1	4:T2③:23	五七，1	五三，13
Ⅳ型镞		铁	1	6:T1③:21	五七，2	五三，12
Ⅴ型镞		铁	4	4:T2③:20	五七，4	五三，14
Ⅵ型镞		铁	1	5:T1③:35	五七，3	
蹄形铠甲片	Ⅰ型	铁	8262	1:T7③:84，1:T7③:85	五八，1、2	五四，1、2
	Ⅱ型	铁	15	1:T7③:88，1:T9③:104	五八，3、4	五四，3、4
	Ⅲ型	铁	15	1:T8③:86，1:T8③:106，1:T7③:127	五八，5、6	五四，5、6
	Ⅳ型	铁	43	1:T7③:124，1:T6③:134	五八，7	五五，1、2
	Ⅴ型	铁	1862	1:T1③:98，1:T10③:105，1:T8③:183，1:T12③:76A，1:T12③:76B	五八，8、9、11、12	五五，3、4
	Ⅵ型	铁	21	1:T10③:97，1:T12③:108	五八，10；五九，1	五五，5、6
	Ⅶ型	铁	43	1:T9③:116，1:T7③:161，1:T7③:165	五九，2、3、4	五六，1
	Ⅷ型	铁	21	1:T8③:189	五九，5	五六，2
	Ⅸ型	铁	19	1:T8③:188	五九，6	

续表

器　　型		质地	数量	标　本　号	图　号	图　版　号
蹄形铠甲片	Ⅹ型	铁	2	1：T6③：111	五九，7	
	Ⅺ型	铁	10	1：T7③：30A		五六，3
方形铠甲片	Ⅰ型	铁	32	1：T7③：26，1：T7③：46，1：T7③：55	六〇,1、2、3	五六，4、5
	Ⅱ型	铁	24	1：T7③：30：B	六〇，4	五六，6
	Ⅲ型	铁	19	1：T7③：28，1：T6③：36	六〇，5	五七，1
	Ⅳ型	铁	41	1：T9③：53，1：T9③：56	六〇，6、7	五七，2
	Ⅴ型	铁	8	1：T7③：29，1：T8③：41	六〇，8、9	五七，3
	Ⅵ型	铁	16	1：T8③：51，1：T8③：47，1：T12③：52，1：T8③：47A	六〇，11、10、12	五七，4、5
	Ⅶ型	铁	20	1：T12③：44		五七，6
	Ⅷ型	铁	10	1：T9③：57	六〇，13	五八，1
	Ⅸ型	铁	6	1：T12③：64	六〇，14	
	Ⅹ型	铁	2	1：T7③：57		
	Ⅺ型	铁	未见散片			
椭圆形铠甲片	Ⅰ型	铁	18	1：T7③：11，1：T7③：18A	六一，1、2	五八，2
	Ⅱ型	铁	11	1：T9③：15	六一，3	五八，3
	Ⅲ型	铁	5	1：T9③：13	六一，4	五八，4
	Ⅳ型	铁	5	1：T8③：19，1：T7③：1A	六一，5、6	五八，5、6
	Ⅴ型	铁	2	1：T7③：17	六一，7	五九，1

续表

器　　型		质地	数量	标　本　号	图　　号	图　版　号
圆形铠甲片	Ⅰ型	铁	8	1：T7③：2A	六一，8	五九，2
	Ⅱ型	铁	9	1：T7③：3A	六一，9	五九，3
	Ⅲ型	铁	2	1：T7③：5A	六一，10	五九，4
半圆形铠甲片	Ⅰ型	铁	1	1：T7③：7	六一，11	五九，5
	Ⅱ型	铁	5	1：T9③：8A	六一，12	五九，6
不规则形铠甲片	Ⅰ型	铁	2	1：T7③：22，1：T7③：23	六二，1、2	六〇，1、2
	Ⅱ型	铁	3	1：T9③：186，1：T9③：185	六二，3、4	六〇，3、4
	Ⅲ型	铁	4	1：T7③：79	六二，5	六一，1
	Ⅳ型	铁	1	1：T7③：81	六二，6	
	Ⅴ型	铁	25	1：T12③：179	六二，7	六一，2
	Ⅵ型	铁	3	1：T12③：168	六二，8	
	Ⅶ型	铁	2	1：T10③：199	六二，9	
	Ⅷ型	铁	1	1：T12③：200	六三，1	
	Ⅸ型	铁	1	1：T10③：70	六三，2	
	Ⅹ型	铁	1	1：T10③：131	六三，3	六一，3
	Ⅺ型	铁	1	1：T10③：163	六三，4	
	Ⅻ型	铁	2	1：T12③：187	六三，5	
	ⅩⅢ型	铁	2	1：T12③：76	六三，7	六一，4
	ⅩⅣ型	铁	1	1：T10③：164	六三，6	

续表

器　型	质地	数量	标　本　号	图　号	图 版 号
铠甲残块	铁	1	1：T7③：1B		六二，1
		1	1：T7③：2B		六二，2
		1	1：T7③：3B		六二，3
		1	1：T7③：4		六二，4
		1	1：T7③：5B		六三，1
		1	1：T9③：6		六三，2
		1	1：T9③：7		六三，3
		1	1：T9③：8B		六三，4
		1	1：T9③：9		六四，1
		1	1：T9③：10		
		1	1：T6③：11		六四，2
		1	1：T6③：12		
		1	1：T6③：13		
		1	1：T6③：14		
		1	1：T8③：15		
		1	1：T8③：16		
		1	1：T8③：17		
		1	1：T7③：18B		
		1	1：T12③：19		

续表

器　型	质地	数量	标　本　号	图　号	图版号
铠甲残块	铁	1	1∶T7③∶20		六四, 3
		1	1∶T7③∶21		六四, 4
		1	1∶T12③∶22		
		1	1∶T12③∶23		
		1	1∶T12③∶24		
		1	1∶T12③∶25		
		1	1∶T12③∶26		
Ⅰ型斧	铁	1	7∶T5③∶7		六五, 1
Ⅱ型斧	铁	1	5∶T1③∶32	六四, 1	六五, 2
Ⅲ型斧	铁	1	6∶T3③∶2	六四, 2	六五, 3
Ⅳ型斧	铁	1	7∶T7③∶5		六五, 5
Ⅴ型斧	铁	1	7∶T8③∶5C	六四, 3	六五, 6
Ⅰ型锛	铁	4	7∶T7③∶6, 7∶T6③∶2B, 4∶T22③∶4	六四,4、5、6	六五, 7、8、9
Ⅱ型锛	铁	2	5∶T2③∶32	六五, 7	六五, 10
Ⅲ型锛	铁	1	7∶T8③∶9		
Ⅰ型臿	铁	2	5∶T2③∶11, 5∶T2③∶15	六五, 1、2	六五, 12、13
Ⅱ型臿	铁	2	1∶T2③∶7, 7∶T5A③∶5	六五, 3、4	六六, 2、1
Ⅰ型铲	铁	1	4∶T2③∶17	六五, 5	六六, 3
Ⅱ型铲	铁	1	5∶T1③∶31	六五, 6	六六, 4

续表

器　　型	质地	数量	标　本　号	图　号	图　版　号
铲形器	铁	1	5:T3③:29	六五，8	六五，4
Ⅰ型凿	铁	2	5:T1③:34		六六，8
Ⅱ型凿	铁	1	5:T2③:20		六五，11
Ⅰ型锤	铁	2	5:T1③:40, 5:T2③:14		六六，6、5
Ⅱ型锤	铁	1	7:T9③:6	六六，1	六六，7
齿轮	铁	1	7:T5A③:14	六六，2	六六，9
Ⅰ型箍	铁	10	1:T13③:3, 5:T2③:8	六七，1、2	六七，1、2、3
Ⅱ型箍	铁	1	5:T2③:6	六七，3	六七，9
Ⅲ型箍	铁	5	1:T6③:2, 4:T1③:8B	六七，4、5	六七，7、8
Ⅳ型箍	铁	3	5:T3③:20, 5:T2③:49, 4:T1③:8C	六七，6、7	六八，6、5、4
镰	铁	1	5:T2③:51	六八，1	六七，4
Ⅰ型门轴	铁	2	1:T2③:6, 7:T9③:7	六八，2、3	六八，1、2
Ⅱ型门轴	铁	1	6:T3③:3	六八，4	六八，3
Ⅰ型铣	铁	2	7:T9③:8, 7:T9③:104		六九，3、1
Ⅱ型铣	铁	1	4:T4③:10A	六九，1	六九，2
球	铁	1	1:T3③:6	六九，2	六九，4
环	铁	7	5:T2③:27, 5:T2③:33, 7:T5A③:15	六九，3、4、5	六九，5、6、7
钩	铁	1	1:T1③:16		
U形器	铁	1	7:T7③:37	六九，6	六九，8

续表

器　型	质地	数量	标　本　号	图　号	图　版　号
卜字形器	铁	1	4:T1③:24	六九, 7	六七, 6
棍形器	铁	1	1:T4③:9A		七〇, 1
长条形带孔器	铁	1	4:T3③:23	六九, 9	六七, 5
双孔器	铁	1	2:T1③:5	六九, 8	六七, 10
釜	铁	1	7:T9③:24	七〇	六九, 9
锅	铁	1	5:T1③:43		
Ⅰ型钉	铁	291	5:T3③:27, 7:T6③:35, 7:T5A③:35, 1:T2③:10	七一, 1、2、3、4	七〇, 2、4、3
Ⅱ型钉	铁	6	1:T4③:9B, 5:T1③:27, 5:T1③:27A, 5:T1③:27B	七一, 5、6	七〇, 5、6、7、8
铜镞范	铁	1	4:T1③:4A	七二, 1	七〇, 9
铁镞范	铁	1	4:T1③:4B	七二, 2	七〇, 12
铁塞子范	铁	1	4:T1③:4C		七〇, 14
圆形槽范	铁	1	4:T2③:4D		七〇, 13
方形槽范	铁	2	4:T1③:4E, 4:T1③:4F	七二, 3	七〇, 10、11
戈	铜	1	1:T7③:1C	七三	七一, 1
Ⅰ型镞	铜	3	1:T5③:31		七一, 3
Ⅱ型镞	铜	4	1:T7③:1D , 5:T2③:24	七四, 2、1	七一, 2、4
Ⅲ型镞	铜	2	5:T3③:1B, 1:T13③:2A	七四, 3	七一, 7、6
Ⅳ型镞	铜	2	1:T5③:32	七四, 4	七一, 5
弩机悬刀	铜	1	4:T4③:6A	七四, 8	七二, 1

续表

器　型	质地	数量	标　本　号	图　号	图　版　号
弩机牙	铜	2	1:T21③:2	七五, 2	七一, 9
弩机栓塞	铜	3	5:T3③:18, 4:T1③:21, 5:T2③:18	七五, 3、4	七一, 10、11; 七三, 14
Ⅰ型剑格	铜	2	1:T2③:19	七五, 5	七一, 14
Ⅱ型剑格	铜	2	6:T3③:4, 1:T4③:4	七五, 6、7	七一, 12、15
Ⅲ型剑格	铜	1	1:T4③:5	七五, 8	七一, 13
Ⅰ型镞	铜	66	7:T8③:17, 7:T6③:10	七六, 1	七二, 5
Ⅱ型镞	铜	33	7:T5③:23, 7:T5③:27	七六, 2	七二, 4、7
Ⅲ型镞	铜	10	7:T6③:11	七六, 3	
Ⅳ型镞	铜	5	5:T1③:9		七二, 1
Ⅴ型镞	铜	8	7:T9③:13	七六, 4	七三, 1
Ⅵ型镞	铜	1	7:T9③:14	七六, 5	七三, 2
Ⅶ型镞	铜	45	4:T1③:12, 7:T8③:13, 5:T3③:8, 7:T9③:17A	七六, 7、8	七二, 2、10、6
Ⅷ型镞	铜	3	7:T7③:10	七六, 9	
Ⅸ型镞	铜	6	5:T2③:10A, 5:T1③:25		七二, 3、9
Ⅹ型镞	铜	2	5:T2③:5, 5:T3③:30	七六, 6、10	七三, 3
Ⅺ型镞	铜	7	4:T2③:5	七六, 11	七三, 4
Ⅻ型镞	铜	10	1:T21③:3		七二, 8
ⅩⅢ型镞	铜	1	5:T2③:41B	七六, 12	七三, 6
顶针	铜	1	1:T4③:1	七七, 1	

续表

器　　型	质地	数量	标　本　号	图　号	图　版　号
带钩	铜	1	7:T7③:28	七七，2	七四，7
Ⅰ型盖弓帽	铜	1	1:T1③:4	七八，1	七三，13
Ⅱ型盖弓帽	铜	3	1:T21③:8，1:T21③:12	七八，2、3	七三，11、12
Ⅲ型盖弓帽	铜	1	5:T1③:37B	七八，4	七三，17
挂钩	铜	1	7:T5③:13	七九，1	七四，1
球	铜	1	5:T3③:25B	七七，3	七三，7
带扣	铜	1	5:T2③:30	七七，4	七三，10
Ⅰ型环	铜	12	1:T2③:2，4:T3③:3，4:T1③:25，1:T1③:1	七七，5、6、7	七四，3、5、6、4
Ⅱ型环	铜	1	4:T4③:2A	七七，8	七四，2
管	铜	1	1:T1③:8	七七，10	七三，8
釜	铜	1	7:T5A③:25	八〇	七四，8
管形器	铜	5	5:T2③:1，1:T4③:2	七九，2、3	七三，15、16
饰件	铜	4	4:T2③:19	七七，9	七三，9
器柄	铜	2	1:T1③:2	七七，11	七一，16
铃	铜	1	5:T2③:50	七七，12	七三，5
箍形器	铜	1	1:T4③:6		
尖状器	铜	1	5:T2③:10B		
秦半两	铜	2	7:T6③:17	八一，1	七五，1
Ⅰ型汉半两	铜	6	7:T7③:25	八一，2	七五，2

续表

器　型	质地	数量	标　本　号	图　号	图　版　号
Ⅱ型汉半两	铜	9	5:T3③:14	八一，3	七五，3
Ⅲ型汉半两	铜	3	4:T4③:4A	八一，4	七五，4
Ⅰ型五铢钱	铜	6	4:T2③:14, 5:T2③:17	八一，5	七五，9、10
Ⅱ型五铢钱	铜	33	5:T2③:26, 5:T2③:28, 7:T8③:3B	八一，6、7	七五，6、7、8
Ⅲ型五铢钱	铜	2	5:T2③:25		七五，5
Ⅰ型大泉五十	铜	78	7:T5A③:28	八一，8	七六，2
Ⅱ型大泉五十	铜	14	4:T2③:11	八一，9	七六，3
Ⅲ型大泉五十	铜	2	7:T9③:5	八一，10	七六，1
货布	铜	2	7:T4③:15	八二，1	七六，9
Ⅰ型布泉	铜	12	5:T3③:21	八二，4	七六，8
Ⅱ型布泉	铜	25	4:T1③:14	八二，3	七六，7
Ⅰ型货泉	铜	1	7:T9③:3	八二，5	七六，5
Ⅱ型货泉	铜	3	5:T3③:17	八二，6	七六，4
Ⅲ型货泉	铜	4	7:T6③:14		
Ⅳ型货泉	铜	1	1:T13③:2B	八二，7	七六，6
大布黄千	铜	1	1:T6③:8	八二，2	七六，10
土坯	土	较多	7:T21③:289		四一，3
草泥墙皮	土	2	1:T2③:265, 1:T1③:261		四一，4、5
蚌饰	蚌	1	1:T4③:10		

续表

器　　型		质地	数量	标　本　号	图　号	图　版　号
鹿角		角	35	1：T3③：49，6：T3③：41， 6：T3③：41A，6：T3③：53	八三，1、 2、3、4	八三，1、2、3、4
麋角		角	8	6：T1③：51A，6：T1③：51B， 6：T1③：51C，6：T1③：51D	八三，5	八三，5、6、7、8
马臼齿		牙	7	6：T3③：55，6：T3③：55A， 6：T3③：55B，6：T3③：55C	八四,1、2、3	八三，9、10、11、 12
签	Ⅰb	骨	1	4：T4③：1		七七，1
	Ⅰa	骨	1	4：T4③：4B		七七，2
	Ⅱa	骨	1	4：T4③：7		七七，3
	Ⅱa	骨	1	4：T4③：9		七七，4
	Ⅰa	骨	1	4：T4③：3		七八，1
	Ⅰa	骨	1	4：T4③：12		七八，2
	Ⅱb	骨	1	4：T4③：6B		七八，3
	Ⅱa	骨	1	4：T4③：10B		七九，1
	Ⅰa	骨	1	4：T4③：11		七九，2
	Ⅱb	骨	1	4：T4③：23		七九，3
	不明	骨	1	4：T4③：27		七九，4
	Ⅰa	骨	1	4：T4③：2B		七九，5
	Ⅱa	骨	1	4：T4③：5		八〇，1
	不明	骨	1	4：T4③：13		八〇，2
	Ⅱb	骨	1	4：T4③：14		八〇，3
	Ⅱb	骨	1	4：T4③：15		八〇，4

续表

器　型		质地	数量	标　本　号	图　号	图　版　号
签	Ⅱb	骨	1	4:T4③:16		八〇, 5
	Ⅱb	骨	1	4:T4③:17		八〇, 6
	Ⅱb	骨	1	4:T4③:19		八〇, 7
	Ⅱb	骨	1	4:T4③:24		八一, 1
	Ⅱb	骨	1	4:T4③:25		八一, 2
	Ⅰb	骨	1	4:T4③:22		八一, 3
	Ⅰb	骨	1	4:T4③:28		八一, 4
	不明	骨	1	4:T4③:8		八二, 1
	Ⅱb	骨	1	4:T4③:18		八二, 2
	Ⅱb	骨	1	4:T4③:20		八二, 3
	Ⅱb	骨	1	4:T4③:21		八二, 4
	Ⅱb	骨	1	4:T4③:26		八二, 5
	不明	骨	1	4:T4③:29		八二, 6

武库遗址出土文字资料登记表

名称	数量	型式	编　　　号	文　字　内　容	图版号
板瓦	14		4:T2③:173	大四十五	三三，1
			1:T1③:172	大四十八	三三，2
			1:T1③:162	大四十□	三三，3
筒瓦	13		7:T5③:200	印文难以辨认	
			7:T2③:201	大廿	三三，5
			1:T1③:195	大四	三五，1
			7:T8③:199	大五	三五，2
			4:T1③:196	大廿四	三五，3
素面瓦当	1		5:T2③:60	大五十八 （印文位于瓦当所附筒瓦残片上）	
骨 签	1	Ⅰb	4:T4③:1	鸿嘉元年考工制作工 寿王缮啬夫霸佐 咸主丞惮掾放省	七七，1
	1	Ⅰa	4:T4③:4B	元年颖川工官令广…… ……工……	七七，2
	1	Ⅱa	4:T4③:7	三年颖川工官丞□工 □冗工玄黄造	七七，3
	1	Ⅱa	4:T4③:9	六年颖川工官□ ……□	七七，4
	1	Ⅰa	4:T4③:3	□年颖川工宦令咸丞 ……工從之造	七八，1

续表

名称	数量	型式	编　　号	文　字　内　容	图版号
	1	Ⅰa	4:T4③:12	□□颖川工官令□丞□ ……工□造	七八，2
	1	Ⅱb	4:T4③:6B	三年河南工官令…… □……	七八，3
	1	Ⅱa	4:T4③:10B	五年河南工官长令丞□□ ……圙	七九，1
	1	Ⅰa	4:T4③:11	元始□年武威工官……□ ……撩林主…… ……省	七九，2
	1	Ⅱb	4:T4③:23	东平工官六十六	七九，3
	1	不明	4:T4③:27	五年阄内工□ ……□	七九，4
	1	Ⅰa	4:T4③:2B	……丞□□□ ……工□造	七九，5
骨	1	Ⅱa	4:T4③:5	□工官丞凌□ □工廲工弱造	八〇，1
	1	不明	4:T4③:13	□……瀦 □……	八〇，2
	1	Ⅱb	4:T4③:14	梗榆力二百囸	八〇，3
签	1	Ⅱb	4:T4③:15	梗榆力二百斤	八〇，4
	1	Ⅱb	4:T4③:16	梗榆力二囿□	八〇，5
	1	Ⅱb	4:T4③:17	梗榆□	八〇，6
	1	Ⅱb	4:T4③:19	力二百斤	八〇，7
	1	Ⅱb	4:T4③:24	□力二百斤	八一，1
	1	Ⅱb	4:T4③:25	力二百斤	八一，2
	1	Ⅰb	4:T4③:22	□力三石	八一，3
	1	Ⅰb	4:T4③:28	三石	八一，4
	1	不明	4:T4③:8	第千八百卅五力二百□	八二，1

续表

名称	数量	型式	编　　号	文　字　内　容	图版号
骨	1	Ⅱb	4:T4③:18	□四千七百☑	八二，2
	1	Ⅱb	4:T4③:20	☑三□	八二，3
	1	Ⅱb	4:T4③:21	☑卌四	八二，4
签	1	Ⅱb	4:T4③:26	三……	八二，5
	1	不明	4:T4③:29	☑省	八二，6

后　记

本报告由李遇春主编，李遇春、刘振东、张建锋、张连喜共同编写。器物照相由马晓宁负责，张亚斌也参加了部分器物的拍摄。绘图由张广立绘制，张孝光、李淼给予大力协助。参加器物修整的有田春华、王浩天、陆志红。英文提要由莫润先先生翻译。骨签刻文的释读得到了冯时先生的帮助。全报告经杨泓先生审阅。

编者
2003 年 7 月

ARMORY IN CHANG'AN CITY OF THE HAN PERIOD

(Abstract)

The site of the Armory in Chang'an City of the Han period lies on an elevation east of Daliuzhai Village in Weiyanggong Neighborhood of Weiyang District within the suburbs of present-day Xi'an City. In the Han Dynasty, it was in the mid-south of Chang'an City, 82m west of Anmen Street and 1,810m north of the southern city-wall. In 1975—1980, the Han Chang'an City Archaeological Team, IA, CASS, carried out surveys and excavations on the site.

The Armory was built under the direction of Xiao He in the seventh year of the first Han emperor Gaozu's reign (200 BC). In the *History of the Han*: "Annals of Gaodi"《汉书·高帝纪》, we read that "upon entry into Chang'an in the second moon [seventh year], Xiao He began to construct the Weiyanggong Palace, East and North gate-piers, Anterior Hall, Armory and Imperial Granary." The magnificent Armory was the central government's storage of weaponry in the Western Han capital Chang'an.

The location of the Armory is also recorded in ancient documents. The *Historical Records*: "Biography of Chuli Zi"《史记·樗里子》and other documents say that Chuli Zi died in the seventh year of the [Qin] king Zhaowang's reign and was buried to the east of the Zhangtai Terrace on the southern bank of the Weishui River. Before his death he said: "One hundred years later, there will be imperial palaces erected on the two sides of my tomb." After the founding of the Han Dynasty, the Changlegong and Weiyanggong palaces were built to the east and west of the tomb respectively, and the Armory was constructed just on the burial. This record on the location of the Armory has been verified by archaeological exploration. It is confirmed that the Armory was between the Changlegong and Weiyanggong palaces. These results conform to the above – cited texts, and at the same time corrected the statement in the *San Fu Huang Tu* 《三辅黄图》 that the Armory was at the Weiyanggong Palace.

The Armory site has a rectangular plan and is surrounded by a rammed – earth enclosure, which extends 710m from the west to the east and 322m from the north to the south. In the east wall, 166m south of its northern end, a gate leads eastward across Anmen Street to the Changlegong Palace. Opposite to it, in the corresponding section of the west wall, there must also have been a gate. A gate was discovered 126m west of the eastern end of the south wall, and another gate must have been at the western end of this wall.

On the site are seven building foundations. Roughly in the middle, at the place 380m west of the eastern end of the south wall, a partition wall extends from south to north, dividing the Armory into an east and a west compounds. The east compound contains four building foundations (Nos. 1—4), with No. 1 lying in the north, facing to the south and having four doors on the southern side. Nos. 2 and 3 are in the south and face to the north, lying opposite to No. 1. No. 3 has two doors on the northern side; No. 2 must also have had northern doors. No. 4 is in the west of the east compound with the western side adjoining the partition wall, faces to the east, and has four doors on the eastern side. The west compound contains three building foundations (Nos. 5—7). No. 7 is in the south, No. 5 in the northeast and No. 6 in the northwest, with the latter two opposite to each other. The partition wall must have been furnished with doors as the two compounds must have communicated with each other.

No. 7 is the largest building in the Armory, measuring 234m from the west to the east and 45.7m from the north to the south. It is divided into four spacious rooms by three partitions running from north to south. To make adjacent rooms communicate with each other, a door is opened at either end of each partition. On the other hand, each room has two doors on the northern side and other two on the southern side. Outside the southwestern door is a house of entrance guard. Each spacious room has four load-bearing buttresses, which along with the walls are all reinforced by pilasters. Stone plinths were also found to be in intact networks inside the rooms. The weapons unearthed from this ruined building include iron knives, spears, swords and halberds, as well as arrowheads in iron and bronze. The last category is the largest in number, totaling over 1,000.

The No. 1 building is 196.8m long from the west to the east and 24.2m wide from the north to the south. It is divided into a western room and an eastern one by a north-tosouth partition, either having two doors on the southern side. In addition to iron knives, spears and halberds and bronze *ge* dagger-axes and arrowheads, iron armor plates were yielded from there in a great number, which suggests that this storeroom kept mainly iron armor. No. 4 is 202m long from the north to the south and 24.6m from the west to the east. Its interior is partitioned into a northern and a southern large-sized room, each having two doors on the eastern side. Among the weapons unearthed are iron knives, spears, arrowheads, and lower end pieces of wooden spear-shafts. No. 3 is 155.5m long from the west to the east and 24.4m wide from the north to the south. It is partitioned into a western and an eastern room, each having a door on the northern side. No. 5 is 122m long from the north to the south and 21m wide from the west to the east. Two west-to-east partitions divide it into a northern room, a middle one and a southern one with doors on the eastern side. The iron weapons it contains include knives, spears, arrowheads, and lower end pieces of spear shafts. No. 6 is 130m long from the north to the south and 21.6m wide from the west to the east, and has thicker walls, measuring 8m in maximum thickness. Two west-to-east partitions divide it into three rooms each with a door on the eastern side. The weapons yielded are only bronze arrowheads in a small number, but whetstones were found in a quantity. No. 2 is the smallest in size, 90.4m long from the west to the east and 24.1m wide from the north to the south.

Among the weapons from the site irons form the majority and bronzes come next, which reflects that bronze weaponry as the leading military equipment was replaced by iron one. It is evident that the Han emperor Wudi's implementation of the policy of putting salt and iron industry under the government's monopoly promoted the further development of salt and iron production, and the manufacture of iron weaponry gained distinct advancement.

The iron weapons unearthed from the site include knives, spears, swords, halberds, arrowheads, and lower end pieces of long weapon-shafts. They are not only great in quantity, rich in type, but also excellent in quality. According to tests, the carbon content of spears is 0.45%—0.60%; that of arrowheads, 0.45%—0.90%; and that of knives, around 0.90%. The material is largely steel of cast iron decarbonized in liquid state, though halberds and armor are made of wrought iron. This indicates that the technique of decarbonizing cast iron in liquid state had well been developed in China by the Western Han period. The iron weaponry yielded from the site provides important material data for studying the technological level of Chinese metallurgy in the Han period.

Building No. 1 yielded mainly iron armor; No. 7, iron arrowheads. These suggest that the storerooms kept weapons in classes.

On the Armory site broken iron armor was discovered in a great amount and variety. They number over 40,000 plates and some armor fragments, and represent large, medium and small-sized armor. Experts have made a reconstruction study of scaled, i.e. small-sized, armor (see Appendix II). The discovery of armor plates in large quantities from the site reflects the technical advancement and common use of iron armor in the Western Han Dynasty.

According to literal records, the Armory was in the charge of the *Wuku ling cheng* 武库令丞 (Armory director's assistant) under the *zhongwei* 中尉 (chief of police in the capital; renamed *zhijinwu* 执金吾 in the first year of Emperor Wudi's Taichu reign). Its weapons were manufactured under the supervision of the assistant to the director of *Kaogongshi* 考工室 (Handicraft Bureau; renamed *Kaogong* 考工 in the first Taichu year) subordinate to the *shaofu* 少府 (minister in charge of imperial land income and handicraft production). This information has been verified from the unearthed bone labels related to the *Kaogong*. A considerable part of the Armory – stored weaponry, as the bone labels in the category "*Gongguan*" (工官, Handicraft Office) suggest, was products of this organ. Storing state – owned and emperor – controlled weapons of the best quality, the Armory served the suppression of internal rebellions, as well as the arming of frontier forces and resistance to foreign aggression. Thus it played an active role in the consolidation of the feudal rule and the defense of borderland safety during the Western Han period.

In addition to the central Armory in the capital Chang'an, local weapon – stores varying in scale also functioned in then Luoyang and other cities.

This site is the only ancient armory thoroughly excavated so far in Chinese archaeology. The material obtained from the excavation filled up an archaeological gap and has important significance to studying into the history of architecture, weaponry and military affairs in the Han period.

武库遗址全景（发掘部分为第七号建筑遗址）（航空拍摄，南—北）

图版二

武库南围墙东门道遗址（北—南）

1. 全景（南－北）

2. 暗道（东南－西北）

武库遗址排水道

1. 明道（北－南）

2. 明道局部铺砖
（东－西）

武库遗址排水道

1．东墙（西南－东北）

2．第1号隔墙
（西北－东南）

3．第1号隔墙西壁局部
（西南－东北）

第七号建筑遗址东墙、第1号隔墙

第七号建筑遗址发掘场景（西－东）

第七号建筑遗址全景（航空拍摄，北－南）

1. 第 1 号隔墙北门道
（西－东）

2. 第 1 号隔墙南门道
（西－东）

3. 第 2 号隔墙（东－西）

第七号建筑遗址第 1 号隔墙门道、第 2 号隔墙

1. 第 2 号隔墙北门道北壁
（南－北）

2. 第 3 号隔墙（东－西）

3. 1 号房（东－西）

第七号建筑遗址第 2 号隔墙北门道、第 3 号隔墙、1 号房

1. 1号房南墙西门道（南－北）

2. 1号房第1号墙垛东壁
（东南－西北）

3. 1号房第1号墙垛西壁柱洞
（西北－东南）

第七号建筑遗址1号房南墙西门道、第1号墙垛

1．（北—南）

2．（东—西）

第七号建筑遗址 2 号房

第七号建筑遗址 2 号房北墙东门道（北－南）

1. 北墙西门道（北－南）

2. 第1号墙垛东壁
（东北－西南）

3. 第1号墙垛西壁
（西北－东南）

第七号建筑遗址2号房北墙西门道、第1号墙垛

1. 南壁（南－北）

2. 北壁（北－南）

第七号建筑遗址 2 号房第 1 号墙垛

1. 北部柱础石（东－西）

2. 南部柱础石（东－西）

第七号建筑遗址 2 号房柱础石

1. 全景（北－南）

2. 南墙（东南－西北）

第七号建筑遗址 3 号房

1. 西道门（南－北）

2. 东门道（南－北）

第七号建筑遗址 3 号房南墙西门道、东门道

1. 北墙西门道（北－南）

2. 墙垛（东－西）

第七号建筑遗址 3 号房北墙西门道、墙垛

1. 北部柱础石
（东南－西北）

2. 南部柱础石
（东北－西南）

3. 南部柱础石
（东南－西北）

第七号建筑遗址 3 号房柱础石

第一号建筑遗址东房（东南－西北）

第一号建筑遗址东房（南—北）

1. 西墙（东北－西南）

2. 西墙（西北－东南）

3. 东墙（西北－东南）

4. 隔墙（东－西）

第四号建筑遗址西墙、东墙、隔墙

1. 南门道（东－西）

2. 北门道（东－西）

第四号建筑遗址北房门道

1. 南房南门道（东－西）

2. 南房局部（东北－西南）

第四号建筑遗址南房

1．南房柱础石（北－南）

2．南房柱础石（南－北）

3．北房北部（东－西）

第四号建筑遗址南房柱础石、北房北部

第五号建筑遗址（西南－东北）

1.（西南－东北）

2.（东南－西北）

第六号建筑遗址 1、2 号房

1.（北－南）

2.（东南－西北）

第六号建筑遗址 1 号房

第六号建筑遗址灶坑（北－南）

第二号建筑遗址发掘部分（东南－西北）

1．素面方砖（1：T1③：247）

4．方格纹方砖（1：T1③：243）

2．几何纹方砖（6：T3③：255）

5．绳纹方砖（1：T2③：257）

3．方格纹方砖（1：T3③：256）

6．门白砖（7：T6③：251）

武库遗址出土砖

1. 门臼砖（4：T22③：252）

4. Ⅲ型板瓦（5：T1③：184）

2. Ⅰ型板瓦（7：T6③：188）

5. Ⅲ型板瓦（5：T1③：185）

3. Ⅱ型板瓦（1：T1③：183）

6. Ⅳ型板瓦（1：T1③：182）

武库遗址出土门臼砖、板瓦

1. 印文板瓦（4：T2③：173）　　2. 印文板瓦（1：T1③：172）　　3. 印文板瓦（1：T1③：162）

4. 异形砖（4：T1③：253）　　　　5. Ⅱ型筒瓦（7：T5A③：211）

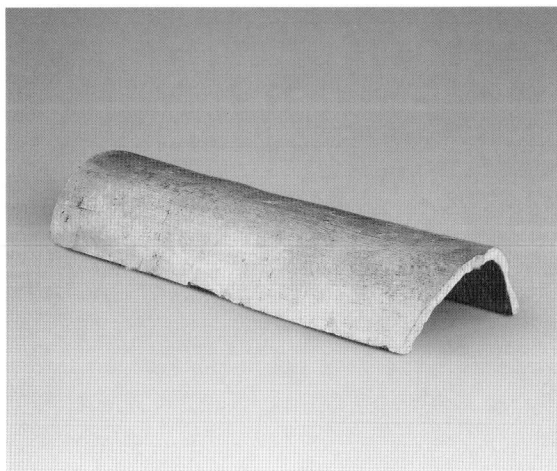

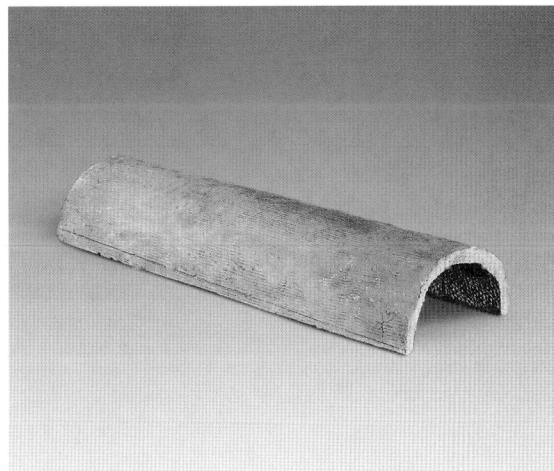

6. Ⅱ型筒瓦（7：T2③：201）　　　7. Ⅱ型筒瓦（1：T2③：213）

武库遗址出土印文板瓦、异形砖、筒瓦

1．Ⅲ型筒瓦（7：T9③：203）

4．Ⅳ型筒瓦（7：T4③：208）

2．Ⅲ型筒瓦（7：T9③：206）

5．Ⅳ型筒瓦（7：T7③：204）

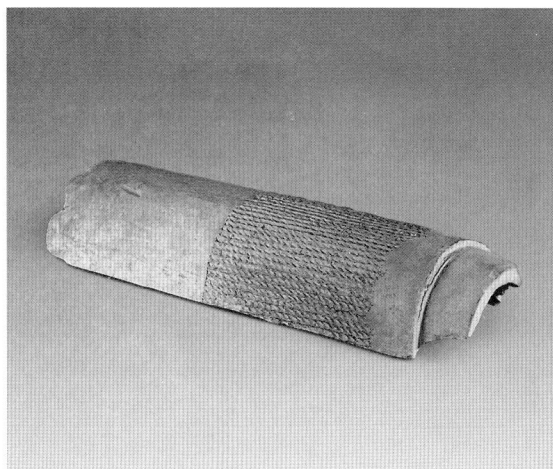

3．Ⅲ型筒瓦（5：T1③：218）

6．Ⅳ型筒瓦（1：T6③：222）

武库遗址出土筒瓦

1．印文筒瓦（1：T1③：195）　　2．印文筒瓦（7：T8③：199）　　3．印文筒瓦（4：T1③：196）

4．素面瓦当（6：T1③：63）　　　　5．葵纹瓦当（7：T6③：56）

6．朱雀纹瓦当（1：T1③：44）　　　7．Ⅰ型云纹瓦当（5：T2③：38）

武库遗址出土印文筒瓦、瓦当

1. Ⅱ型1式（5：T1③：36）

4. Ⅱ型4式（7：T7③：55）

2. Ⅱ型2式（4：T2③：88）

5. Ⅲ型（6：T1③：46）

3. Ⅱ型3式（5：T1③：39）

6. Ⅳ型1式（5：T2③：40）

武库遗址出土云纹瓦当

1．Ⅳ型2式（1：T1③：31）

4．Ⅵ型（7：T7③：71）

2．Ⅴ型（5：T1③：37A）

5．Ⅶ型1式（7：T1③：64）

3．Ⅵ型（5：T1③：70）

6．Ⅶ型2式（7：T5③：53）

武库遗址出土云纹瓦当

1．Ⅶ型 3 式（7：T6③：51）

4．Ⅷ型 2 式（5：T1③：42）

2．Ⅷ型 1 式（6：T1③：45）

5．Ⅷ型 2 式（4：T2③：33）

3．Ⅷ型 2 式（5：T1③：57）

6．Ⅷ型 3 式（5：T2③：41A）

武库遗址出土云纹瓦当

1．Ⅸ型（4：T1③：35）

4．Ⅻ型（6：T2③：43）

2．Ⅹ型（5：T3③：48）

5．ⅩⅢ型（6：T1③：47）

3．Ⅺ型（7：T8③：52）

6．ⅩⅣ型（4：T2③：34）

武库遗址出土云纹瓦当

1. "维天降灵"十二字瓦当（7：T8③：1）

4. Ⅱ型"长乐未央"瓦当（5：T1③：9）

2. "维天降灵"十二字瓦当（7：T8③：2）

5. "长生无极"瓦当（1：T8③：16）

3. "千秋万岁"瓦当（7：T8③：3A）

6. "与天无极"瓦当（7：T8③：23A）

武库遗址出土文字瓦当

1．Ⅰ型陶水管（6：T3 ③：291）

2．Ⅱ型陶水管（6：T3 ③：290）

3．土坯（7：T21 ③：289）

4．草泥墙皮（1：T2 ③：265）

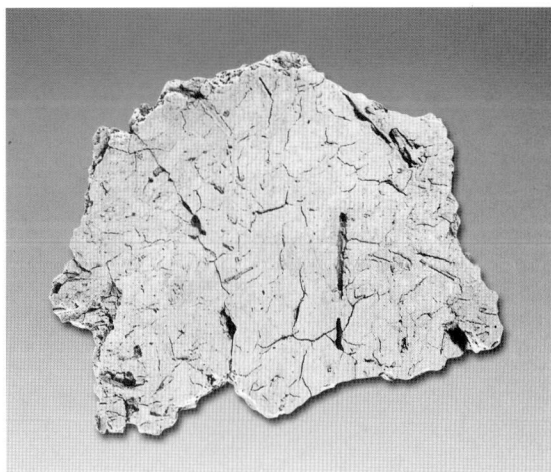

5．草泥墙皮（1：T1 ③：261）

武库遗址出土陶水管、土坯、草泥墙皮

1．I 型罐（5：T3 ③：5）

3．I 型双耳罐（5：T3 ③：25A）

2．Ⅲ型罐（5：T3 ③：10）

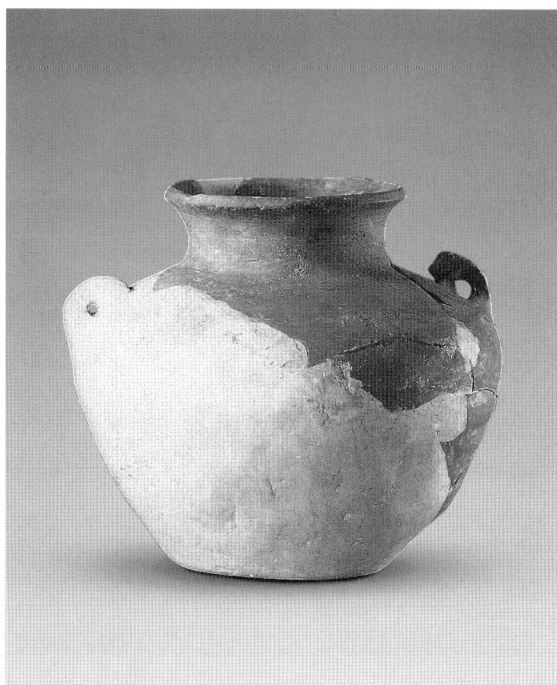

4．Ⅱ型 1 式双耳罐（1：T2 ③：1A）

武库遗址出土陶罐、双耳罐

1. Ⅱ型4式双耳罐 (5：T3③：2)

3. 壶 (1：T12③：7)

2. 壶 (2：T1③：9)

4. 盆 (1：T1③：61)

武库遗址出土陶双耳罐、壶、盆

1. 双耳盆（5∶T1③∶11）

4. 2式碗（1∶T1③∶14）

2. 1式碗（5∶T1③∶15）

5. 2式碗（1∶T1③∶17）

3. 1式碗（7∶T5③∶13）

武库遗址出土陶双耳盆、碗

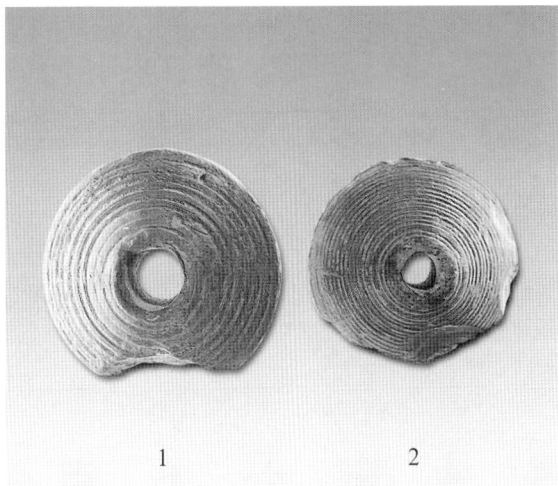

1~2. 纺轮 (1：T21③：27、4：T1③：5)

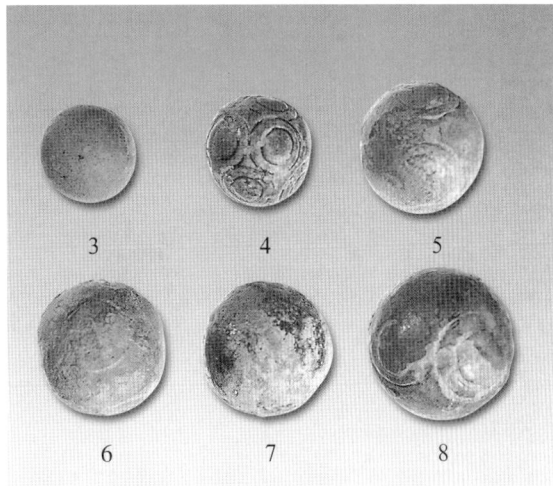

3~8. 球 (7：T9③：20、2：T1③：41、3：T1
③：1、6：T3③：5A、6：T3③：5、
5：T3③：22)

9. 母范 (6：T3③：29)

10. 饰件 (6：T3③：1)

11. 俑 (6：T3③：11)

武库遗址出土陶器

1. 玉雕 (7：T5A ③：29)

6、7. I 型磨石 (6：T3 ③：105、5：T1 ③：134)

2. 穿孔器 (5：T3 ③：4)
3. 石铲 (6：T3 ③：40)

8. Ⅲ型磨石 (6：T1 ③：120) 9. Ⅱ型磨石 (6：T2 ③：111) 10. Ⅴ型磨石 (6：T1 ③：103)

4、5. 石范 (6：T2 ③：39、6：T1 ③：30)

11～13. Ⅲ型磨石 (6：T3 ③：101、6：T3 ③：141、6：T2 ③：112)

武库遗址出土玉、石器

1. VI型磨石（6：T1③：117）
2. IV型磨石（5：T3③：131）

7～9. VII型磨石（6：T3③：109、6：T2
③：110、6：T3③：116）

3. IV型磨石（6：T1③：122）

10、11. VIII型磨石（6：T1③：106、
5：T1③：126）

4～6. V型磨石（5：T2③：123、5：T3
③：129、5：T2③：124）

12、13. VIII型磨石（6：T1③：104、
1：T2③：118）

武库遗址出土磨石

1．Ⅰ型剑（7：T2③：1）
2．Ⅱ型刀（5：T2③：52）
3．Ⅱ型剑（7：T5A③：8）

4、5．Ⅲ型2式剑（4：T1③：11、
　　　7：T5A③：7）
6．Ⅲ型1式剑（7：T2③：2）

武库遗址出土铁剑、刀

1～4. Ⅰ型长刀（5：T1③：4、
    5：T2③：44、7：T4③：
    16、7：T9③：9）

5. Ⅲ型长刀（7：T9③：11）
6、7. Ⅱ型长刀（7：T5③：
    12、7：T9③：12）
8. Ⅰ型长刀（7：T8③：8）
9. Ⅰ型短刀（7：T2③：43）

武库遗址出土铁刀

1、2. Ⅰ型短刀（5：T1③：5、
5：T1③：16）
3. Ⅱ型短刀（5：T1③：6）
4. Ⅰ型短刀（7：T7③：3）

5~8. Ⅰ型小刀
（5：T1③：45、
5：T1③：28、
5：T3③：7、
5：T1③：3）
9~11. Ⅱ型小刀
（7：T5③：9、
5：T1③：30、
5：T1③：2）

武库遗址出土铁刀

1. Ⅰ型戟（7：T5A③：1）

3. Ⅱ型戟（7：T6③：23）

2. Ⅱ型戟（7：T6③：21）

4. Ⅱ型戟（7：T6③：2A）

武库遗址出土铁戟

1、2. I型矛（1：T5③：2、5：T1 ③：7）　3、4. II型矛（1：T5③：5、1：T5③：4）

5. V型矛（6：T1③：1）　6. I型矛（1：T5③：3）

7. III型矛（7：T2③：3）　8. I型矛（1：T5③：1）

9. V型矛（4：T1③：9）

10. II型镦（1：T6③：1）　11. I型镦（4：T1 ③：8A）　12. III型镦（4：T2③：8）

13、14. I型镦（5：T1③：38、1：T2③：4）

1～3. Ⅰ型1式镞（7：T7③：15、
7：T2③：12、7：T7③：13）
4～6. Ⅱ型镞（1：T21③：14、7：T2
③：5、7：T7③：20）

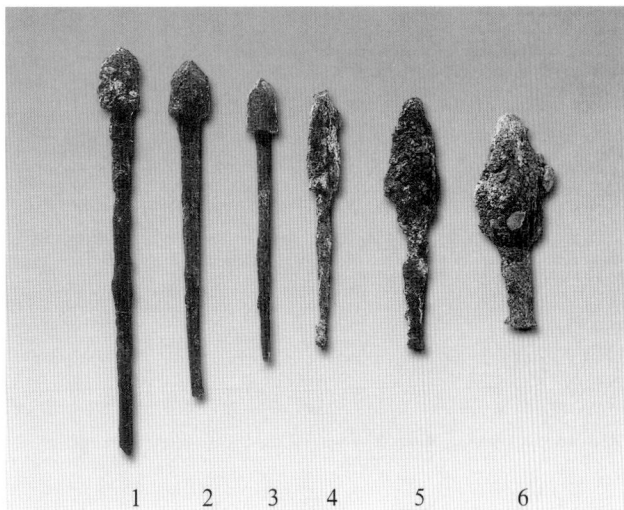

7～11. Ⅰ型2式镞（4：T2③：7E、
4：T2③：7D、4：T2③：7C、
4：T2③：7B、4：T2③：7A）

12. Ⅳ型镞（6：T1③：21）
13. Ⅲ型镞（4：T2③：23）
14. Ⅴ型镞（4：T2③：20）
15. Ⅱ型镞（4：T2③：13）

武库遗址出土铁镞

1. Ⅰ型（1∶T7③∶84）

4. Ⅱ型（1∶T9③∶104）

2. Ⅰ型（1∶T7③∶85）

5. Ⅲ型（1∶T8③∶106）

3. Ⅱ型（1∶T7③∶88）

6. Ⅲ型（1∶T7③∶127）

武库遗址出土蹄形铁铠甲片

1．Ⅳ型（1：T7③：124）

4．Ⅴ型（1：T10③：105）

2．Ⅳ型（1：T6③：134）

5．Ⅵ型（1：T10③：97）

3．Ⅴ型（1：T1③：98）

6．Ⅵ型（1：T12③：108）

武库遗址出土蹄形铁铠甲片

1. Ⅶ型蹄形甲片（1：T9③：116）

4. Ⅰ型方形甲片（1：T7③：26）

2. Ⅷ型蹄形甲片（1：T8③：189）

5. Ⅰ型方形甲片（1：T7③：55）

3. Ⅺ型蹄形甲片（1：T7③：30A）

6. Ⅱ型方形甲片（1：T7③：30B）

武库遗址出土蹄形、方形铁铠甲片

1．Ⅲ型（1：T6 ③：36）

4．Ⅵ型（1：T8 ③：47）

2．Ⅳ型（1：T9 ③：56）

5．Ⅵ型（1：T8 ③：47A）

3．Ⅴ型（1：T7 ③：29）

6．Ⅶ型（1：T12 ③：44）

武库遗址出土方形铁铠甲片

1. Ⅷ型方形甲片（1：T9③：57）

4. Ⅲ型椭圆形甲片（1：T9③：13）

2. Ⅰ型椭圆形甲片（1：T7③：11）

5. Ⅳ型椭圆形甲片（1：T8③：19）

3. Ⅱ型椭圆形甲片（1：T9③：15）

6. Ⅳ型椭圆形甲片（1：T7③：1A）

武库遗址出土方形、椭圆形铁铠甲片

1. Ⅴ型椭圆形甲片（1：T7③：17）

4. Ⅲ型圆形甲片（1：T7③：5A）

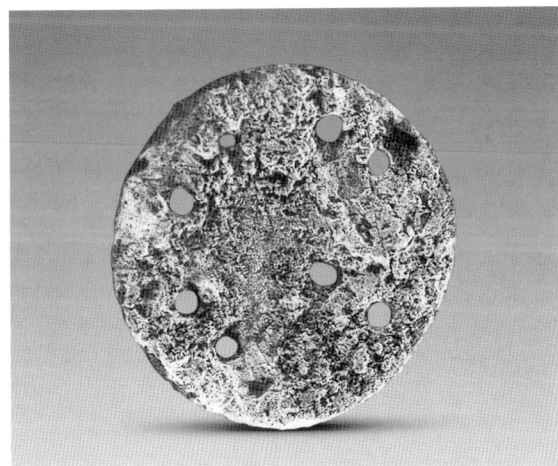

2. Ⅰ型圆形甲片（1：T7③：2A）

5. Ⅰ型半圆形甲片（1：T7③：7）

3. Ⅱ型圆形甲片（1：T7③：3A）

6. Ⅱ型半圆形甲片（1：T9③：8A）

武库遗址出土椭圆形、圆形、半圆形铁铠甲片

1. Ⅰ型（1：T7 ③：22）

3. Ⅱ型（1：T9 ③：186）

2. Ⅰ型（1：T7 ③：23）

4. Ⅱ型（1：T9 ③：185）

武库遗址出土不规则形铁铠甲片

1．Ⅲ型（1：T7③：79）

3．Ⅹ型（1：T10③：131）

2．Ⅴ型（1：T12③：179）

4．ⅩⅢ型（1：T12③：76）

武库遗址出土不规则形铁铠甲片

1. 1：T7 ③：1B

3. 1：T7 ③：3B

2. 1：T7 ③：2B

4. 1：T7 ③：4

武库遗址出土铁铠甲残块

1. 1：T7③：5B

3. 1：T9③：7

2. 1：T9③：6

4. 1：T9③：8B

武库遗址出土铁铠甲残块

1. 1：T9 ③：9

3. 1：T7 ③：20

2. 1：T6 ③：11

4. 1：T7 ③：21

武库遗址出土铁铠甲残块

1. Ⅰ型斧（7∶T5③∶7）
2. Ⅱ型斧（5∶T1③∶32）

7～9. Ⅰ型锛（7∶T7③∶6、7∶T6③∶2B、
　　　4∶T22③∶4）

3. Ⅲ型斧（6∶T3③∶2）
4. 铲形器（5∶T3③∶29）

10. Ⅱ型锛（5∶T2③∶32）
11. Ⅱ型凿（5∶T2③∶20）

5. Ⅳ型斧（7∶T7③∶5）
6. Ⅴ型斧（7∶T8③∶5C）

12、13. Ⅰ型臿（5∶T2③∶11、
　　　　5∶T2③∶15）

武库遗址出土铁器

1、2. II型甾（7：T5A③：5、1：T2③：7）

7. II型锤（7：T9③：6）

8. I型凿（5：T1③：34）

3. II型铲（5：T1③：31）

4. I型铲（4：T2③：17）

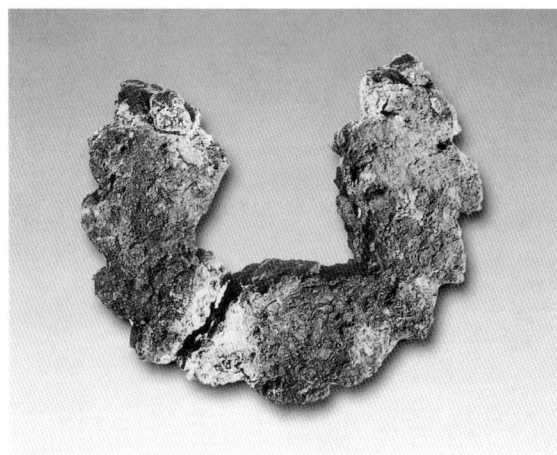

9. 齿轮（7：T5A③：14）

5、6. I型锤（5：T2③：14、
5：T1③：40）

武库遗址出土铁器

1．Ⅰ型箍（1：T13③：3）

2．Ⅰ型箍（1：T13③：3）立面

3．Ⅰ型箍（5：T2③：8）

4　　5　　6

4．镳（5：T2③：51）　5．长条形带孔器（4：T3
③：23）　6．"卜"字形器（4：T1③：24）

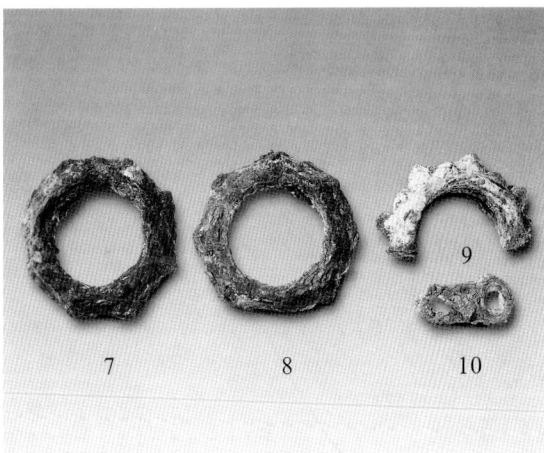

7　　8　　10

7、8．Ⅲ型箍（1：T6③：2、4：T1③：8B）
9．Ⅱ型箍（5：T2③：6）　10．双孔
（2：T1③：5）

1. Ⅰ型门轴（1：T2③：6）

3. Ⅱ型门轴（6：T3③：3）

2. Ⅰ型门轴（7：T9③：7）

4~6. Ⅳ型箍（4：T1③：8C、5：T2③：49、
5：T3③：20）

1. Ⅰ型铳（7∶T9③∶104）　2. Ⅱ型铳（4∶T4③∶10A）　3. Ⅰ型铳（7∶T9③∶8）

4. 球（1∶T3③∶6）

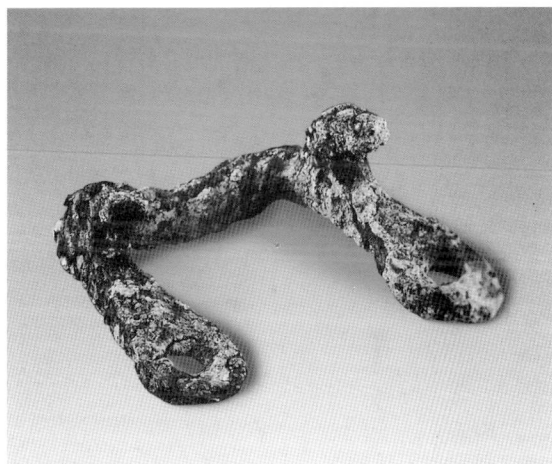

5~7. 环（5∶T2③∶27、5∶T2③∶33、7∶T5A③∶15）

8. U形器（7∶T7③∶37）

9. 釜（7∶T9③∶24）

武库遗址出土铁器

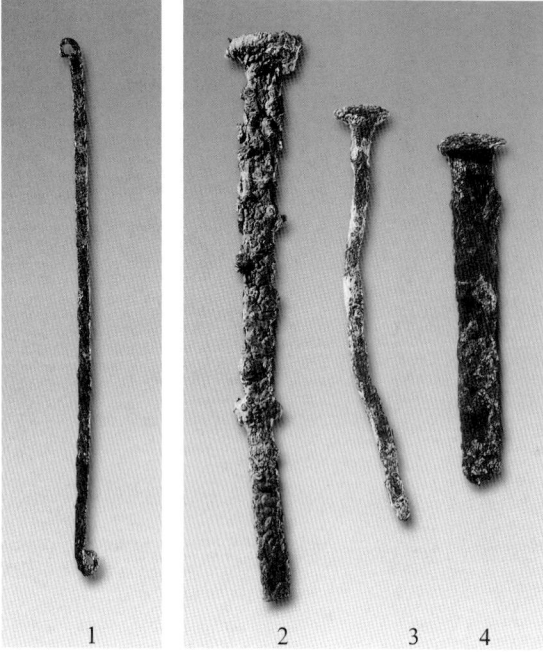

1. 棍形器（1：T4③：9A） 2~4. I型钉
（5：T3③：27、7：T5A③：35、7：T6③：
35）

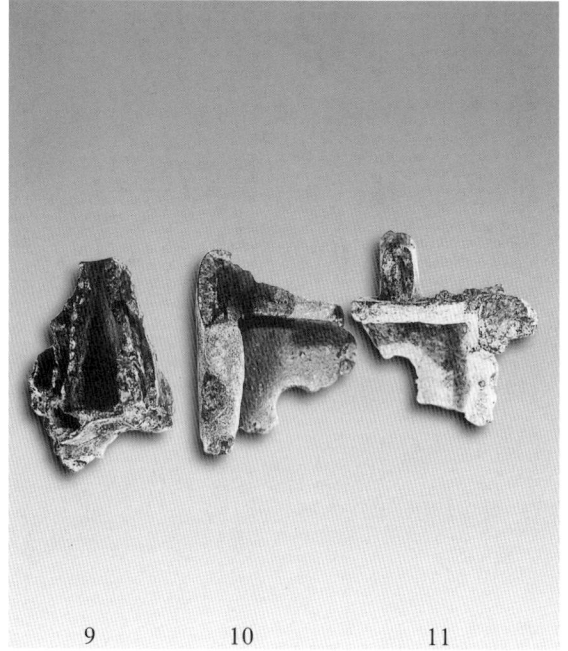

9. 铜镞范（4：T1③：4A） 10、11. 方形
槽范（4：T1③：4E、4：T1③：4F）

5~8. II型钉（1：T4③：9B、5：T1③：27、
5：T1③：27A、5：T1③：27B）

12. 铁镞范（4：T1③：4B）

13. 圆形槽范（4：T2③：4D）

14. 铁塞子范（4：T1③：4C）

1. 戈（1：T7③：1C）

2. Ⅱ型镦（1：T7③：1D）　3. Ⅰ型镦（1：
T5③：31）　4. Ⅱ型镦（5：T2③：24）

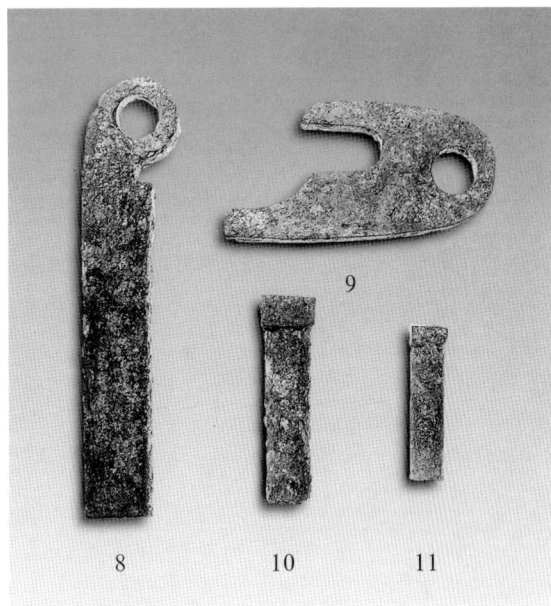

8. 弩机悬刀（4：T4③：6A）　9. 弩机牙
（1：T21③：2）　10、11. 弩机栓塞
（4：T1③：21、5：T3③：18）

12. Ⅱ型剑格（6：T3③：4）　13. Ⅲ型
剑格（1：T4③·5）　14. Ⅰ型剑格
（1：T2③：19）　15. Ⅱ型剑格（1：
T4③：4）　16. 器柄（1：T1③：2）

5. Ⅳ型镦（1：T5③：32）　6、7. Ⅲ型
镦（1：T13③：2A、5：T3③：1B）

武库遗址出土铜器

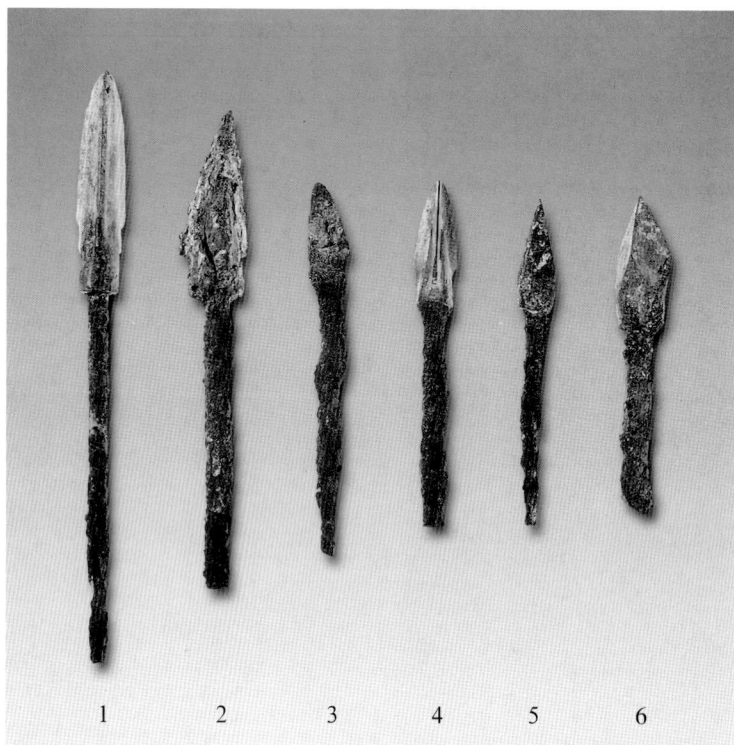

1．IV型镞（5∶T1③∶9）
2．VII型镞（7∶T8③∶13）
3．IX型镞（5∶T2③∶10A）
4．II型镞（7∶T5③∶23）
5．I型镞（7∶T8③∶17）
6．VII型镞（7∶T9③∶17A）

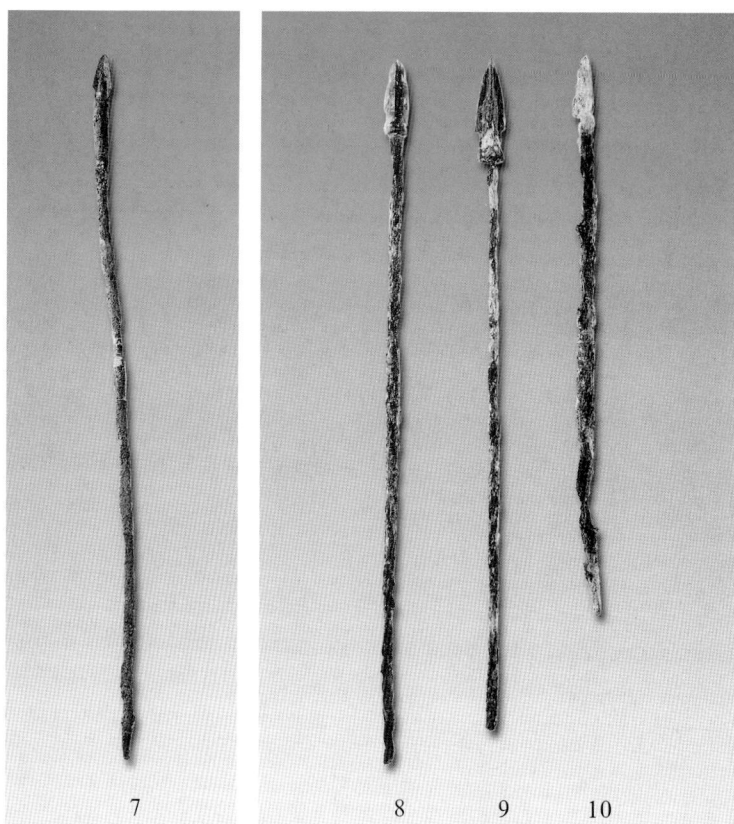

7．II型镞（7∶T5③∶27）
8．XII型镞（1∶T21③∶3）
9．IX型镞（5∶T1③∶25）
10．VII型镞（5∶T3③∶8）

武库遗址出土铜镞

1. V型镞（7：T9③：13） 2. VI型镞（7：T9③：14） 3. X型镞（5：T2③：5） 4. XI型镞（4：T2③：5）

11、12. II型盖弓帽（1：T21③：8、1：T21③：12） 13. I型盖弓帽（1：T1③：4） 14. 弩机栓塞（5：T2③：18）

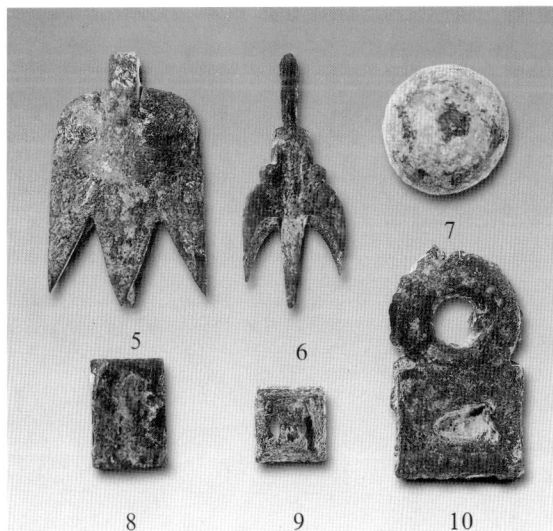

5. 铃（5：T2③：50） 6. XIII型镞（5：T2③：41B） 7. 球（5：T3③：25B） 8. 管（1：T1③：8） 9. 饰件（4：T2③：19） 10. 带扣（5：T2③：30）

15、16. 管形器（5：T2③：1、1：T4③：2） 17. III型盖弓帽（5：T1③：37B）

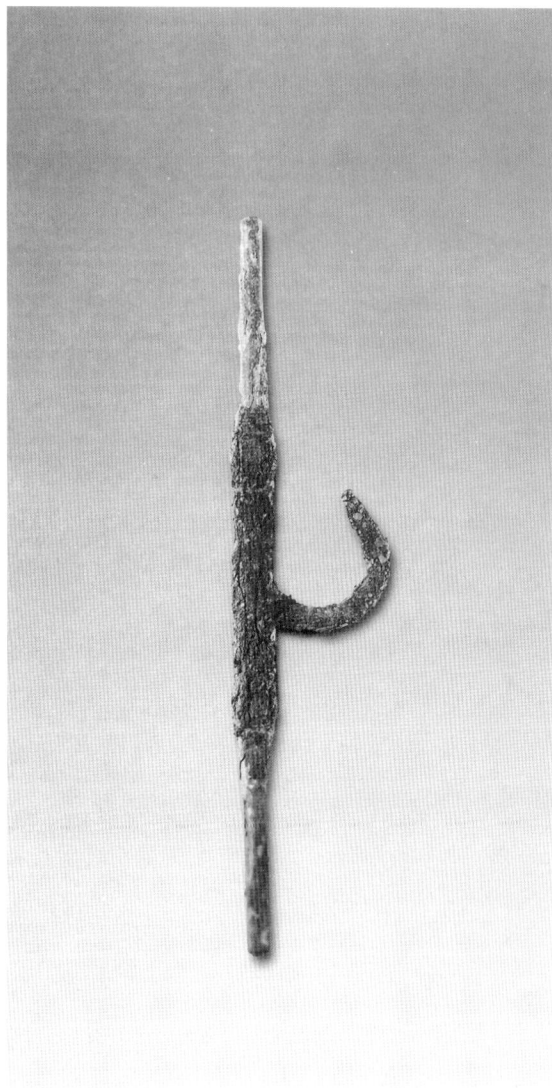

1. 挂钩（7：T5③：13）

2. Ⅱ型环（4：T4③：2A）　3～6. Ⅰ型环
（1：T2③：2、1：T1③：1、4：T3③：3、
4：T1③：25）　7. 带钩（7：T7③：28）

8. 釜（7：T5A③：25）

1. 秦半两（7：T6③：17）　　　3. Ⅱ型汉半两（5：T3③：14）
2. Ⅰ型汉半两（7：T7③：25）　　4. Ⅲ型汉半两（4：T4③：4A）

5. Ⅲ型五铢（5：T2③：25）　6～8. Ⅱ型五铢（5：T2③：26、5：T2③：28、
7：T8③：3B）　9、10. Ⅰ型五铢（4：T2③：14、5：T2③：17）

武库遗址出土铜钱

1. Ⅲ型大泉五十（7：T9③：5）　2. Ⅰ型大泉五十（7：T5A③：28）
3. Ⅱ型大泉五十（4：T2③：11）　4. Ⅱ型货泉（5：T3③：17）
5. Ⅰ型货泉（7：T9③：3）　6. Ⅳ型货泉（1：T13③：2B）

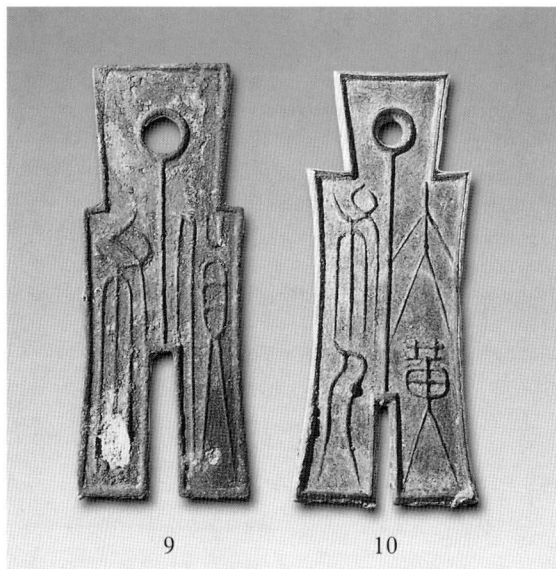

7. Ⅱ型布泉（1：T1③：14）　　9. 货布（7：T4③：15）
8. Ⅰ型布泉（5：T3③：21）　　10. 大布黄千（1：T6③：8）

1. 4：T4 ③：1

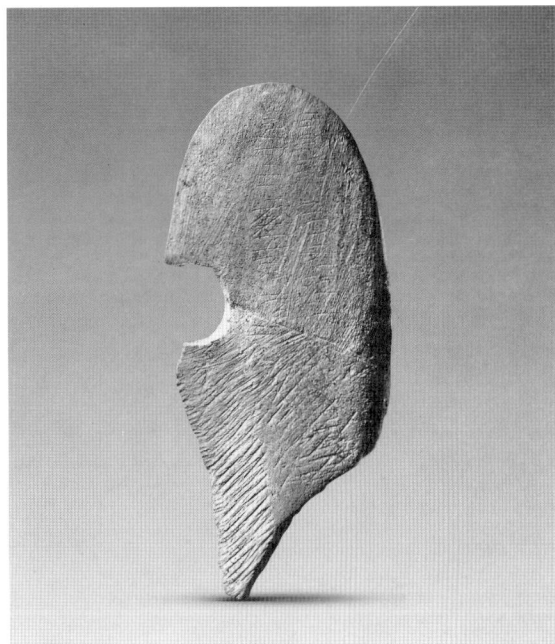

3. 4：T4 ③：7

2. 4：T4 ③：4B

4. 4：T4 ③：9

1. 4：T4 ③：3

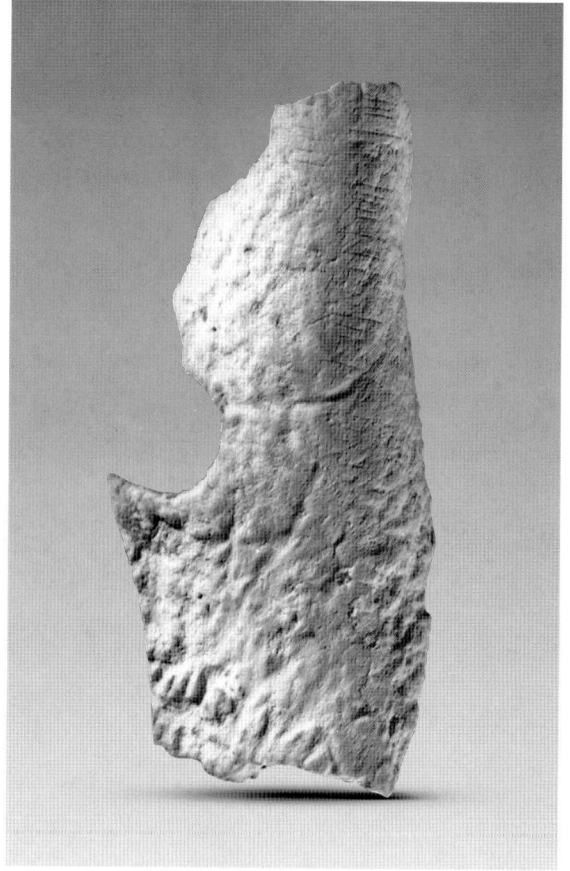

3. 4：T4 ③：6B

2. 4：T4 ③：12

武库遗址出土骨签

1. 4：T4 ③：10B

3. 4：T4 ③：23

2. 4：T4 ③：11

4. 4：T4 ③：27

5. 4：T4 ③：2B

1. 4：T4③：5

2. 4：T4③：13

3. 4：T4③：14

4. 4：T4③：15

5. 4：T4③：16

6. 4：T4③：17

7. 4：T4③：19

武库遗址出土骨签

1. 4：T4③：24

3. 4：T4③：22

2. 4：T4③：25

4. 4：T4③：28

武库遗址出土骨签

1. 4：T4 ③：8

3. 4：T4 ③：20

5. 4：T4 ③：26

2. 4：T4 ③：18

4. 4：T4 ③：21

6. 4：T4 ③：29

1～4. 鹿角（1：T3 ③：49、
　　　　6：T3 ③：41）、
　　　　6：T3 ③：41A、
　　　　6：T3 ③：53）

5～8. 麋角（6：T1 ③：51A、
　　　　6：T1 ③：51B、
　　　　6：T1 ③：51C、
　　　　6：T1 ③：51D）

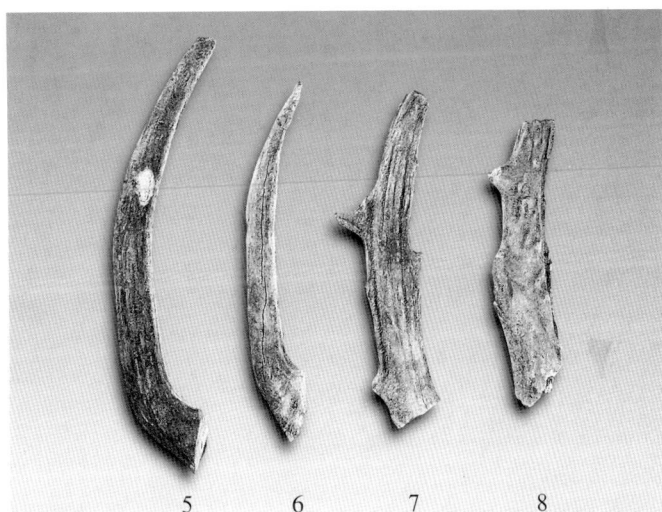

9～12. 马臼齿（6：T3 ③：55、
　　　　6：T3 ③：55A、
　　　　6：T3 ③：55B、
　　　　6：T3 ③：55C）

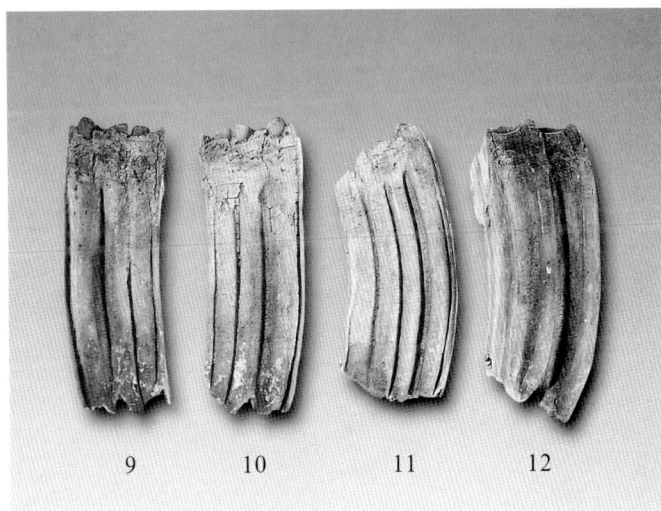

武库遗址出土鹿角、麋角和马臼齿

封面设计　张希广

责任印制　张道奇

责任编辑　张征雁

图书在版编目（CIP）数据

汉长安城武库/中国社会科学院考古研究所编著．
－北京：文物出版社，2005.11
　ISBN 7-5010-1744-1

　Ⅰ. 汉…　Ⅱ. 中…　Ⅲ. 汉长安城－军用建筑－
文化遗址－发掘报告　Ⅳ. K878

　中国版本图书馆 CIP 数据核字（2005）第 044494 号

汉长安城武库

中国社会科学院考古研究所　编著

————————————————————

文物出版社出版发行

（北京五四大街 29 号）

http://www.wenwu.com

E-mail: web@wenwu.com

北京美通印刷有限公司印刷

新 华 书 店 经 销

787×1092　1/16　印张：18.5

2005 年 11 月第一版　2005 年 11 月第一次印刷

ISBN 7-5010-1744-1/K·916

定价：168.00 元